厚大®法考 Judicial Examination

2023 年国家法律职业资格考试

主观题

黄金考点·迷你案例·思维推演

民法

考点清单

Civil Law

张 翔 ◎编著

厚大出品

中国政法大学出版社

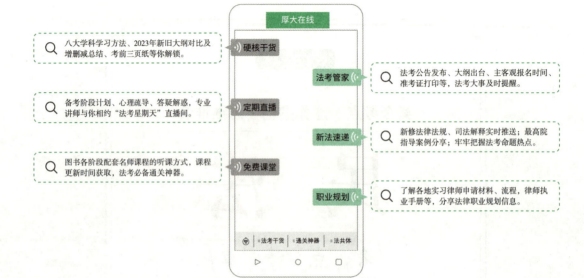

八大学科学习方法、2023年新旧大纲对比及增删减总结、考前三页纸等你解锁。

备考阶段计划、心理疏导、答疑解惑,专业讲师与你相约"法考星期天"直播间。

图书各阶段配套名师课程的听课方式,课程更新时间获取,法考必备通关神器。

硬核干货

定期直播

免费课堂

厚大在线

法考管家

法考公告发布、大纲出台、主客观报名时间、准考证打印等,法考大事及时提醒。

新法速递

新修法律法规、司法解释实时推送;最高院指导案例分享;牢牢把握法考命题热点。

职业规划

了解各地实习律师申请材料、流程,律师执业手册等,分享法律职业规划信息。

法考干货 · 通关神器 · 法共体

更多信息
关注厚大在线

如果问哪个群体会真正认真地学习法律，我想答案可能是备战法考的考生。

当厚大的老总力邀我们全力投入法考的培训事业，他最打动我们的一句话就是：这是一个远比象牙塔更大的舞台，我们可以向那些真正愿意去学习法律的同学普及法治的观念。

应试化的法律教育当然要帮助同学们以最便捷的方式通过法考，但它同时也可以承载法治信念的传承。

一直以来，人们习惯将应试化教育和大学教育对立开来，认为前者不登大雅之堂，充满填鸭与铜臭。然而，没有应试的导向，很少有人能够真正自律到系统地学习法律。在许多大学校园，田园牧歌式的自由放任也许能够培养出少数的精英，但不少学生却是在游戏、逃课、昏睡中浪费生命。人类所有的成就靠的其实都是艰辛的训练；法治建设所需的人才必须接受应试的锤炼。

应试化教育并不希望培养出类拔萃的精英，我们只希望为法治建设输送合格的人才，提升所有愿意学习法律的同学整体性的法律知识水平，培育真正的法治情怀。

厚大教育在全行业中率先推出了免费视频的教育模式，让优质的教育从此可以遍及每一个有网络的地方，经济问题不会再成为学生享受这些教育资源的壁垒。

最好的东西其实都是免费的，阳光、空气、无私的爱，越是弥足珍贵，越是免费的。我们希望厚大的免费课堂能够提供最优质的法律教育，一如阳光遍洒四方，带给每一位同学以法律的温暖。

没有哪一种职业资格考试像法考一样，科目之多、强度之大令人咂舌，这也是为什么通过法律职业资格考试是每一个法律人的梦想。

法考之路，并不好走。有沮丧、有压力、有疲倦，但愿你能坚持。

坚持就是胜利，法律职业资格考试如此，法治道路更是如此。

当你成为法官、检察官、律师或者其他法律工作者，你一定会面对更多的挑战、更多的压力，但是我们请你持守当初的梦想，永远不要放弃。

人生短暂，不过区区三万多天。我们每天都在走向人生的终点，对于每个人而言，我们最宝贵的财富就是时间。

感谢所有参加法考的朋友，感谢你愿意用你宝贵的时间去助力中国的法治建设。

我们都在借来的时间中生活。无论你是基于何种目的参加法考，你都被一只无形的大手抛进了法治的熔炉，要成为中国法治建设的血液，要让这个国家在法治中走向复兴。

数以万计的法条，盈千累万的试题，反反复复的训练。我们相信，这种貌似枯燥机械的复习正是对你性格的锤炼，让你迎接法治使命中更大的挑战。

亲爱的朋友，愿你在考试的复习中能够加倍地细心。因为将来的法律生涯，需要你心思格外的缜密，你要在纷繁芜杂的证据中不断搜索，发现疑点，去制止冤案。

亲爱的朋友，愿你在考试的复习中懂得放弃。你不可能学会所有的知识，抓住大头即可。将来的法律生涯，同样需要你在坚持原则的前提下有所为、有所不为。

亲爱的朋友，愿你在考试的复习中沉着冷静。不要为难题乱了阵脚，实在不会，那就绕道而行。法律生涯，道阻且长，唯有怀抱从容淡定的心才能笑到最后。

法律职业资格考试不仅仅是一次考试，它更是你法律生涯的一次预表。

我们祝你顺利地通过考试。

不仅仅在考试中，也在今后的法治使命中——

不悲伤、不犹豫、不彷徨。

但求理解。

厚大®全体老师　谨识

主观题民法学科考情概览

一、考查特点

在国家法律职业资格考试的主观题中，民法为必考科目，且其占据主观题总分值的比例较大。相较而言，以前的司法考试主观题，民法部分的考查方式较为单一，只考查民法的内容。自法律职业资格考试以来，民法部分的主观题考查呈现出显著的综合性特征，即在案情描述、问题设计中，嵌入了商法与民事诉讼法的内容。

从历年真题的案情描述来看，在司法考试时代，除个别年份外，民法部分主观题的案情基本上是以当事人之间的合同关系为主干，由此延伸出合同以外的其他法律关系。但是，在法律职业资格考试中，民法主观题考查的内容超出合同部分，呈扩散趋势，即司法考试时代从未考过的非合同部分的知识点，如监护，也被纳入考查范畴。这一特征导致民法主观题与客观题考点的"范围边界"趋于模糊。

从考查方式来看，尽管民法部分主观题的题干较长、问题较多，但其本质依然是司法考试时代"一问一答"的考查方式，即针对某一具体问题而言，其所对应的案情，不过是题干叙述的全部案情中的一部分。该部分之外的其他案情，则与该问题的作答无关。这一特征使得考生能够从案情中找到问题所对应的部分，成为应对民法部分主观题考试的重要技巧。

从考查深度来看，如果将民法部分的考点分为"框架"与"细节"两部分，那么主观题的考查重点在于前者。换言之，民法部分主观题考试主要是对考生运用法律思维解读案情的能力的考查，而非对案情所涉及的法律关系细节的进一步考查。从这个意义上讲，较之于客观题，主观题考试对于民法部分的考查较为简单。

二、命题特点

民法部分主观题考试的考点分布密度，可按照如下递减的顺序进行总结：①合同；②民法总则；③物权、担保；④侵权责任；⑤继承、婚姻。司法考试及法律职业资格考试所考查过的民法考点统计如下：

（一）民法总则

考　点	具体内容	年　份
1. 民事法律关系分析	（1）典当的性质为动产质押贷款。	2002
	（2）合伙与雇佣的区别在于是否承担经营风险。	2006
	（3）无偿维修并非承揽。	2009
	（4）银行与信用卡持有人之间为无名合同+追偿关系。	2012
	（5）银行与信用卡持有人消费之商场之间为委托+债权关系。	2012
	（6）信用卡持有人与其消费之商场之间为买卖关系。	2012
	（7）没有合同关系，没有违约责任。	2013
	（8）没有侵权构成，没有侵权责任。	2013
	（9）秘密更换商家收款码为自己收款码的，构成侵权、缔约过失责任、不当得利。	2021
2. 监护	（1）没有监护能力的人，不能担任监护人。	2021
	（2）近亲属以外的其他个人、组织担任监护人，需以其同意为条件。	2021
	（3）丧失监护能力的人，未经撤销，监护人资格依然存在。	2021
3. 表见代表	相对人基于对法人公示的信赖，相信非法定代表人为法定代表人的，代表行为有效。	2018
4. 越权代表	公司的法定代表人擅自以公司财产为他人债务提供担保的，构成越权代表，相对人不能证明自己善意的，担保合同无效。但是，非上市公司为其全资子公司开展经营活动所负债务提供担保的除外。	2021
5. 无限责任	非法人组织不能偿还债务的，其出资人需承担继续偿还的无限责任。	2017
6. 戏谑	相对人知道或应当知道行为人戏谑意思的，方才构成戏谑行为。	2008
7. 实践行为	自然人之间的借贷合同，达成合意后，尚未交付的，合同不成立。	2012
8. 民事法律行为效力瑕疵	（1）民事法律行为不存在无效、可撤销、效力待定事由的，即为有效。	2011/2014
	（2）一物二卖，第二买受人知情的，二卖并不当然构成恶意串通。	2014/2017

续表

考 点	具体内容	年 份
9. 狭义无权代理	被代理人追认的，代理行为自始有效，被代理人自始承受行为的法律后果。	2010/2018
10. 表见代理	具有可使相对人产生有权代理信赖的表见事由，无权代理方构成表见代理。	2018
11. 诉讼时效	请求权未成立，诉讼时效不起算。	2015
12. 不当得利	用他人财产获得收益，无法律依据的，构成不当得利。	2016
13. 无因管理	（1）无法律义务，为他人利益管理他人事务的，构成无因管理。	2002/2003
	（2）因无因管理支出的必要费用，被管理人应当偿付。	2003/2008
	（3）因无因管理负担的债务，被管理人应当偿付。	2003
	（4）因无因管理遭受的损失，被管理人应当适当补偿。	2003
	（5）管理人不得主张报酬。	2003
	（6）管理人因故意或重大过失致被管理人损害的，应予赔偿。	2003/2008

（二）物权

考 点	具体内容	年 份
1. 物权变动	（1）不动产买卖，过户登记的，所有权转移。	2014/2016
	（2）以动产标的物的象征物交付的，为拟制交付，视为动产标的物交付。	2002
2. 预告登记	预告登记后，未经预告登记的买受人同意，出卖人又向第三人处分标的物的，物权不发生变动，但合同的债权效力不受影响。	2015
3. 善意取得	（1）动产占有人无权处分的，等价有偿的善意受让人可以善意取得。	2002/2010
	（2）夫妻共有不动产登记在一方名下，登记人将其抵押，受让人善意且办理抵押登记的，可以善意取得抵押权。	2006
	（3）遗失物无权处分的，失主有权自知道或应当知道受让人之日起2年内，请求受让人返还。	2008
	（4）第三人善意取得的，所有权人可择一请求无权处分人承担侵权责任、违约责任及不当得利返还。	2002
4. 添附之混合	不同人的所有物发生混合的，混合物归价值较大的一方。	2004
5. 无权占有	无权占有人应当返还无权占有物。	2007/2009

（三）合同

考 点	具体内容	年 份
1. 合同的相对性	债务人不得以第三人未向其履行债务为由，向债权人提出抗辩。	2006/2010
	只有合同的双方当事人之间，方才存在违约责任的追究与承担。	2012/2020
2. 无名合同	无名合同适用最相类似的有名合同的规定。	2009
3. 劳务之债与财物之债	劳务之债不可强制执行。	2015
4. 债务加入	第三人加入债务的，与债务人承担连带责任。	2011
5. 债务转让	债务转让具有无因性。	2012
6. 债权人的撤销权	（1）债务人无偿处分财产，损害债权人利益的，债权人有权诉请法院撤销。	2004
	（2）撤销权的对象为债务人的不当处分行为，等价有偿的处分不可撤销。	2020
	（3）不当处分财产的债务人，仍有财产履行债务的，不构成"有损于债权"要件，债权人不得撤销不当处分行为。	2019/2020
	（4）撤销权之诉的当事人排列：原告为债权人；被告为债务人；第三人为受让人，原告未列出的，法院可依职权追加。	2019
7. 债权人的代位权	债务人对次债务人享有的人身专属性债权，债权人不得代位。	2004
8. 多笔同种类债务的履行顺序	①有约从约；②已到期的；③无担保或者担保少的；④债额重的；⑤先到期的；⑥按比例履行。	2021
9. 以物抵债	履行期限届满前达成的抵债协议为实践合同，债权人不得请求债务人履行。	2019
10. 代为履行	债权人、债务人约定第三人代为履行，第三人未代为履行的，债务人承担履行责任。	2002
11. 先履行抗辩权	后履行方可以先履行方未履行为由，拒绝履行。	2002/2007
12. 不安抗辩权	先履行方可以后履行方可能到期不履行为由，拒绝履行。	2002/2011
13. 合同的解除	（1）债务人根本违约的，债权人有权解除合同。	2008
	（2）债务人迟延履行主要债务，经催告后合理期间内仍不履行的，债权人有权解除合同。	2009
	（3）债务人构成履行不能的，债权人有权解除合同。	2011/2014
14. 缔约过失责任	缔约中，一方不诚信的，承担缔约过失责任。	2021
15. 违约责任	（1）债务人未按照合同约定履行债务的，构成违约。	2002
	（2）基于抗辩权而未如约履行债务的，不构成违约。	2018
	（3）违约金与定金并存的，择一主张。	2010

考 点	具体内容	年 份
15. 违约责任	（4）违约金过高于损失的，债务人可申请适当减少。	2008/2011
	（5）债务人违约致债权人直接利益损失的，应予赔偿。	2013
	（6）债务人构成法律不能的，债权人不得主张继续履行。	2004/2008
16. 无权处分	（1）无权处分合同的债权效力不受影响。	2002/2004 2010/2011 2015/2016
	（2）无权处分的交付、登记行为效力待定。	2015
17. 多重买卖的合同效力	多重买卖合同的债权效力不受影响。	2004/2010
18. 买卖孳息收取	标的物占有转移的，孳息收取权转移，约定除外。	2017
19. 买卖风险转移	（1）直接易手，买卖合同订立并且交货的，风险转移。	2004/2017
	（2）代办托运，货交承运人的，风险转移。	2007/2010
	（3）在途货物，买卖合同成立的，风险转移。	2007/2010
20. 商品房买卖	商品房买卖不适用《消费者权益保护法》。	2020
21. 品质瑕疵担保责任	买受人在异议期间内未提出异议的，视为履行合格。	2007
22. 权利瑕疵担保责任	受让人不知道受让标的存在权利瑕疵的，转让人承担违约责任。	2015
23. 赠与人的撤销权	公益赠与不得任意撤销。	2020
24. 不定期租赁	6个月以上租赁，未采取书面形式，不能确定租期的，为不定期租赁。	2009
25. 转租	合法转租的次承租人，可代承租人向出租人支付租金，以消除出租人对承租人的解除权。	2013
	未经出租人同意，承租人不得擅自转租。	2021
26. 承租人滥建	出租人有权主张恢复原状、赔偿损失，并有权主张解除合同。	2009
27. 买卖不破租赁	承租人占有租赁物后，租赁物所有权转移的，承租人的租赁权不受影响。	2015/2021
28. 承租人优先购买权	部分楼宇的承租人，对整楼的转让，不享有优先购买权。	2021
29. 继续承租权	承租人死亡或宣告死亡的，与之共同居住、共同经营的人有权继续承租。	2009
30. 建设工程优先权	（1）发包人未如约支付工程款的，承包人可就建设工程变价优先受偿。	2008
	（2）建设工程优先权的优先受偿范围，包括承包人为建设工程实际支出的费用，不包括承包人因发包人违约所造成的损失。	2018

续表

考　点	具体内容	年　份
31. 承运人对旅客人身损害的违约责任	旅客遭受人身损害，除非旅客具有故意或重大过失、损害由旅客自身健康所致外，承运人应当承担违约责任。	2006
32. 委托合同中的任意解除权	（1）委托人、受托人均有权解除委托合同。	2018
	（2）委托人、受托人行使任意解除权，致对方损害的，需赔偿直接利益损失。有偿委托还需赔偿可得利益损害。	2018
33. 隐名委托	委托人违约，受托人披露的，相对人可以选择委托人或受托人作为合同的相对人。	2004

（四）担保

考　点	具体内容	年　份
1. 物上代位效力	担保物毁损灭失的，担保物权人可就保险金、赔偿金、补偿金优先受偿。债权未到期的，可主张提前清偿或提存。	2012
2. 流质约款	担保合同约定到期不履行，由担保物权人取得担保物所有权，债权随之消灭的约定，无效。	2002
3. 法院强制措施的民法效力	法院对标的物上的强制措施，相当于登记的抵押权。	2012
4. 抵押地上新建房	土地抵押后，抵押地上新增物并非抵押物。抵押权人可将抵押物及新增物变价，但不得对新增物的变价优先受偿。	2008
5. 动产抵押	登记的动产抵押权具有对抗效力，正常买受人除外。	2020
6. 浮动抵押	浮动抵押合同生效，抵押权成立。未经登记，不得对抗善意第三人。	2011
7. 质权	丧失直接占有的质权，不得对抗善意第三人。	2017
8. 留置权	原则上，留置权的成立需具有同一性，即一方标的物的返还与另一方价金的支付，为交换关系。	2016
9. 保证	保证合同未约定保证责任的，为一般保证。	2008/2017
10. 定金	定金数额超过主债物标的额20%的，超出部分不具有定金性质。	2004
11. 先让与担保	债务到期不履行，担保权人可就担保物变价，并优先受偿。	2016/2020
12. 后让与担保	债务到期不履行，担保权人可就担保物变价，并受偿，但不得优先受偿。	2017/2018
13. 共同担保	（1）共同物保，担保人与债权人未约定承担担保责任的份额、顺序的，担保人承担连带担保责任。	2021

续表

考 点	具体内容	年 份
13. 共同担保	（2）各第三共同担保人未与债权人约定承担担保责任的份额、顺序的，承担连带担保责任。	2015
	（3）各第三共同担保人彼此约定可分担或承担连带担保责任，或在同一合同上签字的，承担担保责任的担保人可请求其他担保人分担。	2015/2020
	（4）混合担保中，各担保人未与债权人约定承担担保责任的份额、顺序，且存在债务人物保的，应先执行债务人的物保。	2020

（五）侵权责任

考 点	具体内容	年 份
1. 侵权归责原则	公共场所施工致害，适用过错推定责任。	2008
2. 过错的认定	能够预见到自己行为会导致损害的，具有过错。	2021
3. 财产损害赔偿	侵权财产损害范围，不包括可得利益损失。	2021
4. 共同危险责任	多人实施危险行为，部分行为致人损害，因果关系不明的，承担连带责任。	2021
5. 职务侵权	具有职务行为外观的，构成职务行为。	2014
	雇员执行职务致人损害的，雇主承担赔偿责任。	2008/2013 2014/2016
6. 监护人责任	被监护人致人损害，被监护人无财产或财产不足以赔偿的，监护人承担赔偿责任。监护人尽到监护职责的，可适当减轻责任。	2021
7. 定作人责任	承揽人致人损害或遭受损害，定作人有选任、指示过错的，承担赔偿责任。	2014
8. 产品侵权	产品瑕疵致人损害的，受害人可请求生产者、销售者承担赔偿责任。	2007/2013
9. 物件致损	林木折断致害的，林木的所有人或管理人承担过错推定责任。	2021
10. 交通事故责任	驾驶他人车辆发生交通事故的，驾驶人承担侵权责任。	2016

（六）婚姻

考 点	具体内容	年 份
婚内负债	婚内一方为共同生活或共同经营所负的债务，无外部约定的，为夫妻共同债务。	2008/2019

（七）继承

考 点	具体内容	年 份
1. 继承为法律关系的继承	继承人继承后，与被继承人具有相同的法律地位。	2005
2. 好媳妇、好女婿	丧偶儿媳、女婿对公婆、岳父母尽到主要赡养义务的，为第一顺序继承人。	2004
3. 代位继承	被继承人子女先于继承人死亡的，其子女的直系晚辈血亲有权代位继承被继承人的遗产。	2004

缩略语对照表 ABBREVIATION

总则编解释	最高人民法院关于适用《中华人民共和国民法典》总则编若干问题的解释
物权编解释（一）	最高人民法院关于适用《中华人民共和国民法典》物权编的解释（一）
婚姻家庭编解释（一）	最高人民法院关于适用《中华人民共和国民法典》婚姻家庭编的解释（一）
继承编解释（一）	最高人民法院关于适用《中华人民共和国民法典》继承编的解释（一）
担保制度解释	最高人民法院关于适用《中华人民共和国民法典》有关担保制度的解释
诉讼时效规定	最高人民法院关于审理民事案件适用诉讼时效制度若干问题的规定
买卖合同解释	最高人民法院关于审理买卖合同纠纷案件适用法律问题的解释
商品房买卖合同解释	最高人民法院关于审理商品房买卖合同纠纷案件适用法律若干问题的解释
城镇房屋租赁合同解释	最高人民法院关于审理城镇房屋租赁合同纠纷案件具体应用法律若干问题的解释
融资租赁合同解释	最高人民法院关于审理融资租赁合同纠纷案件适用法律问题的解释
建设工程施工合同解释（一）	最高人民法院关于审理建设工程施工合同纠纷案件适用法律问题的解释（一）
九民纪要	全国法院民商事审判工作会议纪要

第**1**讲

··· 合同的订立 ···

ⓧ考点 **01** 合同订立中一方的意思表示：要约

要约，是要约人向受要约人作出的、愿意与之订立合同的意思表示。

一、要约与要约邀请

要约邀请，是指希望他人向自己发出要约的表示。要约邀请不是民事法律事实，不具有法律意义。

要约与要约邀请的区分方法是：

（一）原则性区分

1. 内容明确具体者，为要约；否则，为要约邀请。

迷你案例

案情：甲对乙表示："西瓜便宜，要不?"乙表示："要!"

问题：甲能否不卖西瓜给乙?

答案：能。由于甲的意思表示内容不明确具体，因此并非要约，而是要约邀请。相应的，乙的意思表示也并非承诺。甲、乙之间并未达成合意。

一针见血 内容明确具体的认定：

意思表示的内容是否明确具体，要根据合同的具体情形来判断。合同越简单，内容明确具体的认定标准越低。

2. 行为人未表示不愿接受约束者，为要约；否则，为要约邀请。

迷你案例

案情：甲在对乙缔约建议中载明："本建议中的条件仅供参考，最终以面谈结果为准。"乙表示同意甲的建议。

问题：甲能否拒绝按照自己的建议与乙订立合同？

答案：能。由于甲已经表明不受自己建议的约束，故其建议并非要约，而是要约邀请。相应的，乙的表示也并非承诺。甲、乙之间并未达成合意。

（二）法定要约邀请

1. 寄送的价目表，即一方向对方寄送的，载明商品种类、价格的法律文件。因寄送的价目表并未说明欲出售的商品数量及付款方式、合同履行方式等其他交易内容，故其性质为要约邀请。

2. 拍卖公告，即拍卖人在拍卖开始前向社会公众发布的，告知拍卖召开时间、地点与拍卖物品，召集竞买人前来竞拍的法律文件。因拍卖公告不可能涉及拍卖标的物的成交价格，故其性质为要约邀请。

3. 招标公告，即发标人在招标开始前向社会公众发布的，告知招标时间、地点、程序、投标人条件，召集投标人前来竞标的法律文件。因招标公告中同样不可能涉及最终的成交价格，故其性质为要约邀请。

4. 招股说明书、债券募集说明书、基金招募说明书，即公开发行股票、债券、基金前，就发行中的有关事项向公众作出披露的法律文件。因上述说明书并没有向所有愿意认购的投资者出售其股票、债券、基金的意思，故其性质为要约邀请。

一针见血 要约邀请的意义：

对方对要约邀请正面反馈的，仅构成要约。此时，当事人双方并未达成合意，合同并不成立。

法条链接《民法典》第473条第1款。

 迷你案例

案情：甲土地局发布挂牌公告称，A地使用权的底价为200万元/亩，符合条件的单位交付保证金5000万元后，即可报名参加竞买。乙公司符合条件，交付了保证金并报名参加竞买。后因程序问题，甲土地局的A地使用权挂牌被上级机关叫停，此时仅有乙公司一家报名参加竞买。甲土地局欲向乙公司退还保证金，乙公司提出，其与甲土地局的土地使用权出让合同已经成立，挂牌公告中的底价即为成交价。

问题：乙公司的主张能否成立？为什么？

答案：不能成立。甲土地局发布的挂牌公告，其性质属于拍卖公告，依法构成要约邀请。乙公司交付保证金、报名参加竞买的行为，性质为要约。仅凭要约，甲土地局和乙公司之间并未达成合意，故土地使用权出让合同并未成立。

（三）商业广告

1. 商业广告既有可能构成要约，也有可能构成要约邀请。商业广告的性质应当按照要约与要约邀请的原则性区分来界定，即内容明确具体，且行为人未表示不接受该表示约束的商业广告，为要约；否则，为要约邀请。

2. 对于构成要约的商业广告而言：

受要约人一旦与该发布广告的人订立合同，广告内容即自动构成合同的条款。这意味着：

（1）如果发布人未实现其在广告中的允诺，则构成违约；

（2）如果发布人发布虚假广告，则构成合同欺诈，相对人有权撤销合同。

一针见血 构成要约的商业广告自动构成合同的条款：

⊙ 无需以相对人事先知道广告的内容为条件。

⊙ 无需以合同中复述广告的内容为条件。

法条链接《民法典》第473条第2款。

迷你案例

案情：甲开发商在广告中说，小区内有百棵百年大树。乙注重绿化环境，遂购房。入住后发现大树并不存在。

问题：此时，乙如何维护自己的合法权益？

答案：甲开发商发布的商业广告内容明确具体，且甲开发商未表示不受约束，故其性质为要约，其内容构成甲开发商和乙之间的买卖合同的组成部分。这意味着：①甲开发商未履行其在广告中的允诺，构成根本违约，乙可据此主张解除合同，要求退房、还钱，并追究甲开发商的违约责任；或者，乙也可不主张解除合同，不要求退房、还钱，而直接追究甲开发商的违约责任。②甲开发商发布虚假广告，构成合同欺诈，乙可据此以诉讼或仲裁的方式主张撤销合同，要求退房、还钱，并追究甲开发商的缔约过失责任。

总结梳理

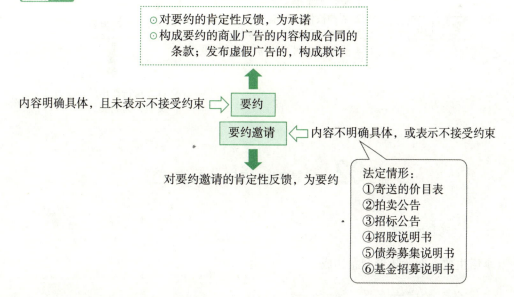

二、要约的失效

要约的失效，是指要约生效之后，其对要约人的约束力归于消灭，受要约人承诺的资格也就随之消灭。要约失效的事由包括：

1. 受要约人拒绝要约的通知到达要约人。

2. 要约人依法撤销要约。需要注意的是，在以下情况下，要约不得撤销：

（1）在撤销的意思表示到达受要约人前，受要约人已经作出承诺的；

（2）要约人在要约中明示不得撤销的；

（3）要约人在要约中确定了承诺期限的；

（4）受要约人有理由认为要约不可撤销，并已经为履约作了准备工作的。

3. 承诺期限届满，受要约人未作出承诺。

4. 受要约人对要约的内容作出实质性变更。

一针见血 要约失效的法律意义：

相对人对已经失效的要约作出同意的意思表示的，构成新要约。

法条链接《民法典》第478条。

迷你案例

案情：甲向乙发出要约后，次日收到乙的信函："不要。"两日后，甲又收到乙的信函："愿意成交。"

问题：甲、乙之间的合同能否成立？

答案：不能。乙的第一封信函达到甲时，甲的要约即失效，因此，乙的第二封信函为新要约，甲、乙之间的合同并未成立。

总结梳理

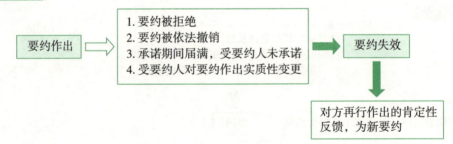

🅾️考点02 合意的达成与合同的成立

一、合意的达成

承诺生效，即意味着合意达成。

二、合同的成立

（一）合同成立的时间

1. 原则上，承诺生效（合意达成）的时间，即为合同成立的时间。

2. 对于实践合同，当事人交付标的物的时间，为合同成立的时间。在我国民法中，实践合同包括以下五种类型：

（1）借用合同；

（2）保管合同；

（3）自然人之间的民间借贷合同；

（4）定金合同；

（5）履行期届满前达成的以物抵债合同。

3. 对于要式合同，法定或约定的形式要件具备的时间，为合同成立的时间。但是，即使形式要件未能具备，一方履行了主要义务，对方接受的，合同也成立。

[法条链接]《民法典》第490条。

[一针见血] 承诺生效的法律意义：

承诺生效，即意味着"合意达成"，但未必意味着"合同成立"。

[迷你案例]

案情：甲、乙进行缔约磋商，就所有条款协商一致后，约定签订合同书时，合同成立。现甲反悔，不愿意在合同书上签字。乙向法院提起诉讼，请求甲签订合同，并追究甲的违约责任。

问1：乙的诉讼请求能否得到法院的支持？

答案：不能。因为甲、乙约定了"签订合同书时，合同成立"，故该合同为要式合同，在合同书签订之前，合同尚未成立，双方达成的约定没有约束力。

问2：如果乙已经向甲交付了合同价款，且甲接受，则甲、乙之间的合同是否成立？

答案：成立。因为该要式合同的一方履行了主要义务，且对方接受，故已经成立。

（二）要式合同"履行弥补形式要件缺陷"的具体表现

	原则性规则	当事人另行约定	处　理
成约定金	主合同的成立、生效，不以定金交付为条件	定金交付为主合同成立、生效要件	○从其约定 ○但主合同履行的除外
商品房买卖预售登记	商品房买卖合同的成立、生效，不以预售登记为条件	预售登记为商品房买卖合同成立、生效要件	○从其约定 ○但商品房买卖合同履行的除外
房屋租赁备案登记	房屋租赁合同的成立、生效，不以备案登记为条件	备案登记为房屋租赁合同成立、生效要件	○从其约定 ○但房屋租赁合同履行的除外

[一针见血] 要式合同原理的具体运用：

当事人约定成约定金，或约定以办理预售登记、备案登记为主合同、商品房买卖合同、房屋租赁合同的成立、生效要件的，理解为相应的合同属于约定要式合同，可适用要式合同的"履行弥补形式要件缺陷"的原理。

[法条链接]《民法典》第706条；《商品房买卖合同解释》第6条。

迷你案例

案情：甲、乙订立货物买卖合同，并约定乙应向甲交付定金1万元。

问1：如果乙未向甲支付1万元定金，则：

（1）甲、乙之间的定金合同是否成立？

答案：不成立。定金合同为实践合同，定金未交付，合同不成立。

（2）甲、乙之间的货物买卖合同是否成立？

答案：成立。原则上，定金合同是否成立，对主合同没有影响。

问2：如果甲、乙约定，定金交付时，买卖合同成立。现乙未向甲支付1万元定金。此时：

（1）甲、乙之间的定金合同是否成立？

答案：不成立。定金合同为实践合同，定金未交付，合同不成立。

（2）甲、乙之间的货物买卖合同是否成立？

答案：不成立。当事人约定以定金的交付为主合同成立条件的，视为约定要式合同，从其约定。

问3：如果甲、乙约定，定金交付时，买卖合同成立。现乙未向甲支付1万元定金，但甲已经将货物交付予乙，乙也已经接受。此时：

（1）甲、乙之间的定金合同是否成立？

答案：不成立。定金合同为实践合同，定金未交付，合同不成立。

（2）甲、乙之间的货物买卖合同是否成立？

答案：成立。当事人约定以定金的交付为主合同成立条件的，视为约定要式合同。要式合同主要义务履行的，可以弥补形式要件的缺陷。

（三）合同成立的地点

1. 当事人约定合同签订地的，从其约定。即使当事人约定的合同签订地与实际签名、盖章或者按指印的地点不符，也仍然以当事人约定的签订地为合同成立的地点。

2. 当事人没有约定合同签订地的，双方当事人签名、盖章或者按指印的地点为合同成立的地点。双方当事人签名、盖章或者按指印不在同一地点的，应当认定最后签名、盖章或者按指印的地点为合同成立的地点。

法条链接 《民法典》第493条。

 迷你案例

案情：甲、乙订立书面合同，甲先在A地签字，乙后在B地签字。

问1：如果甲、乙约定的合同签订地为C地，则甲、乙之间的合同成立的地点如何确定？

答案：C地。当事人约定合同签订地的，从其约定。

问2：如果甲、乙未约定合同签订地，则甲、乙之间的合同成立的地点如何确定？

答案：B地。当事人未约定合同签订地的，以最后的签字盖章地为合同成立的地点。

总结梳理

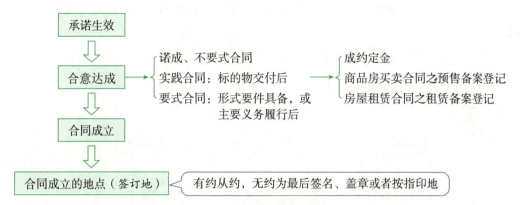

（四）要式合同原理的扩展

1. 遗嘱的法定形式要件不具备时，遗嘱不成立。遗嘱的形式包括：

（1）自书遗嘱。

（2）代书遗嘱。

（3）打印遗嘱。

（4）录音录像遗嘱。

（5）口头遗嘱。立遗嘱人只有在生命危急的情况下，才可以立口头遗嘱。危急情况解除后，遗嘱人能够用其他形式立遗嘱的，所立的口头遗嘱无效。

（6）公证遗嘱。

在上述遗嘱形式中，第2~5类遗嘱需要有2个以上、具有完全民事行为能力且无利害关系的见证人见证。

法条链接 《民法典》第1134~1139条。

迷你案例

案情：甲委托乙律所帮其订立代书遗嘱。乙律所派张律师一人前往甲的住处，由甲口述并记录。后甲按手印。

问题：该遗嘱是无效，还是不成立？

答案：不成立。因遗嘱的法定要件不具备，故不成立。

2. 结婚登记程序瑕疵不影响婚姻的效力

结婚登记程序存在瑕疵，并不属于婚姻无效或可撤销的事由。当事人以此为由主张婚姻无效或撤销结婚登记的，告知其可以依法申请行政复议或提起行政诉讼。

法条链接 《婚姻家庭编解释（一）》第17条。

迷你案例

案情：甲欲与乙结婚，因甲临时有事，遂让其双胞胎弟弟小甲冒充自己与乙办理了结婚登记手续。

问1：乙能否以小甲冒充甲办理结婚登记手续为由，主张撤销婚姻？

答案：不能。这一事实并不属于可撤销婚姻的事由。但乙可以申请行政复议或提起行政诉讼。

问2：乙与谁之间存在婚姻关系？

答案：乙与甲之间存在婚姻关系。

总结梳理

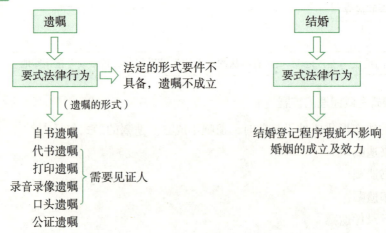

03 缔约过失责任

缔约过失责任，是指当事人违反先合同义务的法律后果。其中，先合同义务，是指依据诚实信用原则，缔约中的当事人向对方所承担的照顾、通知、协助、保护、保密及不加害等法定义务。

一、缔约过失责任的要件

1. 时间要件

当事人违反先合同义务的行为需发生于缔约阶段，即要约生效之后、合同生效之前。

一针见血 缔约过失责任的结构：

缔约中（要约生效后、合同生效前）+不诚信（违反先合同义务）=缔约过失责任。

2. 主体要件

作为一项合同责任，缔约过失责任也需遵守合同的相对性原理。因此，缔约过失责任的追究与承担，必须发生在缔约双方之间。反之，没有缔约关系的，就不存在缔约过失责任一说。

迷你案例

案情：甲公司与乙公司为竞争关系。甲公司为了获得竞争优势，指使丙与乙公司恶意磋商，使得乙公司丧失了商业机会。

问题：甲公司是否应对乙公司承担缔约过失责任？

答案：否。因甲公司与乙公司之间不存在缔约关系，故甲公司无需对乙公司承担缔约过失责任。根据合同的相对性原理，应当由丙对乙公司承担缔约过失责任。

二、违反先合同义务行为的法定类型

1. 假借订立合同，恶意磋商。
2. 欺诈。

迷你案例

案情：甲欲购买乙的汽车，已花费磋商费用1000元。现甲发现乙隐瞒该车为事故车的事实，遂终止谈判。

问题：甲所遭受的磋商费用的损失，如何补偿？

答案：乙在磋商过程中，故意隐瞒该车为事故车的重要事实，违反先合同义务，导致甲遭受财产损失，故乙应就甲的1000元损失，向甲承担缔约过失责任。

3. 泄露、不正当使用对方的商业秘密。即一方在订立合同过程中，获悉对方的商业秘密后，该方自行利用该商业秘密，或者将商业秘密泄露给他人。

4. 其他违背诚信原则的行为

违反先合同义务的行为，并不以上述法定情形为限。凡在缔约阶段，当事人一方违反法定诚信义务的行为，给对方造成损失的，均应承担缔约过失责任。例如，合同无效后的过错赔偿责任，性质上即属于缔约过失责任。

法条链接《民法典》第500、501条。

总结梳理

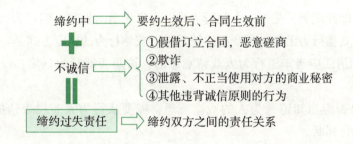

◎考点 **04** 虚假意思表示、隐藏意思表示、戏谑行为

一、虚假意思表示

1. 含义：双方当事人均无民法法效意思，却作出意思表示，如订立假合同。
2. 效力：行为人与相对人以虚假的意思表示实施的民事法律行为无效。

二、隐藏意思表示

1. 含义：被虚假意思表示所掩盖的另一真实的意思表示。
2. 效力：以虚假的意思表示隐藏的民事法律行为的效力，依照有关法律规定处理。

一针见血 虚假意思表示与隐藏意思表示的关系：**虚假意思表示掩盖着隐藏意思表示。**

迷你案例

案情：甲欲赠与乙一辆汽车，双方为掩人耳目，订立了汽车买卖合同。

问1：甲、乙之间的汽车买卖合同是何种意思表示？效力如何？

答案：甲、乙之间的汽车买卖合同构成虚假意思表示，无效。

问2：甲、乙之间的赠与约定是何种意思表示？效力如何？

答案：甲、乙之间的赠与约定构成隐藏意思表示，其效力按照民事法律行为的效力规则进行判断。

总结梳理

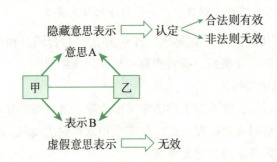

三、戏谑行为

戏谑行为，即开玩笑，是指一方的行为具有意思表示的外观，但行为人内心并不具有民法法效意思。戏谑行为无效，不产生法律后果。戏谑行为的认定方式是：

1. 相对人知道或应当知道行为人戏谑意思的，按照戏谑行为认定；反之，按照意思表示认定。

2. 相对人是否应当知道行为人的戏谑意思，需要从行为人意思表达的内容、场所、方式等方面，综合判断。

一针见血 虚假意思表示与戏谑行为的区别：

虚假意思表示是双方弄虚作假，戏谑行为是一方开玩笑。

总结梳理

小综案例

案情： 安居装修公司（以下简称"安居公司"）发布的广告称："家居整体装修，装修材料均选用进口品牌。"甲父并未看到该广告，即与安居公司订立装修合同，该合同也未对装修材料作出约定。装修完工后，甲父才得知该广告的内容，但因其房屋的装修材料均为国产品牌，遂与安居公司发生争议。

甲父生子甲，甲与其妻乙共同开办了合伙企业性质的文具厂。一日，甲收到丙发来的信函称："愿以800万元的价格购买你收藏的西周青铜水杯，如果同意，则双方签订合同书。望答复。"次日，甲收到丙的10万元转账，转账留言称："如果同意成交，则此笔钱作为购买青铜水杯的预付款。"第三日，甲向丙回函称："因文具厂经营困顿，急需用钱，同意成交。"第四日，甲又收到丙发来的第二份信函称："哈哈，我在开玩笑！800万元购买青铜水杯之事作罢，请退还10万元预付款。"第五日，丙收到甲的回函后，认为此事已经作罢，故未理会，并将文具厂经营困顿、资金短缺之事告知了与文具厂具有竞争关系的丁。丁由此调整竞争策略，给文具厂造成重大损失。甲愤极而死。

经查，甲订立了代书遗嘱，指定该青铜水杯由乙继承。此时，甲父认为，只有自己才有权继承该青铜水杯，理由是：第一，该代书遗嘱并无见证人签字，因此，乙不能凭遗嘱取得该青铜水杯；第二，甲、乙结婚登记时，由于乙出差在外，是乙的双胞胎妹妹冒名顶替，与甲办理了结婚登记，因此，乙并无甲的配偶身份，不能法定继承。

问题：

1. 甲父可否追究安居公司的违约责任？为什么？

2. 丙的第二封信函到达甲时，法律后果如何？为什么？

3. 甲、丙之间的青铜水杯买卖合同是否成立？

4. 甲能否请求丙赔偿文具厂的损失？为什么？

5. 甲的代书遗嘱的效力如何？为什么？

6. 乙是否为甲的配偶？为什么？

答案：

1. 可以。安居公司发布的商业广告构成要约，其内容自动构成甲父与安居公司装修合同的条款。安居公司未实现其在广告中的允诺，构成违约，甲父可以追究安居公司的违约责任。

2. 不具有法律后果。第一，丙自称要约为戏谑行为，但此前甲并不能看出丙是在开玩笑，故戏谑行为不成立，丙的要约依然有效；第二，因甲在回函中已经作出承诺，故丙的第二封信函也不构成对要约的撤销。

3. 成立。第一，甲的承诺生效后，甲、丙即达成"800万元成交"的合意；第二，甲、丙约定采取书面形式签订合同书，虽形式要件未具备，但丙已经履行了10万元的价金义务，且甲已经接受，故该要式买卖合同因履行而成立。

4. 能。在甲、丙订立合同过程中，丙泄露了甲的商业秘密，违反了先合同义务，故其应承担缔约过失责任，甲有权请求丙赔偿文具厂的损失。

5. 甲的代书遗嘱不成立。甲所订立的代书遗嘱不具有法定的形式要件，故不成立。

6. 是。冒名顶替办理结婚登记的，属于结婚登记程序瑕疵，并不影响婚姻的效力。

··· 订立合同的人 ···

05 "设立中的法人"的设立人订立的合同

设立中的法人，是指处于设立阶段，尚未取得法人资格的组织体。在学理上，设立中的法人，其性质为以设立人为成员的非法人组织。设立人为设立法人而订立的合同的法律后果承担规则是：

1. 法人成立前，法律后果由设立人承受；设立人为 2 人以上的，承担连带责任。

2. 法人成立后

（1）设立人以"设立中的法人名义"从事民事活动，其法律后果由法人承受；

（2）设立人以"自己的名义"从事民事活动，第三人有权选择请求法人或者设立人承担责任。

一针见血 设立人为设立法人而订立的合同的法律后果承担规则：

先看承担法律后果时，法人是否成立；法人成立的，再看订立合同时的名义。

法条链接《民法典》第 75 条。

总结梳理

	法人成立	法人未成立
以设立中的法人名义	法人责任	设立人责任
以自己的名义	相对人选择	

06 法定代表人订立的合同

一、法定代表人的代表行为与个人行为的区分

1. 法定代表人以法人的名义实施的民事法律行为，是代表行为。

2. 法定代表人以自己的名义实施的民事法律行为，不具有使法人承担民事法律行为后果目的的，是个人行为。

需要注意的是，法定代表人订立合同的名义，需从相对人的角度来观察。

案情：甲公司急需资金，其法定代表人张某与乙公司订立借款合同，约定甲公司从乙公司借款 100 万元，1 年后偿还本息，共计 110 万元。张某为乙公司的债权提供保证。

问题：张某的行为，何者是代表行为，何者是个人行为？

答案：张某以甲公司的名义与乙公司订立借款合同的行为，是代表行为；张某以自己的名义提供担保的行为，是个人行为。

二、法定代表人的表见代表

法人的实际法定代表人与登记的法定代表人不一致的，不得对抗善意第三人。这里的"善意第三人"，是指不知法人的实际情况与登记的事项不一致，并相信法人登记的人。

一针见血 法人登记的公信力与表见代表：

⊙ 一般规则：法人的实际情况与法人登记不相符的，不得对抗善意第三人。

⊙ 上述一般规则在法定代表人上的具体表现，就是表见代表。

法条链接 《民法典》第 65 条。

案情：甲公司登记的法定代表人为王某。后来，甲公司的法定代表人变更为李某，但公司登记并未变更。王某以甲公司法定代表人的身份，与不知甲公司的法定代表人更换之事的乙公司订立合同。

问题：甲公司是否应当承担王某这一行为的法律后果？

答案：应当。乙公司不知甲公司的法定代表人更换之事，因此构成善意第三人，其可信赖甲公司登记之记载，即有理由相信王某为甲公司的法定代表人，此项信赖受法律保护。这意味着，对乙公司而言，与王某订立合同，和与甲公司真正的法定代表人李某订立合同，具有相同的法律效力，故甲公司应当承担王某这一行为的法律后果。

三、法定代表人超越权限订立的合同

（一）原则

相对人在订立合同时不知道且不应当知道法定代表人越权代表的，即相对人是善意的，该代表行为有效，法人应承担法定代表人越权代表的法律后果。

（二）相对人善意、恶意的推定

1. 违反章程规定的越权代表

法定代表人所越之权，源于法人的内部规定的，推定相对人为善意。法人可举反证推翻推定。

2. 违反法律规定的越权代表

（1）一般规则

法定代表人所越之权，源于《公司法》第 16 条[1]的规定，即法定代表人擅自为公司以外的他人债务提供担保的，推定相对人为恶意。相对人可举反证推翻推定。

若相对人能够证明自己是善意的，如提供了公司的相关决议（包括伪造、变造的决议）或上市公司的公开披露的信息，则担保合同有效，公司应承担担保责任。

反之，若相对人不能证明自己不知道且不应当知道法定代表人越权代表，则担保合同无效，公司不承担担保责任。但是，若公司也有过错，如对法定代表人有选任过失，则公司需根据自己的过错，承担相应的赔偿责任。

因法定代表人超越权限提供担保造成公司损失的，若公司承担了担保责任或过错赔偿责任，则公司有权请求法定代表人承担赔偿责任。

一针见血 相对人善意、恶意的推定规则：

- ⊙ 基本规则：法定代表人越权代表，相对人善意的，合同有效。
- ⊙ 在此基础上，根据法定代表人所越之权源于法人的章程规定还是法律规定，相对人善意、恶意推定的方向相反。

迷你案例

案情：甲公司法定代表人张某擅自与乙银行订立抵押合同，将甲公司的房屋向乙银行设立抵押，担保丙公司在乙银行的贷款。现甲公司以张某越权代表为由，拒绝承担担保责任。

问 1：如果甲公司无法证明乙银行知道或应当知道张某为越权代表，乙银行也无法证明自己不知道且不应当知道张某为越权代表，则抵押合同的效力如何？

答案：无效。因乙银行无法证明自己善意，故推定乙银行为恶意，甲公司无需承担抵押担保责任。但是，若甲公司也有过错，则应承担相应的赔偿责任，并可向张某追偿。

问 2：如果乙银行证明张某曾出具甲公司的"同意担保"的股东会决议，经查，该决议系张某伪造，那么：

（1）抵押合同的效力如何？

答案：乙银行善意，担保合同有效。甲公司需承担抵押担保责任，并可向张某追偿。

（2）若甲公司举证证明乙银行知道该股东会决议系属伪造，则抵押合同的效力如何？

答案：乙银行恶意，担保合同无效。甲公司无需承担抵押担保责任。但是，若甲公司也有过错，则应承担相应的赔偿责任，并可向张某追偿。

（2）例外

在以下情况下，未经公司表决程序，公司对外担保的，担保合同有效：

---

[1] 《公司法》第 16 条规定："公司向其他企业投资或者为他人提供担保，依照公司章程的规定，由董事会或者股东会、股东大会决议；公司章程对投资或者担保的总额及单项投资或者担保的数额有限额规定的，不得超过规定的限额。公司为公司股东或者实际控制人提供担保的，必须经股东会或者股东大会决议。前款规定的股东或者前款规定的实际控制人支配的股东，不得参加前款规定事项的表决。该项表决由出席会议的其他股东所持表决权的过半数通过。"

❶金融机构开立保函或者担保公司提供担保。但是，金融机构或担保公司的分支机构，未经授权提供担保的除外。

❷公司为其全资子公司开展经营活动提供担保，但上市公司除外。

❸担保合同经由单独或者共同持有公司 2/3 以上对担保事项有表决权的股东签字同意，但上市公司除外。

❹一人公司为其股东提供担保。

一针见血 母公司与全资子公司彼此担保：

⊙ 原则上，母公司为全资子公司经营活动之负债提供担保的，担保合同有效。

⊙ 全资子公司为母公司负债提供担保的，担保合同有效。

迷你案例

案情：甲公司分立出 A、B 两家公司。其中，A 公司为甲公司的控股公司，B 公司为甲公司的全资子公司。A、B 公司与乙公司订立了租赁合同，分别承租乙公司办公楼的 18、19 层。甲公司与乙公司订立合同约定，甲公司为 A、B 公司的租金债务承担连带保证责任。现 A、B 公司未如约交付租金。

问 1：甲公司是否应当对 A 公司的租金债务承担保证责任？

答案：不应当。甲公司为 A 公司的租金债务提供担保，需经公司内部决议。本题中并未说明甲公司股东会同意担保，故构成法定代表人越权代表。进而，本题中又未明确相对人乙公司是善意还是恶意，故推定其为恶意，担保合同无效，甲公司无需对 A 公司的租金债务承担保证责任。

问 2：甲公司是否应当对 B 公司的租金债务承担保证责任？

答案：应当。B 公司是甲公司的全资子公司，母公司为其全资子公司经营活动之负债提供担保的，无需经过内部表决程序，故担保合同有效，甲公司应当对 B 公司的租金债务承担保证责任。

需要说明的是，法定代表人以公司的名义与他人订立并存的债务承担合同，加入债务的，其行为的效力参照公司为他人提供担保的规则处理。

法条链接 《民法典》第 61 条第 3 款；《担保制度解释》第 7～12 条。

总结梳理

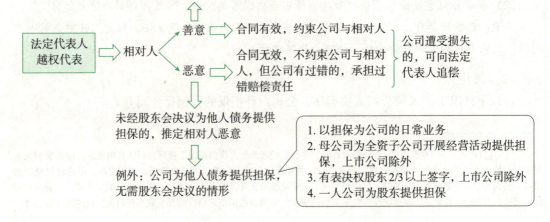

⑥考点 **07** 代理人订立的合同

一、法定代理权之监护

（一）监护人资格与监护能力

有资格担任监护人的主体包括近亲属、其他个人、有关组织，需以其具有"监护能力"为基本条件。

1. 不具有"监护能力"的近亲属、其他个人、有关组织不能担任监护人。

2. 丧失监护能力的监护人，需经监护人撤销程序，方能撤销其监护人资格。

[法条链接] 《总则编解释》第6条。

迷你案例

案情：甲、乙婚后，乙生子丙。丙5岁时，乙因犯罪入狱，甲、乙离婚。后甲得知丙并非自己亲生，而乙拒绝透露丙的生父的信息。经查，乙的父母经济拮据。

问题：乙的父母能否担任丙的监护人？

答案：不能。乙的父母经济拮据，不具有监护能力，故不能担任丙的监护人。

（二）监护人的确立

在近亲属、其他个人、有关组织具有"监护能力"的前提下，监护人确立的方法是：

1. 当然监护

未成年人父母是未成年人的当然监护人。未成年人的父母可以担任监护人的，不涉及其他人担任监护人的问题。

2. 遗嘱监护

若被监护人的父母为监护人，则其有权通过订立遗嘱的方式，确立监护人。在遗嘱生效时，被指定的人不愿意担任监护人的，可以不担任监护人。

3. 协商监护

（1）"为自己"的协商监护。具有完全民事行为能力的成年人，可以与其近亲属、其他愿意担任监护人的个人或者组织事先协商，以书面形式确定自己的监护人。在被监护人丧失完全民事行为能力之前，任何一方均有权解除该协议；在被监护人丧失完全民事行为能力之后，监护人无正当理由的，无权解除该协议。

（2）"为子女"的协商监护。作为当然监护人的未成年人的父母可以书面形式与他人约定，在自己丧失完全民事行为能力后，由对方担任该未成年人的监护人。

[一针见血] 两种协商监护的订立人：

⊙ "为自己"的协商监护：完全民事行为能力人与他人书面订立。

⊙ "为子女"的协商监护：未成年子女的父母与他人书面订立。

4. 顺序监护

在无法通过当然监护确定监护人，也不能适用遗嘱监护与协商监护时，按照法定顺序来确定监护人，即顺序在先者担任监护人。

（1）未成年人的监护人顺序：

❶祖父母、外祖父母；

❷兄、姐；

❸其他愿意担任监护人的个人或者组织，但是须经未成年人住所地的居委会、村委会或者民政部门同意。

（2）无民事行为能力、限制民事行为能力的成年人的监护人顺序：

❶配偶；

❷父母、子女；

❸其他近亲属；

❹其他愿意担任监护人的个人或者组织，但是须经被监护人住所地的居委会、村委会或者民政部门同意。

一针见血 其他个人或组织担任监护人的条件：需要以其愿意为条件，不得强制。

5. 指定监护

（1）指定机关：居委会、村委会、民政部门、法院。

❶当事人不服两委会、民政部门指定的，应在接到指定通知之日起 30 日内，申请法院指定监护人；

❷当事人在接到指定通知之日起 30 日后，申请法院指定监护人的，法院应当按照变更监护关系处理。（监护的撤销）

一针见血 两委会、民政部门指定监护：

两委会、民政部门指定监护后，当事人未在 30 日内申请法院指定监护人的，该指定生效。

（2）指定原则：最有利于被监护人的原则。法院依法指定的监护人一般应当是一人，但由数人共同担任监护人更有利于保护被监护人利益的，也可以是数人。

6. 机关监护

在需要监护的人没有依法具有监护资格的人的情况下，适用机关监护。机关监护人为被监护人住所地的居委会、村委会或者民政部门。

法条链接《民法典》第 27~33 条；《总则编解释》第 7~11 条。

迷你案例

案情：甲、乙婚后，乙生子小甲。小甲 8 岁时，乙因犯罪入狱，甲、乙离婚。后甲得知小甲并非自己亲生，而乙拒绝透露小甲生父的信息。经查，乙的父母生活困难，无法承担监护职责。

问题：现在，谁可担任小甲的监护人？

答案：①父母为未成年人的当然监护人，但本案中，乙与小甲生父均无法承担监护职责，故不予考虑。②按照顺序监护，乙的父母为第一顺序，但其生活困难，无法承担监护职责，故不予考虑。甲与小甲虽无亲属关系，但属于"其他个人"，故在其愿意担任监护人的前提下，经过居委会、村委会或者民政部门同意，可以担任监护人。③如果甲不愿担任小甲的监护人，则适用机关监护，由小甲住所地的两委会、民政部门担任小甲的监护人。

总结梳理

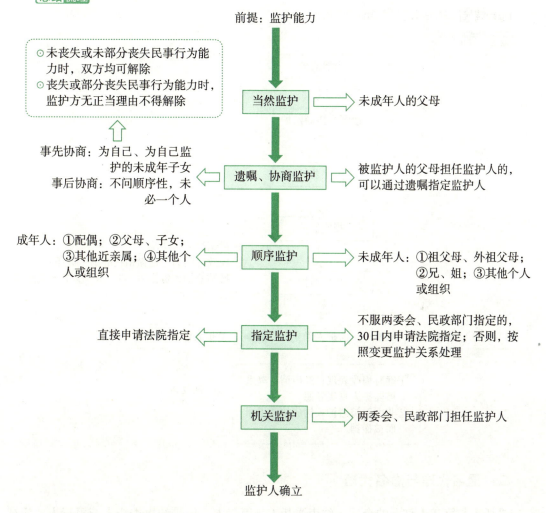

前提：监护能力

- 未丧失或未部分丧失民事行为能力时，双方均可解除
- 丧失或部分丧失民事行为能力时，监护方无正当理由不得解除

当然监护 ⟹ 未成年人的父母

事先协商：为自己、为自己监护的未成年子女
事后协商：不问顺序性，未必一个人

遗嘱、协商监护 ⟹ 被监护人的父母担任监护人的，可以通过遗嘱指定监护人

成年人：①配偶；②父母、子女；③其他近亲属；④其他个人或组织

顺序监护 ⟹ 未成年人：①祖父母、外祖父母；②兄、姐；③其他个人或组织

直接申请法院指定

指定监护 ⟹ 不服两委会、民政部门指定的，30日内申请法院指定；否则，按照变更监护关系处理

机关监护 ⟹ 两委会、民政部门担任监护人

监护人确立

（三）监护人资格的撤销

1. 撤销机关：法院。

2. 撤销后果：依法负担被监护人抚养费、赡养费、扶养费的父母、子女、配偶等，被撤销监护人资格后，应当继续履行负担的义务。

（四）监护人资格被撤销后的恢复

父母对子女、子女对不具有完全民事行为能力父母的监护资格，被撤销后存在恢复的可能。

1. 积极条件

（1）确有悔改表现；

（2）经被监护人申请；

（3）尊重被监护人真实意愿。

2. 消极条件

监护人对被监护人故意实施犯罪的，其资格被撤销后，不得恢复。

法条链接《民法典》第36~38条。

总结梳理

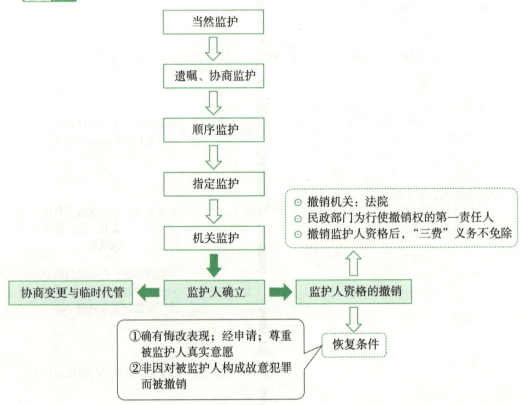

二、显名代理与隐名代理

受托人与第三人订立的合同，约束受托人与第三人，还是约束委托人与第三人，应视受托人订立合同时，第三人是否知道受托人系办理委托人的事务而有所不同。

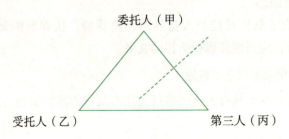

（一）显名代理

第三人订立合同时，知道受托人系办理委托人的事务。例如，受托人以委托人的名义与第三人订立合同；或者受托人以自己的名义与第三人订立合同，但第三人知道受托人系办理委托人的事务。此时：

1. 原则上，该合同约束委托人与第三人，即委托人与第三人为合同的双方当事人。

2. 例外情况是，第三人与受托人明确约定，该合同只约束受托人与第三人。

迷你案例

案情：乙受甲之托，以甲的名义，与丙订立合同。

问题：谁是该合同的当事人？

答案：原则上，甲、丙为该合同的当事人。但是，如果乙、丙在合同中约定，该合同只约束乙、丙，则乙、丙为该合同的当事人。

（二）隐名代理

第三人订立合同时，不知道受托人系办理委托人的事务。例如，受托人以自己的名义与第三人订立合同，且第三人不知道受托人系办理委托人的事务。此时：

1. 合同成立时的约束力

受托人与第三人订立的合同成立时，该合同约束受托人与第三人，即受托人与第三人为合同的双方当事人。

迷你案例

案情：乙受甲之托，以自己的名义，与丙订立合同。

问题：谁是该合同的当事人？

答案：乙、丙。乙以自己名义的与丙订立合同，该合同约束乙、丙。

2. 合同履行时的披露与抗辩权延续

（1）合同履行时，因第三人违约，导致委托人利益不能实现的，受托人可以向委托人披露第三人。此时：

❶后果。原则上，委托人可以向第三人主张权利。但第三人与受托人订立合同时如果知道该委托人就不会订立合同的除外。

❷抗辩权延续。委托人对第三人主张权利的，第三人可以向委托人主张其对受托人的抗辩。

迷你案例

案情：乙受甲之托，以自己的名义，与丙订立买卖合同，约定乙付款后 10 日，丙应交货。

问 1：谁是该合同的当事人？

答案：乙、丙。乙以自己的名义与丙订立合同，该合同约束乙、丙。

问2：如果丙迟延履行交货义务，则乙怎么办？

答案：乙可向甲披露丙。

问3：乙向甲披露丙后，法律后果如何？

答案：甲可直接请求丙向自己交货。但是，有证据证明丙不愿以甲作为自己相对人的除外。

问4：如果因乙迟延付款，丙基于先履行抗辩权，拒绝交货，而乙向甲披露丙后，甲直接请求丙向自己交货，则丙应如何保护自己的合法权益？

答案：丙可以依据对乙的先履行抗辩权，拒绝向甲交货。

（2）合同履行时，因委托人违约，导致第三人利益不能实现的，受托人可以向第三人披露委托人。此时：

❶后果。第三人可以在受托人或者委托人之间，选择一个作为相对人主张其权利。一旦选择完成，第三人不得变更。

❷抗辩权延续。第三人选择委托人作为相对人的，委托人可以向第三人主张其对受托人的抗辩以及受托人对第三人的抗辩。

迷你案例

案情：乙受甲之托，以自己的名义，与丙订立买卖合同，约定丙交货后10日，乙应付款。

问1：谁是该合同的当事人？

答案：乙、丙。乙以自己的名义与丙订立合同，该合同约束乙、丙。

问2：如果丙交货后，甲未将货款给乙，导致乙无法向丙付款，则乙怎么办？

答案：乙可向丙披露甲。

问3：乙向丙披露甲后，法律后果如何？

答案：丙可以在甲、乙中选择主张权利的对象，一旦选定，不得再变更。

问4：如果丙选择甲作为相对人，并请求甲付款。经查，甲不付款，是因为乙与丙订立合同时超越了委托权限。甲如何保护自己的合法权益？

答案：甲可以以此为由，不向丙付款。

问5：如果丙选择甲作为相对人，并请求甲付款。经查，甲不付款，是因为丙交付的货物质量不合格。甲如何保护自己的合法权益？

答案：甲可以以此为由，不向丙付款。

一针见血 显名代理与隐名代理的约束力：

⊙ 第三人知道委托之事的，可以自己选择合同的对方当事人。
⊙ 第三人不知道委托之事的，合同约束第三人与受托人。

法条链接《民法典》第925、926条。

总结梳理

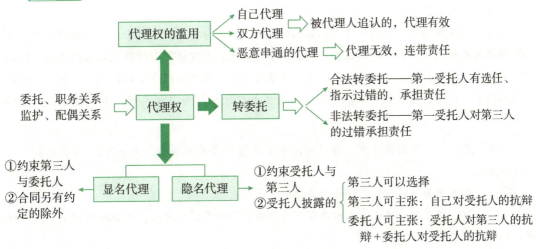

三、无权代理

无权代理，是指行为人在没有代理权、超越代理权、代理权终止的情况下，以被代理人的名义，与相对人实施代理行为的代理。数个委托代理人共同行使代理权，其中一人或者数人未与其他委托代理人协商，擅自行使代理权的，按无权代理处置。

需要注意的是，民法中的无权代理，是就显名代理而言的，其包括两种类型，即狭义无权代理与表见代理。

（一）狭义无权代理

1. 概念与效力

（1）概念：狭义无权代理，是指不存在表见事由的无权代理；

（2）效力：被代理人是否承受该行为的法律后果，效力待定。

2. 被代理人的追认权、拒绝权

（1）被代理人行使追认权，狭义无权代理行为自始有效，即被代理人自始承受该行为的法律后果；

（2）被代理人行使拒绝权，狭义无权代理行为自始无效，即被代理人自始不承受该行为的法律后果。

一针见血 狭义无权代理的待定之"效"：

⊙ "狭义无权代理效力待定"，不是指狭义无权代理行为"是否具有约束力"效力待定，而是指狭义无权代理行为"是否约束被代理人"效力待定。

⊙ 被代理人追认，狭义无权代理行为约束相对人与被代理人；被代理人拒绝，狭义无权代理行为约束相对人与行为人。

迷你案例

1. 案情：乙保管甲的合同专用章，在未征得甲同意的情况下，擅自使用该印章与自己订立合同。

问题：甲是否接受该合同的约束？

答案：视情况而定。因乙知道自己为无权代理，合同专用章对乙并无表见事由的效力，故乙构成狭义无权代理。若甲表示追认，则意味着：首先，甲追认了乙的狭义无权代理行为，乙构成有权代理，进而构成自己代理；其次，甲还对乙的自己代理行为予以追认。故甲应接受该合同的约束。反之，若甲表示拒绝，则乙的狭义无权代理行为自始无效，甲不接受该合同的约束。

2. 案情：乙不享有甲的代理权，却以甲的名义与丙订立买卖合同，购买丙的10台电脑，总价款5万元。

问1：如果甲表示追认，则丙应向谁请求支付价款？

答案：甲。因甲表示追认，乙的代理行为有效，甲为丙的相对人，即合同约束甲、丙，故丙应向甲请求支付价款。

问2：如果甲表示拒绝，则丙应向谁请求支付价款？

答案：乙。因甲表示拒绝，乙的代理行为无效，乙为丙的相对人，即合同约束乙、丙，故丙应向乙请求支付价款。

3. 相对人的催告权、撤销权

（1）相对人的催告权

相对人的催告权，是指相对人告知被代理人情况，催告被代理人30日内予以追认的权利。被代理人逾期未作答复的，视为拒绝。

（2）相对人的撤销权

相对人的撤销权，是指相对人撤销其与行为人民事法律行为的法律效力的权利。相对人行使撤销权的条件有二：

❶ 被代理人未表示追认；

❷ 相对人善意，即相对人与行为人从事交易时，不知道也不应当知道行为人系无权代理。

相对人行使撤销权的方式为单方通知，无需诉讼或仲裁。相对人的撤销权一经行使，狭义无权代理行为在相对人与行为人之间的约束力消灭，行为自始无效。

一针见血 狭义无权代理中被代理人的拒绝权与相对人的撤销权：

⊙ 被代理人行使拒绝权，狭义无权代理行为不约束被代理人，但约束行为人与相对人。

⊙ 相对人行使撤销权，狭义无权代理行为的约束力消灭。

迷你案例

案情：乙不享有甲的代理权，却以甲的名义，通过对丙实施胁迫的方式，与丙订立了合同。

问1：丙有几项撤销权？如何行使？

答案：两项。①因乙实施狭义无权代理行为，丙享有相对人的撤销权，其行使的方式为单方通知；②因乙实施胁迫行为，丙享有被胁迫人的撤销权，其行使的方式为诉讼或仲裁。

问 2：如果甲表示追认，那么：

（1）甲追认的是乙的哪一个行为？

答案：甲所追认的是乙的狭义无权代理行为，因为乙对丙的胁迫行为无从追认。

（2）此时，丙有几项撤销权？如何行使？

答案：一项。甲表示追认的，丙不再享有狭义无权代理中相对人的撤销权。但是，丙作为被胁迫人享有的撤销权并不会因甲的追认而消灭，其仍可以以诉讼或仲裁方式撤销该行为。

（3）若丙未行使撤销权，则该合同约束谁？

答案：甲、丙。甲表示追认的，丙受胁迫所订立的合同约束甲、丙。因此，若丙行使撤销权，则甲、丙之间的合同被撤销；若丙未行使撤销权，则甲、丙受该合同的约束。

（二）表见代理

1. 含义：表见代理，是指基于表见事由，相对人可以相信行为人享有代理权的无权代理。

2. 表见事由

（1）表见事由的常见类型为证书文件，如行为人持有被代理人的代理授权书、介绍信、工作证、空白合同书、合同专用章等。证书文件真实，方能构成表见事由。

案情：甲伪造乙的公章，以乙的名义与不知情的丙订立合同。

问题：甲的行为构成狭义无权代理，还是表见代理？

答案：甲的行为构成狭义无权代理。

（2）表见事由的类型不以上述证书文件为限。任何客观存在的事由，只要能够使相对人合理地相信行为人系有权代理的，即可构成表见事由，进而成立表见代理。

案情：甲公司业务员张某长期负责甲公司与乙公司的业务往来，乙公司已经习以为常。张某辞职后，仍以甲公司的名义与乙公司订立合同。

问题：张某的行为构成狭义无权代理，还是表见代理？

答案：张某的行为构成表见代理。

（3）表见事由的法律意义在于构成相对人信赖的基础，即可以使相对人相信无权代理人享有代理权。

案情：乙保管甲的合同专用章，在未征得甲同意的情况下，擅自使用该印章与自己订立合同。

问题：乙的行为是否构成表见代理？

答案：不构成。尽管本案中存在真实的印章，但是因无权代理人乙自己就是相对人，不存在对于印章的信赖，故乙的行为构成狭义无权代理。

一针见血 表见事由与无权代理：

表见代理是存在表见事由的无权代理，因此，若无权代理存在表见事由，则构成表见代理；若无权代理没有表见事由，则构成狭义无权代理。

3. 效力

（1）表见代理有效。被代理人必须承受表见代理的法律后果，而不享有追认权、拒绝权。

（2）被代理人承担表见代理行为所产生的责任后，可以向行为人追偿因代理行为而遭受的损失。

迷你案例

案情：乙不享有甲的代理权，以甲的名义与丙订立合同。

问题：乙的行为构成狭义无权代理，还是表见代理？

答案：如果有证据证明本案中存在表见事由，则构成表见代理；反之，如果没有证据证明本案中存在表见事由，则构成狭义无权代理。

法条链接 《民法典》第171、172条。

总结梳理

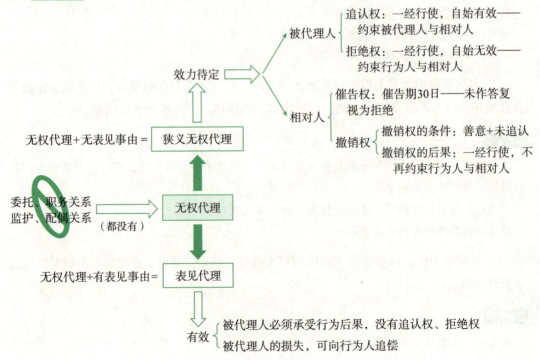

08 担保人的消极条件

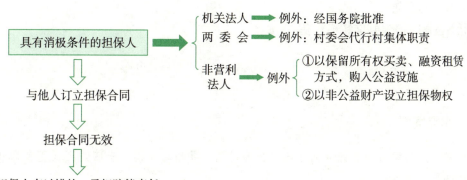

1. 机关法人提供担保的，担保合同无效，但是经国务院批准为使用外国政府或者国际经济组织贷款进行转贷的除外。

2. 居民委员会、村民委员会提供担保的，担保合同无效，但是依照《村民委员会组织法》规定的讨论决定程序代行村集体经济组织职能的村民委员会，依法对外提供担保的除外。

3. 登记为非营利法人的学校、幼儿园、医疗机构、养老机构等提供担保的，担保合同无效，但是有下列情形之一的除外：

（1）在购入或者以融资租赁方式承租公益设施时，出卖人、出租人为担保价款或者租金实现而在该公益设施上保留所有权。

一针见血 保留所有权买卖合同、融资租赁合同的担保本质：

非营利法人作为买受人、承租人，与出卖人、出租人订立的保留所有权买卖合同、融资租赁合同，其本质是以买卖物、租赁物为他人设立担保。

（2）以公益设施以外的财产设立担保物权。

迷你案例

案情：甲大学为非营利性的事业单位法人。

问1：甲大学为从银行贷款，将实验楼以及校领导的专车向银行抵押。该抵押合同效力如何？

答案：实验楼为公益设施，该部分抵押合同无效；校领导的专车为非公益设施，该部分抵押合同有效。

问2：甲大学为获得教学实验设备，与乙公司订立设备买卖合同，约定乙公司将设备交予甲大学使用的同时，保留所有权。该买卖合同效力如何？

答案：有效。非营利法人作为买受人，与他人订立的保留所有权买卖合同有效。

问3：甲大学为获得教学实验设备，与乙公司订立融资租赁合同，约定乙公司从丙厂购买设备后，出租给甲大学。该融资租赁合同效力如何？

答案：有效。非营利法人作为承租人，与他人订立的融资租赁合同有效。

需要注意的是，登记为营利法人的学校、幼儿园、医疗机构、养老机构等提供担保的，担保合同有效。

法条链接《担保制度解释》第5、6条。

🧑‍🤝‍🧑 小综案例

案情：甲公司为独资设立南星公司，委托张三寻租写字楼、李四购买A型复印机，以作未来南星公司办公之用。

张三发现时代广场写字楼的条件理想，因时代广场是由飞达公司所开发，而张三通过查阅企业法人信息，得知飞达公司的法定代表人为刘飞，遂与刘飞签订了租赁合同，双方约定："甲公司承租飞达公司开发的时代广场的第10层写字楼，年租金为9万元。"及至租金交付之日，南星公司已经成立。此时，飞达公司致函南星公司，称："本公司的法定代表人1年前已经由刘飞变更为郭达，故本公司不接受刘飞以本公司的名义与贵公司所订立的租赁合同。"

南星公司成立后，李四与阿姆斯壮公司的代理人汤姆订立办公设备买卖合同，双方约定："李四购买阿姆斯壮公司的A型复印机。"阿姆斯壮公司原本仅委托汤姆销售健身器材，但得知此事后，按期向李四交付了A型复印机。及至付款之日，因南星公司未将货款交付给李四，导致李四无法向阿姆斯壮公司付款。李四遂以汤姆系无权代理为由，拒不承认阿姆斯壮公司对自己享有付款请求权，并称自己也是受甲公司委托办理此事。于是，阿姆斯壮公司又请求甲公司支付货款。后经协商，甲公司同意付款，且南星公司与阿姆斯壮公司订立保证合同，为甲公司的付款义务提供担保。

1年后，甲公司的法定代表人潘寒完全丧失民事行为能力。经查，潘寒曾与大学同学沈玉菲订立书面合同，约定如果潘寒完全丧失民事行为能力，则由沈玉菲担任自己的监护人。现潘寒之妻吴琳也主张担任潘寒的监护人。半年后，沈玉菲因犯罪被捕入狱。

问题：

1. 飞达公司能否拒绝接受租赁合同的约束力？为什么？

2. 飞达公司可以请求谁支付租金？为什么？

3. 李四能否以汤姆系无权代理为由，拒不承认阿姆斯壮公司对其享有付款请求权？为什么？

4. 李四表示自己是受甲公司的委托后，阿姆斯壮公司是否有权请求甲公司付款？为什么？

5. 南星公司为甲公司的价金债务提供担保的行为是否有效？为什么？

6. 潘寒丧失完全民事行为能力后，谁可担任其监护人？为什么？

7. 沈玉菲被捕入狱之时，是否为潘寒的监护人？为什么？

8. 沈玉菲被捕入狱之后，其监护人资格被法院撤销，法院指定吴琳为潘寒的监护人。现沈玉菲刑满释放，法院可否恢复其监护人资格？为什么？

答案：

1. 不能。尽管飞达公司的法定代表人已经变更，但法人登记并未变更，其不得对抗善意相对人，故飞达公司应接受该租赁合同的约束。

2. 飞达公司可以在甲公司与南星公司之间进行选择。设立人为设立法人，以自己的名义订立的合同，法人成立后，相对人可以在设立人与法人之间选择一人作为合同的相对人。

3. 不能。汤姆构成狭义无权代理，但阿姆斯壮公司交付 A 型复印机的行为构成追认，故其自始承受该买卖合同的法律后果，具有出卖人的资格，李四应承认阿姆斯壮公司对其享有付款请求权。

4. 有权。隐名代理中，因委托人违约而受托人披露后，相对人可以在委托人与受托人之间选择一个作为合同的相对人，主张权利。

5. 有效。一人公司为其股东债务提供担保的，担保有效。

6. 沈玉菲。完全民事行为能力人可与他人书面约定，在其丧失完全民事行为能力时，由该他人担任自己的监护人。故协商监护应优先适用，本案中，由沈玉菲担任潘寒的监护人。

7. 是。沈玉菲被捕入狱之时，其监护人资格并未被撤销。

8. 不可以。只有父母对子女、子女对不具有完全民事行为能力的父母的监护人资格被撤销后，方有恢复之可能。

第 **3** 讲

···处 分 权···

考点 **09** 处分权的原始取得

一、基于继承、法律文书、事实行为取得物权

1. 基本规则

（1）基于继承、法律文书、事实行为取得物权，无需以登记为条件。

（2）物权人取得物权后，其要处分该物权，必须先登记，再向受让人处分。否则，受让人不能取得物权，但物权人与受让人之间的债权合同的效力不受影响。

2. 基于法院、仲裁委员会的生效法律文书变动物权

能够引起物权变动的法律文书包括如下三种类型：

（1）物权形成之诉（仲裁）的法律文书，自其生效时，发生物权变动；

（2）法院拍卖、变卖成交裁定书，自其送达买受人时，发生物权变动；

（3）法院以物抵债裁定书，自其送达债权人时，发生物权变动。

[一针见血] 基于法律文书引起物权变动：

并非任何法律文书均可引起物权变动，能够引起物权变动的法律文书只有三种。

[法条链接]《民法典》第 229~231 条；《物权编解释（一）》第 7 条。

[总结梳理]

二、善意取得

（一）善意取得的一般条件

善意取得的一般条件，是指无论对任何标的物发生善意取得，都必须具备的条件。我们按照如下关系模式对善意取得的一般条件加以把握：

甲（所有权人）————乙（处分人）————丙（第三人）

1. 乙为无权处分，却具有有权处分的外观。

（1）乙向丙所实施的处分，是将甲（所有权人）之物处分给丙，为无权处分。无权处分包括：

❶非所有权人处分所有物；

❷共有人处分共有物；

❸受到处分限制的所有权人处分所有物。

一针见血 善意取得的两大前提：

- 无权处分，是善意取得的基本前提。如欠缺这一前提，则受让人的取得为继受取得，与善意取得无关。

- 善意取得，是接受无权处分的"受让人"的善意取得，包括买受人、抵押权人、质权人、土地使用权人、地役权人等。而留置权的取得并非基于"受让"，其依法即可产生，故无善意取得问题。

（2）乙具有所有权人的外观。这意味着：

❶乙向丙处分不动产时，乙为登记人；

❷乙向丙处分普通动产时，乙为占有人；

❸乙向丙处分交通运输工具时，乙为登记人。

2. 乙与丙之间的合同等价有偿且具有约束力。

（1）乙、丙之间存在着无权处分标的物的合同，如买卖合同、抵押合同、质押合同。在买卖合同中，其必须为等价有偿；否则，丙不能善意取得标的物。需要注意的是，如果乙、丙之间的无权处分合同为抵押、质押等设立担保物权的合同，则直接视为等价有偿。

（2）乙、丙之间的合同需具有法律约束力。只有在乙、丙之间的合同有效，或可撤销但并未被撤销的情况下，丙才有善意取得的可能性。反之，倘若乙、丙之间的合同无效，或被撤销，则丙不可能发生善意取得。

3. 丙为善意。

（1）消极善意。丙不知道且不应当知道乙为无权处分。在举证责任上，采取受让人"善意推定规则"，即当事人主张受让人不构成善意的，应当承担举证责任。

（2）积极善意。丙基于对乙的占有、登记事实的信赖，相信乙就是所有权人，为有权处分。

案情：乙将甲停放在院子里的自行车出卖给不知情的丙，谎称车是自己的，车钥匙丢了。

问题：丙是否构成善意？

答案：不构成。因乙并没有占有该自行车，丙虽不知情，但不应当相信乙有权处分该自行车，故丙不能善意取得。

4. 乙向丙交付、登记。

（1）乙向丙无权处分不动产，需为丙办理不动产登记；

（2）乙向丙无权处分动产，需向丙交付动产。

法条链接《民法典》第311条。

总结梳理

	处分人：权利外观	受让人：善意	合同	交付或登记
不动产	登 记	①不知情；②相信登记	①有约束力；②等价有偿	登 记
普通动产	占 有	①不知情；②相信占有		交 付
交通运输工具	登 记	①不知情；②相信登记		交 付

（二）遗失物的善意取得

1. 失主对受让人的返还原物请求权

（1）遗失物被拾得人处分的，失主有权自知道或者应当知道遗失物受让人之日起2年内，向受让人请求返还原物；

（2）遗失物上的留置权人，不对失主承担返还义务。

迷你案例

案情：甲的电脑遗失，被乙拾得后，以合理对价出卖给不知情的丙，并向丙交付。

问1：甲能否请求丙返还电脑？

答案：能。甲有权自知道或应当知道丙之日起2年内，请求丙返还电脑。

问2：如果乙拾得电脑后，将电脑交予丙修理，丙修好电脑后，乙拒不支付修理费，丙依法留置该电脑，则甲能否请求丙返还电脑？

答案：不能。留置权人并非遗失物受让人，其对遗失物的占有为有权占有，故甲不得请求丙返还电脑。

2. 失主对受让人返还原物请求权的主张方式

原则上，失主"自知道或者应当知道遗失物受让人之日起2年内"有权请求受让人返还原物，无需支付受让人所付的费用。受让人所遭受的损失，向其前手追偿。但是，在如下两种情况下，失主"自知道或者应当知道遗失物受让人之日起2年内"请求受让人返还原物的，应当向受让人支付取得时的费用：

（1）受让人通过拍卖购得该遗失物；

（2）受让人向具有经营资格的经营者购得该遗失物。

一针见血 2 年内返还原物请求权行使的对价问题：

只有遗失物才有"失主 2 年内请求返还"的问题，也才有是否应支付对价的问题。非遗失物，不存在这个问题。

迷你案例

案情：甲的电脑遗失，被乙拾得后，乙将该电脑以合理对价出卖给了不知情的电脑销售商。

问 1：甲能否请求电脑销售商返还电脑？

答案：能。甲有权自知道或应当知道电脑销售商之日起 2 年内，请求其返还电脑。

问 2：甲请求电脑销售商返还电脑，是否需要支付对价？

答案：不需要。电脑销售商并非是通过拍卖或向具有经营资格的经营者购得该遗失物，故甲请求其返还电脑时，无需支付对价。

问 3：如果在甲对该电脑销售商的返还原物请求权 2 年期间尚未届满的情况下，电脑销售商又以合理对价将该电脑出卖给不知情的丙，则甲是否有权请求丙返还电脑？

答案：有权。甲有权自知道或应当知道丙之日起 2 年内，请求丙返还该电脑。

问 4：甲请求丙返还电脑，是否需要支付对价？

答案：需要。丙系从有经营资格的电脑销售商处取得该电脑，故甲请求丙返还电脑时，需支付对价。

3. 失主自知道或应当知道遗失物受让人之日起 2 年内，没有请求受让人返还原物的，失主的返还原物请求权消灭。此时，受让人发生善意取得。

法条链接《民法典》第 312 条。

总结梳理

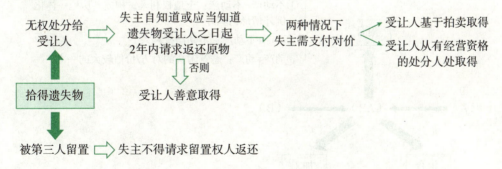

三、添附

（一）添附的概念

添附，是指一方的物与另一方的物或者劳务相结合，成为一种新物的事实，包括附合、混合和加工三种情形。

1. 附合，是指不同所有人的物，基于物理上的力凝结在一起，难以分割的事实。

2. 混合，是指不同所有人的动产混杂在了一起，难以识别的事实。

一针见血 附合与混合的区别：附合为"镶嵌"，混合为"搅拌"。

3. 加工，是指一方的原材料，被另一方加工为新物的事实，即一方的物与另一方的劳务发生了添附。

一针见血 加工的理解：

自己将他人之原材料制作成新物的，构成"加工"；自己将自己之原材料制作成新物的，不构成"加工"。

（二）添附物的归属

1. 附合物的归属

（1）动产之间的附合。构成擅自附合的，新物归对方。未构成擅自附合的，新物归价值较大的一方；价值相当的，归主物一方。

（2）动产与不动产的附合。附合于不动产上的动产，归不动产权利人。

（3）不动产之间的附合。附合于土地上的房屋，归土地权利人。但是，构成"房地一体化"之例外情形的，即在他人土地上出资建房，且未构成侵占他人土地的，建房人可取得其修建于他人土地上的房屋的所有权。

2. 混合物的归属

混合物的所有权，归属于价值较大的一方。

3. 加工物的归属

原则上，加工物归属于原材料人；但加工的价值远大于原材料价值的，加工物归属于加工人。

法条链接《民法典》第322条。

总结梳理

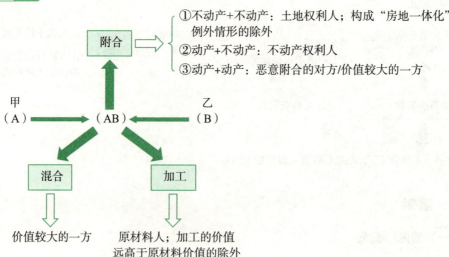

㊙考点 **10**　处分权的限制及无权处分的后果

一、买卖合同中无权处分的效力

1. 合同有效

在无权处分的情况下，买卖合同的债权效力不受无权处分的影响。只要符合有效要件，买卖合同即有效。

2. 交付、登记行为效力待定

交付、登记行为效力待定，是指在无权处分的情况下，交付、登记行为能否引起所有权的转移，效力待定，需要标的物的所有权人表示追认或者拒绝。

（1）如果所有权人行使追认权，则交付、登记行为自始有效，买受人可以继受取得所有权，且不问其善意恶意、是否对价有偿；

（2）如果所有权人行使拒绝权，则交付、登记行为自始无效，买受人不得继受取得所有权。

3. 无权处分的效力与善意取得的关系

无权处分的效力与善意取得的衔接点，是标的物的所有权人行使拒绝权，即在所有权人表示拒绝的情况下，因买受人不能继受取得所有权，此时进一步考虑善意取得的问题。

（1）如果买受人符合善意取得的条件，则其可以善意取得。

（2）如果买受人不符合善意取得的条件，则其不能善意取得。此时，因买卖合同有效，买受人有权追究出卖人的违约责任。

> ⎡一针见血⎦ 无权处分买受人取得所有权的两条途径：
>
> ⊙ 所有权人追认，买受人可以继受取得。
>
> ⊙ 未经追认，买受人符合善意取得要件的，可以善意取得。

> 🯀迷你案例
>
> 案情：乙将甲、乙夫妻共有的房屋 A 出卖给丙，并办理过户登记。
>
> 问 1：乙、丙之间的房屋 A 买卖合同的效力如何？
>
> 答案：有效。乙擅自出卖共有物给他人，构成无权处分，但无权处分的债权合同依然有效。
>
> 问 2：如果甲表示追认，则后果如何？
>
> 答案：甲追认后，乙向丙的登记行为自始有效，丙可以继受取得房屋 A 的所有权。
>
> 问 3：如果甲表示拒绝，则：
>
> （1）后果如何？
>
> 答案：甲拒绝后，乙向丙的登记行为自始无效，丙不能继受取得房屋 A 的所有权。

（2）丙能否取得房屋 A 的所有权？

答案：视情况而定。如果丙符合善意取得的要件，则可以善意取得房屋 A 的所有权；否则，丙不能取得房屋 A 的所有权，但可追究乙的违约责任。

问 4：如果将题干改为"乙将甲、乙夫妻共有的房屋 A 抵押给丙，并办理过户登记"，重新回答上述问题。

答案：一样。

总结梳理

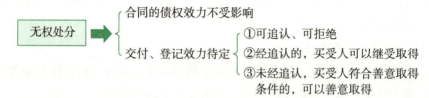

二、不动产买卖预告登记

（一）含义

买卖预告登记，是指不动产买受人对其所买受的不动产债权的登记。因此，买卖预告登记的对象是"不动产买受人的债权"，其意义在于宣示"该不动产买受人已经购买"的事实，进而阻止出卖人对买卖标的物的再次处分，如再卖、抵押等，以确保买受人债权的实现。

（二）买卖预告登记后再处分的法律后果

1. 合同的债权效力不受影响。

2. 买受人能否取得物权，效力待定。

（1）经买卖预告登记权利人同意的，买受人可以继受取得物权。

（2）未经买卖预告登记权利人同意的，买受人不可以继受取得物权。并且，因买卖预告登记的存在，买受人也不得善意取得物权。

一针见血 买卖预告登记的法律意义：

虽然买卖预告登记不能使买受人取得物权，但可阻止第三人取得物权。

（三）失效

1. 买卖预告登记的不动产买受人的债权消灭的，买卖预告登记失效，如买卖预告登记的债权实现、不动产买卖合同解除等。

2. 自能够进行不动产过户登记之日起 90 日内未申请登记的，买卖预告登记失效。

法条链接《民法典》第 221 条。

迷你案例

案情：甲与开发商乙订立房屋 A 的买卖合同后，办理了买卖预告登记。现乙未经甲的同意，将房屋 A 出卖给丙，并办理了过户登记手续。

问 1：乙、丙之间的买卖合同，效力如何？

答案：有效。买卖预告登记后再处分的，不影响合同的债权效力。

问 2：丙能否取得房屋 A 的所有权？

答案：若甲同意，丙可以继受取得房屋 A 的所有权；否则，丙既不能继受取得所有权，也不能善意取得所有权。

问 3：如果甲未表示同意，则丙能否追究开发商乙的违约责任？

答案：能。如上所述，买卖预告登记后再处分的，不影响合同的债权效力。

问 4：如果自甲能够办理过户登记之日起半年后，开发商乙将房屋 A 出卖给丙，则丙能否取得房屋 A 的所有权？

答案：能。开发商乙为丙办理过户登记时已经超过 90 日，买卖预告登记已经失效，故丙能取得房屋 A 的所有权。

总结梳理

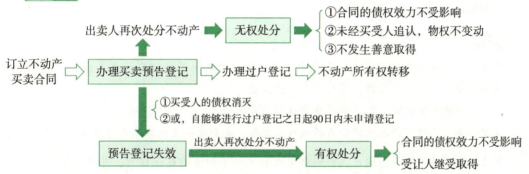

三、异议登记

（一）含义

异议登记，是指对不动产登记记载事项有异议的人，就其异议所为的登记。故异议登记的目的，在于宣示该不动产在权属上存在异议，进而阻止目前不动产登记人对该异议不动产的处分。

（二）办理条件

1. 异议人需先向登记机构提出更正登记的申请。符合下列条件之一的，对于异议人的更正登记申请，登记机构予以变更：

（1）现不动产登记簿记载的权利人书面同意更正；

（2）有证据证明登记确有错误。

2. 不具备上述条件，登记机构未予更正的，异议人可以申请异议登记。异议人申请异议登记，无需现登记人的同意。

一针见血 异议登记的前置程序：

欲办异议登记，先办更正登记；更正登记不成，可办异议登记。

（三）异议登记后再处分的法律后果

1. 合同的债权效力不受影响。

2. 异议登记不成立时，不动产登记人处分该不动产的行为，其性质是有权处分，受让人可以继受取得物权。

3. 异议登记成立时，不动产登记人处分该不动产的行为，其性质是无权处分，受让人不能继受取得物权。并且，因异议人办理了异议登记，故受让人不能善意取得物权。

一针见血 异议登记的法律意义：

异议登记的法律意义在于阻止第三人善意取得物权。

（四）失效

1. 异议人自异议登记之日起15日内，不起诉请求法院审理异议、确认物权的，异议登记失效。

2. 异议登记失效的，不影响异议人确权之诉的提起。

法条链接《民法典》第220条。

迷你案例

案情：甲为房屋A的登记人，乙将甲诉至法院，请求法院确认自己才是房屋A的所有权人。法院经审理，判决乙胜诉，且判决书已经生效。

问1：判决书生效时，乙才取得房屋A的所有权吗？

答案：否。乙对甲提起的诉讼为物权确认之诉，其判决书生效意味着房屋A一直是乙的。

问2：如果在判决书生效前，甲将房屋A出卖给不知情的建设银行，并办理了过户登记，那么：

（1）甲的行为是有权处分，还是无权处分？

答案：无权处分。根据法院判决，房屋A一直是乙的，故甲将乙的房屋A出卖给建设银行的行为，其性质为无权处分。

（2）建设银行能否取得房屋A的所有权？

答案：能。因房屋A登记在甲的名下，故建设银行能善意取得房屋A的所有权。

（3）对乙产生何种影响？

答案：乙对于房屋A的所有权消灭，只能请求甲赔偿损失。

问3：如果在起诉前，乙已经办理了异议登记，且在判决书生效前，甲将房屋A出卖给建设银行，并办理了过户登记，那么：

（1）建设银行能否取得房屋A的所有权？

答案：不能。甲将房屋A出卖给建设银行的行为，其性质为无权处分。因乙已经办理了异议登记，故建设银行不能善意取得房屋A的所有权。

（2）如果经查，乙办理异议登记后的1个月才向法院提起物权确认之诉，则建设银行能否取得房屋A的所有权？

答案：能。因甲将房屋A出卖给建设银行时，乙的异议登记已经失效，即视为乙未曾办理

考点清单 ● 第3讲 处分权

过异议登记，故建设银行能善意取得房屋 A 的所有权。

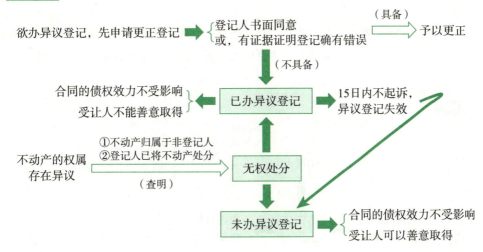

四、出质的股权、知识产权、应收账款债权的转让

出质人在质押期间，对于出质的股权、知识产权、应收账款债权的转让行为，应征得质权人的同意；否则，其性质为无权处分。这意味着：

1. 经质权人同意，受让人可以继受取得。进而，出质人应当就转让所得的价款，向质权人提前清偿或者提存。

2. 未经质权人同意，受让人不能继受取得出质的权利。此时：

（1）由于权利质押采取公示成立的物权变动模式，因此，权利质权必然是登记的质权，受让人不可能发生善意取得；

（2）受让人代为清偿债务消灭质权的，无需再经质权人同意，即可取得出质的财产权利。

一针见血 出质的股权、知识产权、应收账款债权转让时，受让人取得出质的权利的两条途径：①质权人同意；②受让人代为履行。

法条链接《民法典》第443~445条。

迷你案例

案情：甲为担保自己在乙银行的借款，将股权出质给了乙银行，并办理了质权登记手续。现甲与丙订立股权转让合同，约定将股权转让给丙。

问1：如果乙银行同意甲对丙的股权转让，则丙能否取得该股权？

答案：能。出质的股权、知识产权、应收账款债权转让，质权人同意的，即为有权处分，受让人可以继受取得。此时，甲转让股权所得的价款应当向乙银行提前清偿债务或者提存。

问2：如果乙银行不同意甲对丙的股权转让，但丙代甲向乙银行偿还了借款，则丙能否取得该股权？

答案：能。出质的股权、知识产权、应收账款债权转让，受让人代为履行债务的，质权消灭，受让人可以继受取得。

问3：如果乙银行不同意甲对丙的股权转让，且丙也未代甲向乙银行偿还借款，则丙能否取得该股权？

答案：不能。出质的股权、知识产权、应收账款债权转让，其性质为无权处分。因质权人未同意，受让人也未代为履行，故受让人不能继受取得。且因质权已经登记，故受让人也不能善意取得。

总结梳理

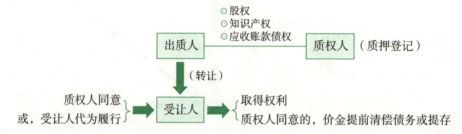

小综案例

案情：甲父的手表遗失后，被李二逵拾得，李二逵将手表以合理价格出卖给了知情的手表店。手表店将该手表翻新后，又以合理价格出卖给不知情的宋大江，并完成交付。甲父得知此事后，立即请求宋大江返还手表。宋大江以自己购买时为善意为由，拒绝返还。

甲父生子大甲、小甲。甲父生前订立遗嘱，指定登记在甲父名下的房屋A由小甲继承。甲父去世后，大甲伪造遗嘱，将房屋A登记在自己名下。小甲得知此事后，提出异议，并依法办理了异议登记。3日后小甲向法院起诉请求确认房屋A的归属。半年后，大甲为从工商银行贷款，将房屋A抵押给工商银行，签订了抵押合同，并办理了抵押登记手续。

法院经审理，判决房屋A归属于小甲。小甲将房屋A登记在自己名下后，将其出租给沈玉菲。沈玉菲经小甲同意，出资对房屋A进行了装修。在租赁期间，小甲与沈玉菲约定，将房屋A出卖给沈玉菲。买卖合同订立后，沈玉菲办理了预告登记。在为沈玉菲办理过户登记手续之前，小甲未经沈玉菲同意，又将房屋A出卖给潘寒，并办理了过户登记手续。

大甲为重新从工商银行贷款，将其持有的智子公司的股权出质给工商银行，并办理了质押登记。随后，大甲又将出质的股权转让给马小芸。工商银行得知此事后，表示反对。

问题：

1. 甲父能否请求宋大江返还手表？为什么？

2. 甲父请求宋大江返还手表，是否应向其支付购买该手表的价金？为什么？

3. 甲父去世后，房屋 A 是谁的？为什么？

4. 小甲办理的异议登记对工商银行有何影响？为什么？

5. 大甲与工商银行所订立的房屋 A 抵押合同的效力如何？为什么？

6. 沈玉菲出资的装修材料归属于谁？为什么？

7. 潘寒能否取得房屋 A 的所有权？为什么？

8. 潘寒能否追究小甲在房屋 A 买卖合同上的违约责任？为什么？

9. 马小芸能否取得股权？为什么？

10. 如果马小芸急需该股权，咨询律师，则律师应如何回答？

答案：

1. 能。失主有权自知道或应当知道遗失物受让人之日起 2 年内，请求受让人返还原物。

2. 是。遗失物的受让人通过拍卖或者向具有经营资格的经营者购得该遗失物的，失主请求返还原物时，应向遗失物受让人支付取得时的费用。

3. 小甲的。根据甲父的遗嘱，小甲享有房屋 A 的遗嘱继承权。依据继承变动物权，继承开始时，物权变动。故甲父去世时，小甲即取得房屋 A 的所有权。

4. 异议登记将导致工商银行不能善意取得房屋 A 的抵押权。第一，房屋 A 的所有权归属于小甲，大甲将房屋 A 抵押给工商银行的行为，其性质为无权处分；第二，由于异议登记的存在，工商银行应当知道小甲的异议，故不能善意取得房屋 A 的抵押权。

5. 有效。不动产抵押合同具有债权效力，尽管大甲将房屋 A 抵押给工商银行的行为的性质为无权处分，但无权处分的债权合同依然有效。据此，工商银行虽不能取得抵押权，但可追究大甲在房屋 A 抵押合同上的违约责任。

6. 归属于小甲。沈玉菲出资的装修材料与房屋 A 构成动产与不动产的附合，此时，动产归不动产权利人。

7. 不能。买受人办理了买卖预告登记后，出卖人又将该不动产再次出卖或抵押的，物权不发生变动。

8. 能。买受人办理了买卖预告登记后，出卖人又将该不动产再次出卖或抵押的，尽管物权不发生变动，但合同的债权效力不受影响。故小甲未能履行房屋 A 买卖合同中让渡所有权的允诺，应向潘寒承担违约责任。

9. 不能。出质的股权，未经质权人书面同意的，出质人不得转让。

10. 马小芸可代大甲偿还对工商银行的贷款本息，从而消灭工商银行的股权质权，取得该出质的股权。

第 **4** 讲

··· 合同的效力瑕疵 ···

🕅考点 **11** 合同无效

合同 ⇨ 合同无效事由 ⇨ 合同或约定无效 ⇨ 合同无效或被撤销的法律后果

一、一般无效事由

1. 无民事行为能力人未经代理所订立的合同。

2. 违反法律、行政法规的效力性强制性规定订立的合同。在这里，效力性强制性规定与管理性强制性规定的区分方法是：

（1）法律、行政法规禁止实施的民事法律行为，该禁止性规定为效力性强制性规定。

迷你案例

案情："禁止毒品买卖"之规定：

问 1：属于效力性强制性规定，还是管理性强制性规定？

答案：效力性强制性规定。毒品买卖为法律禁止实施的民事法律行为，故该规定为效力性强制性规定。

问 2：毒品买卖合同的效力如何？

答案：无效。违反效力性强制性规定，无效。

（2）法律、行政法规并未禁止实施的民事法律行为，但是要求"应当办理有关手续"的，该"应当办理有关手续"的规定，为管理性强制性规定。

迷你案例

案情："开展经营活动需办理工商营业执照"之规定：

问 1：属于效力性强制性规定，还是管理性强制性规定？

答案：管理性强制性规定。经营活动本身并不为法律所禁止，只是要求办理相关手续，故该规定为管理性强制性规定。

问2：未办理工商登记，开展营业活动，与他人订立的消费合同，效力如何？

答案：有效。违反管理性强制性规定，需承担行政责任，但并不影响民事法律行为的效力。

3. 恶意串通，损害国家、集体、他人利益。恶意串通的构成要件有二：

（1）主观要件：恶意串通的双方当事人应当知道自己的行为会损害第三人的利益，且双方当事人的行为目的正是以损害第三人的利益为代价，使一方或双方当事人获得其本不应当获得的利益；

（2）客观要件：恶意串通的行为具有不正常性，如弄虚作假、行贿受贿等，这是恶意串通与正常交易的分水岭。

一针见血 一物二卖之第二买受人知情：

出卖人一物二卖，仅凭第二买受人知情，无法认定二卖构成恶意串通。

迷你案例

1. 案情：甲将房屋A出卖给乙，尚未办理过户登记。丙得知此事后，向甲表示愿出更高的价格购买，甲遂将房屋A又出卖给丙。

问题：甲、丙之间的买卖合同效力如何？

答案：有效。尽管甲、丙都知道该买卖合同会损害乙的利益，但甲、丙之间的买卖合同并无任何不正常性，仍属于正常交易，故不构成恶意串通，该买卖合同有效。

2. 案情：甲将抵押给银行的房屋出租给乙后，在租期内，因甲到期不向银行偿还借款，银行欲行使抵押权。为使乙获得买卖不破租赁之保护，甲、乙重新订立租赁合同，并将租赁日期提前到银行的抵押权成立之前。

问题：甲、乙之间重新订立的租赁合同效力如何？

答案：无效。甲、乙都知道该租赁合同会损害银行的利益，且具有弄虚作假的不正常性，故构成恶意串通，该租赁合同无效。

4. 损害社会公共利益与社会公德。

5. 不当免责条款，包括：

（1）当事人约定对造成对方人身伤害的，或因故意或者重大过失造成对方财产损失的免责的条款。

（2）格式条款合同中的不当免责条款，即所谓"霸王条款"。其包括两类：

❶提供格式条款的一方不合理地免除或者减轻其责任、加重对方责任、限制对方主要权利；

❷提供格式条款的一方排除对方主要权利。

迷你案例

案情：通讯服务商与购买特殊手机号的客户订立电信服务合同。

问1：如果合同规定"不得变更套餐"，则该项规定效力如何？

答案：该项规定为"排除对方主要权利"，无效。

问2：如果合同规定"30年内不得变更套餐"，则该项规定效力如何？

答案：该项规定为"不合理地限制对方主要权利"，无效。

问3：如果合同规定"1年内不得变更套餐"，则该项规定效力如何？

答案：该项规定不属于不当免责条款，并不当然无效。如果通讯服务商尽到了提示、说明义务，则有效。

（3）未尽到提示注意、说明义务的格式条款中的"正当免责条款"。

正当免责条款，是指格式条款的内容全部或部分免除提供一方的责任，限制了相对人的权利，但是尚未导致当事人双方权利义务的严重失衡的条款。

提供格式条款的一方应当承担提示注意义务与说明义务：

❶提示注意义务，是指提供格式条款的一方应当主动提示相对人注意格式条款中限制、免除自己责任的内容。例如，口头提示，在合同文本中采用足以引起对方注意的文字、符号、字体等特别标识进行提示等。

❷说明义务，是指提供格式条款的一方根据相对人询问，应当对格式条款中的限制、免除自己责任的内容进行解释、说明。

提供格式条款的一方，如不能证明自己尽到提示注意义务与说明义务，则该条款无效。

一针见血 格式免责条款的效力：

⊙ 不当免责条款，无效。

⊙ 正当免责条款，原则上有效；有证据证明提供方未尽提示注意、说明义务的，无效。

迷你案例

案情：甲手机销售商与乙订立了手机买卖合同。保修政策中规定："如乙擅自拆开手机，则甲手机销售商不再承担保修义务。"乙的手机在保修期间出现故障，请求甲手机销售商维修。甲手机销售商发现乙曾经拆开了手机，遂拒绝维修。

问题：甲手机销售商能否拒绝承担保修义务？

答案：如果甲手机销售商能够证明自己已经尽到提示注意或说明义务，则有权拒绝承担维修义务；否则，乙可主张该条款无效。

法条链接《民法典》第144、153、154、496、497、506条。

二、买卖合同中的无效事由

1. 因出卖人故意或者重大过失不告知买受人标的物瑕疵的，买卖合同中关于"出卖人免于承担品质瑕疵担保责任"的约定无效。

迷你案例

案情：甲古玩店将一幅"明代字画"出卖给乙，并约定："如为赝品，甲古玩店概不负责。"

问1：该约定是否有效？

答案：有效。原则上，买卖双方约定"出卖人免于承担品质瑕疵担保责任"的，该约定有效。

问2：如果甲古玩店明知此字画为赝品而不告知乙，则该约定是否有效？

答案：无效。因出卖人故意或者重大过失不告知买受人标的物瑕疵的，买卖双方关于"出卖人免于承担品质瑕疵担保责任"的约定无效。

2. 分期付款买卖合同约定，合同解除后，买受人已付价款不予退还的，该约定无效。

3. 出卖人未取得商品房预售许可证明，与买受人订立的商品房预售合同，应当认定无效，但是在起诉前取得商品房预售许可证明的，可以认定有效。

[法条链接]《民法典》第618条；《买卖合同解释》第27条第2款；《商品房买卖合同解释》第2条。

三、民间借贷合同中的无效事由

1. 下列情形中，民间借贷合同无效：

（1）从金融机构套取贷款，或以向其他营利法人借贷的方式取得资金转贷的；

（2）向本单位职工集资，或以向公众非法吸收存款等方式取得资金转贷的。

[一针见血] 转贷无效事由：从企业、公众处借来资金，进而转贷的，转贷无效。

2. 职业放贷人与他人订立的民间借贷合同

职业放贷人，是指未依法取得放贷资格的、以民间借贷为业的组织或个人。职业放贷人的认定标准是，同一出借人在一定期间内多次反复从事有偿的民间放贷行为。

3. 出借人事先知道或者应当知道借款人借款用于违法犯罪活动仍然提供借款的，借款合同无效。

4. 约定的利率超过"1年期贷款市场报价利率"（LPR）4倍的部分，性质为高利贷，其超过部分的约定无效。

[法条链接]《关于审理民间借贷案件适用法律若干问题的规定》第13、25条。

四、租赁合同中的无效事由

1. 违法建筑出租的，租赁合同无效。这里的"违法建筑"包括：

（1）没有"规划证"的建筑。即在一审法庭辩论终结前，出租人未取得建设工程规划许可证建设的房屋；或者未按照建设工程规划许可证的规定建设，且未经主管部门批准建设的房屋。

（2）未经"批准"的临时建筑。即在一审法庭辩论终结前，出租人未经批准建设或者未按照批准内容建设的临时建筑。

2. 经批准的临时建筑租赁合同，约定租期超过批准的使用期限的部分，无效。需要注意的是，在一审法庭辩论终结前，经批准延长使用期限的，延长使用期限内的租赁期间有效。

3. 租期超过 20 年的租赁合同，或租期超过 20 年的续租合同，超过 20 年的部分，无效。需要注意的是，租赁合同无效的，出租人不得请求承租人支付租金，但有权请求参照合同约定的租金标准，要求承租人支付房屋占有使用费。

[法条链接]《民法典》第 705 条；《城镇房屋租赁合同解释》第 2、3 条。

五、建设工程合同中的无效事由

1. 发包、分包、转包的无效事由

（1）支解发包、分包。

（2）无资质、超越资质等级。但是，承包人在建设工程竣工前取得相应资质等级的，建设工程合同有效。

（3）没有资质的实际施工人借用有资质的建筑施工企业名义订立合同。

（4）建设工程必须进行招标而未招标或者中标无效。

（5）主体工程分包。

（6）承包人未经发包人同意而分包。

（7）分包单位将其承包的工程再分包。

（8）转包。即承包人将其全部工程交予第三人完成，构成"工程倒卖"。

2. 发包人未取得建设工程规划许可证等规划审批手续的，建设工程施工合同无效。例外有二：

（1）发包人在起诉前取得建设工程规划许可证等规划审批手续的除外；

（2）发包人能够办理审批手续而未办理，并以未办理审批手续为由请求确认建设工程施工合同无效的，不予支持。

3. 实质性变更中标合同的约定无效。招标人和中标人在中标合同之外就明显高于市场价格购买承建房产、无偿建设住房配套设施、让利、向建设单位捐赠财物等另行签订合同，变相降低工程价款的，该合同无效。

4. 发包人与承包人约定放弃、限制建设工程价款优先受偿权，损害建筑工人利益的，该约定无效。

[一针见血] 建设工程合同无效的法律后果：

工程款约定因合同无效而无效，但竣工验收合格的，承包人可主张参照合同折价补偿工程款。

[法条链接]《民法典》第 791 条；《建设工程施工合同解释（一）》第 1~3、42 条。

六、物业服务合同中的无效事由

物业服务人将全部物业服务转委托或者支解后分别转委托给第三人而签订的委托合同，无效。

[法条链接]《民法典》第 941 条。

总结梳理

七、流质约款无效

流质约款，是指当事人所达成的"债务到期不履行，债权人无需评估作价，直接取得特定财产所有权，双方债权债务消灭"的约定。

一针见血 禁止流质约款规则的适用范围：

禁止流质约款规则，不仅可适用于担保领域，还可适用于以物抵债领域。

法条链接《民法典》第 401、428 条。

总结梳理

担保合同 ⇒ 流质约款 ⇒ 约定无效 ⇒ 当事人有权主张评估作价、多退少补

↓

1. 债权人取得担保财产
2. 无需评估作价、多退少补

八、定金约定无效

当事人约定的定金数额或实际交付的定金数额，超过主合同标的额的 20% 的，超出部分不产生定金效力。

法条链接《民法典》第 586 条。

总结梳理

	性　质	甲违约	乙违约
20万元	定　金	乙无需返还	乙双倍返还
10万元	非定金	乙需返还	乙需返还

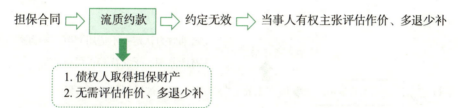

九、人格支配合同中的无效事由

以任何形式买卖人体细胞、人体组织、人体器官、遗体的行为，均无效。

法条链接《民法典》第 1007 条。

十、扩展：婚姻无效事由与遗嘱无效事由

（一）婚姻无效

1. 无效事由

（1）重婚。

（2）有禁止结婚的亲属关系。

（3）未到法定婚龄。但是，申请人以"结婚时一方未达婚龄"为由申请婚姻无效，申请时该方已达婚龄的，其婚姻无效的申请不予支持。

2. 婚姻无效之诉的审理

"婚姻效力认定"与"财产分割、子女抚养"两个审项的处理：

（1）"婚姻效力认定"的审理，不适用调解，不得撤诉。

（2）"财产分割、子女抚养"的审理，可以调解。未达成调解协议的，应当一并作出判决。

[法条链接]《民法典》第 1051 条；《婚姻家庭编解释（一）》第 10、11 条。

[总结梳理]

（二）遗嘱无效

1. 遗嘱全部无效事由

（1）主体瑕疵，即遗嘱订立时，立遗嘱人不具备完全民事行为能力的，遗嘱全部无效。因此，无民事行为能力人、限制民事行为能力人所立的遗嘱，即使其本人后来有了民事行为能力，仍属无效遗嘱；遗嘱人立遗嘱时有民事行为能力，后来丧失了民事行为能力的，不影响遗嘱的效力。

（2）意思表示瑕疵，即遗嘱必须表示遗嘱人的真实意思，受胁迫、欺诈所立的遗嘱全部无效。

（3）口头遗嘱订立后，危急情况解除，遗嘱人能够用书面或者录音录像形式立遗嘱的，所立的口头遗嘱无效。

（4）伪造、篡改的遗嘱无效。

（5）与遗赠扶养协议相抵触的遗嘱无效。

（6）继承人故意杀害被继承人，或为争夺遗产杀害其他继承人时，被继承人以遗嘱将

遗产指定由该继承人继承的，遗嘱无效。

2. 遗嘱部分无效事由

（1）遗嘱人未为缺乏劳动能力又没有生活来源的继承人保留遗产份额的，该部分遗嘱无效；

（2）遗嘱人以遗嘱处分了国家、集体或他人财产的，该部分遗嘱无效。

[法条链接]《民法典》第 1134、1138、1141 条；《继承编解释（一）》第 3、8、25、26、28 条。

[总结梳理]

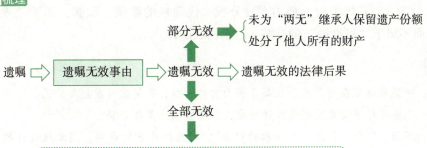

⑫考点12 合同可撤销

一、可撤销事由

（一）欺诈

1. 含义

欺诈，是指行为人一方故意告知对方虚假情况，或者故意隐瞒真实情况，致使对方当事人作出不真实意思表示的行为。

2. 欺诈的事由

（1）欺诈的事由，仅限于"交易事项"，即一方用来与对方进行交易的事项，如交易内容、标的性质等。反之，与交易无关、不涉及交易成败的事项，纵有欺骗，也不构成欺诈。

 迷你案例

1. 案情：甲隐瞒所卖汽车发生过交通事故的事实，与乙订立汽车买卖合同。

问题：甲的行为是否构成欺诈？

答案：构成。"交通事故"之于车辆买卖，为交易事项。

2. 案情：开发商谎称本小区通地铁，为"地铁沿线房"，与购房人订立房屋买卖合同。

问题：开发商的行为是否构成欺诈？

答案：构成。"地铁沿线"之于房屋买卖，为交易事项。

3. 案情：甲隐瞒已婚事实，将自己的电脑出卖给丙。

问题：甲的行为是否构成欺诈？

答案：不构成。"已婚"之于电脑买卖，并非交易事项。

（2）行为人对其民事行为能力、处分权、代理权的隐瞒、欺骗，属于"效力待定"的范畴，而不属于"可撤销"的范畴，故不构成欺诈。

案情：甲谎称登记在自己名下的某房屋为自己所有，并将该房屋出卖给乙。

问题：乙能否以甲对自己实施欺诈为由，主张撤销该买卖合同？

答案：不能。甲骗乙的是"处分权的归属"，即无权处分的事实。因无权处分的债权合同有效，交付、登记效力待定，故不存在欺诈的问题，乙不能以此为由主张撤销买卖合同。

3. 第三人欺诈的，只有在被欺诈方的相对人知道或者应当知道该欺诈行为的，受欺诈方才能享有欺诈的撤销权。

（二）胁迫

1. 含义

胁迫，是指行为人一方以给对方及其亲友的生命健康、荣誉、名誉、财产等造成损失或者以给法人的荣誉、名誉、财产等造成损害为要挟，迫使对方作出违背真实的意思表示的行为。胁迫既可以是心理威胁，也可以是身体强制，如强迫对方当事人签字画押。

2. 胁迫的本质，是通过威胁、强制手段，迫使对方当事人与之达成合意，强迫成交。因此，胁迫的成立，以对方当事人享有"不成交自由"为逻辑前提。

1. 案情：甲对乙说："你不在合同上签字，我就弄死你。"乙遂签字。

问题：甲对乙是否构成胁迫？

答案：构成。因乙本有不签字的自由，故甲构成胁迫。

2. 案情：甲对乙说："你不还钱，我就弄死你。"乙遂还钱。

问题：甲对乙是否构成胁迫？

答案：不构成。因乙本就没有不还钱的自由，故甲不构成胁迫。

3. 第三人胁迫的，受胁迫方有权直接请求法院或者仲裁机构予以撤销。

一针见血 第三人欺诈与胁迫的区别：

⊙ 第三人欺诈的，受欺诈方享有撤销权，以相对人知道或应当知道此事为条件。

⊙ 第三人胁迫的，受胁迫方享有撤销权，不以相对人知道或应当知道此事为条件。

（三）重大误解

1. 含义

重大误解，是指行为人因对行为的性质、对方当事人或者标的物的品种、质量、规格和数量等产生了错误认识，使行为的后果与自己的意思相悖，并造成较大损失的行为。在我国民法上，重大误解包括"错误"的情形。例如，当事人由于疏忽，将价款"5000元"写成"500元"，将单位"g"写成"kg"。

2. 重大误解的对象

（1）与欺诈相同，重大误解的对象也是"交易事项"。但是，由于重大误解系因行为人自己判断错误（非因他人的欺诈）所致，因此，重大误解的"交易事项"的界定更为严格。具体来讲，重大误解的对象只包括如下三种情形：

❶ 对交易性质的误解。

案情：甲酒店在客房有偿提供酒水。乙误以为是赠品，并予以饮用。

问题：乙是否构成重大误解？

答案：构成。乙对"交易性质"产生误解，构成重大误解。

❷ 对交易对象的误解。

案情：甲与乙书法家同名同姓。丙误以为甲就是乙书法家，遂向甲表示：愿出50万元购买一幅书法作品。

问题：丙是否构成重大误解？

答案：构成。丙对"交易对象"产生误解，构成重大误解。

❸ 对交易标的的误解。

案情：甲有一个西周青铜器皿。甲不知其珍贵，用来喂猫。后甲将该青铜器皿赠送给乙。

问题：甲是否构成重大误解？

答案：构成。甲对"交易标的"产生误解，构成重大误解。

（2）行为人对其民事行为能力、处分权、代理权上的误判，属于"效力待定"的范畴，而不属于"可撤销"的范畴，故不构成重大误解。

案情：①甲误信乙有代理权而与乙订立合同；②甲误信乙有处分权而与乙订立合同；③甲误信乙具有完全民事行为能力而与乙订立合同。

问题：在上述三种情况中，甲是否构成重大误解？

答案：上述三种情况，甲分别是对乙的代理权、处分权、民事行为能力产生误解，甲、乙之间的合同存在效力待定的问题，但不存在可撤销的问题，故均不构成重大误解。

一针见血 欺诈与重大误解的范围：

- ⊙ 对"交易事项"中任何问题的欺骗，均构成欺诈。
- ⊙ 对"交易事项"中"性质、对象、标的"的误解，才构成重大误解。
- ⊙ 对民事行为能力、处分权、代理权的欺骗或误解，既不构成欺诈，也不构成重大误解。

（四）显失公平

1. 显失公平，是指一方当事人利用自己的优势，或者利用对方的危难处境，致使双方的权利义务明显违反公平、等价有偿原则的行为。因此，显失公平不是"权利、义务的显著失衡"，而是"因双方地位不对等所导致的权利、义务的显著失衡"。

2. 导致双方地位不对等的原因有二：①一方利用自己交易经验、经济地位上的优势；②一方利用对方的危难处境。

法条链接 《民法典》第147~151条；《总则编解释》第19~22条。

总结梳理

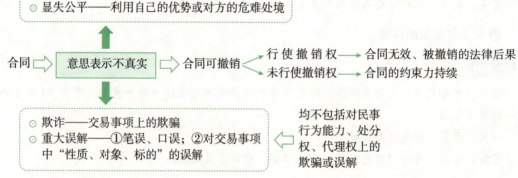

二、撤销权的行使

1. 可撤销的民事法律行为中的撤销权，其性质为形成权。撤销权人必须行使该权利，才会发生撤销民事法律行为的效果。

迷你案例

案情：甲酒店客房内备有酒水，标价单上的价格高于市价。乙住甲酒店，未留意标价单，误以为酒水免费，遂饮之。

问1：甲酒店与乙之间的酒水买卖合同效力如何？

答案：可撤销。因乙构成重大误解，故该酒水买卖合同可撤销。

问2：如果乙未行使撤销权，则后果如何？

答案：该酒水买卖合同的约束力持续，乙应当按照标价单支付价款。

2. 可撤销的民事法律行为中的撤销权人，为行为人中意思表示不真实的一方。

3. 可撤销的民事法律行为中的撤销权行使方式，为提起诉讼或申请仲裁。以单方通知的方式行使撤销权的，视为撤销权未行使。需要注意的是：

（1）在民事诉讼中，一方请求另一方履行合同，另一方以合同具有可撤销事由提出抗辩，但未以诉讼或者反诉方式行使撤销权的，法院不能仅以当事人未提起诉讼或者反诉为由不予审查或者不予支持；

（2）在民事诉讼中，一方主张合同无效，依据却是可撤销事由的，法院可以直接判决撤销该合同。

[法条链接]《九民纪要》第42条。

[总结梳理]

- ⊙ 意思表示不真实的一方享有撤销权
- ⊙ 以诉讼、仲裁的方式行使撤销权
- ⊙ 在撤销期间内撤销

合同 ⇨ 意思表示不真实 ⇨ 合同可撤销 ⇨ 行使撤销权 ⇨ 合同无效、被撤销的法律后果

- ⊙ 一方诉请履行合同，另一方以可撤销事由抗辩的，法院不能仅以当事人未诉请撤销为由不予审查或不予支持
- ⊙ 一方以撤销事由主张合同无效的，法院可以直接判决撤销

4. 可撤销的民事法律行为中撤销权的行使，受撤销期间的约束。撤销期间分为两种类型：

（1）短期撤销期间

❶欺诈、显失公平。自知道或者应当知道撤销事由之日起1年内行使撤销权。

❷重大误解。自知道或者应当知道撤销事由之日起90日内行使撤销权。

❸胁迫。自胁迫行为终止之日起1年内行使撤销权。

（2）最长撤销期间

当事人自民事法律行为发生之日起5年内没有行使撤销权的，撤销权消灭。

[法条链接]《民法典》第152条。

[总结梳理]

情　　形	撤销期间	
欺　　诈	知道或应当知道之日起，1年	民事法律行为发生之日起，5年
显失公平		
重大误解	知道或应当知道之日起，90日	
胁　　迫	胁迫终止之日起，1年	

三、扩展：可撤销婚姻

1. 撤销事由

（1）因胁迫结婚的，受胁迫的一方可以请求撤销婚姻；

（2）一方患有重大疾病，在结婚登记前未如实告知另一方的，另一方可以请求撤销婚姻。

一针见血 婚姻的撤销事由：

胁迫、婚前重大疾病故意未告知以外的意思表示不真实，不构成婚姻的撤销事由。

2. 撤销机关

撤销婚姻之申请，向法院提出。

3. 撤销期间

（1）胁迫的婚姻撤销期间为胁迫终止之日起 1 年内。被非法限制人身自由的，撤销期间为恢复人身自由之日起 1 年内。

需要注意的是，被胁迫方的婚姻撤销权，不适用"民事法律行为发生之日起 5 年内没有行使撤销权的，撤销权消灭"的一般性规定。

（2）未告知重大疾病的婚姻撤销期间为自知道或者应当知道撤销事由之日起 1 年内。

需要注意的是，被欺诈方的婚姻撤销权，适用"民事法律行为发生之日起 5 年内没有行使撤销权的，撤销权消灭"的一般性规定。

法条链接 《民法典》第 1052、1053 条；《婚姻家庭编解释（一）》第 19 条。

总结梳理

事　　由	撤销权人	撤销机关	撤销期间	登记后 5 年未撤销
胁　　迫	被胁迫方	法　　院	胁迫终止之日或恢复人身自由之日，1 年	撤销权不消灭
隐瞒重大疾病	被隐瞒方	法　　院	知道或应当知道之日，1 年	撤销权消灭

考点 13 合同无效、被撤销的法律后果

一、一般后果

（一）类型

1. 返还财产

（1）含义：民事法律行为无效，一方当事人因该民事法律行为而取得的财产，或获得的利益，应当返还给对方当事人。

（2）双务法律行为无效后的标的物与价金的相互返还

❶标的物与价金的相互返还，为对待给付，需同时返还，故可适用同时履行抗辩权。

❷标的物与价金的相互返还不计标的物的使用费，也不计价金的利息。换言之，一方

的标的物使用费与对方的价金利息，相互抵销。

一针见血 合同无效情况下的标的物使用费与价金利息：

合同无效时，一方履行了债务，另一方未履行的，履行债务一方可请求对方支付标的物使用费或价金利息。

❸在标的物价值增值或贬值的情况下，其增值或贬值产生的收益或损失应在当事人之间合理分配或分担。

迷你案例

案情：甲将一套房屋出卖给乙，并向乙交付。乙向甲支付了 100 万元的价金。现甲、乙之间的买卖合同无效，双方返还财产时，房屋增值至 120 万元。

问题：此时，20 万元的增值应如何处理？

答案：甲、乙合理分配，即法院可判令乙向甲返还房屋，甲向乙返还价金 110 万元。

2. 赔偿损失

（1）含义：民事法律行为被确认无效后，有过错的一方应当赔偿对方由此所受到的损失；双方都有过错的，应当各自承担相应的责任。该项责任的性质为"缔约过失责任"。

（2）限额：合同无效的情况下，无过错方有权索赔的数额，不应超过合同有效且正常履行时无过错方可以获得的利益。

3. 收缴财产

当事人恶意串通，损害国家、集体或者第三人利益的，双方当事人已经取得和约定取得的财产应当收归国家所有，或者返还给受损的集体、第三人。

（二）法院对于民事法律行为最终无效案件的审理

1. 在民事诉讼中，当事人仅主张合同无效，而未提出其他诉讼请求时，法院应予释明。一审法院未予释明，二审法院认为应当对合同无效的法律后果作出判决的，可以直接释明并改判。

2. 如果返还财产或者赔偿损失的范围确实难以确定或者双方争议较大的，也可以告知当事人通过另行起诉等方式解决，并在裁判文书中予以明确。

法条链接《民法典》第 157 条；《九民纪要》第 32~36 条。

总结梳理

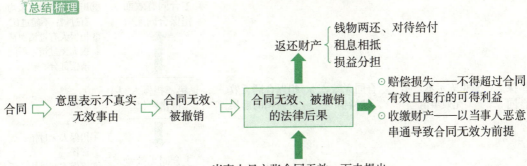

二、担保合同无效的法律后果

担保合同无效时，担保人的责任性质不再是"担保责任"，而是"缔约过失责任"（赔偿责任），即因一方过错导致合同无效的情况下，向对方所承担的赔偿责任。因此，担保合同无效时，当事人责任的承担以"过错"为基础。

1. 主合同有效而担保合同无效

主合同有效而担保合同无效，即在债权人与债务人所订立的主合同有效，而债权人与担保人所订立的担保合同无效或被撤销。此时，法律后果是：

（1）债权人有过错而担保人无过错的，担保人不承担赔偿责任；

（2）债权人与担保人均有过错的，担保人承担的赔偿责任不应超过债务人不能清偿部分的1/2；

（3）担保人有过错而债权人无过错的，担保人对债务人不能清偿的部分承担赔偿责任。

2. 因主合同无效而导致担保合同无效

债权人（甲）—⊘—主债—债务人（乙）
担保
合同
担保人（丙）

（1）担保人无过错的，不承担赔偿责任；

（2）担保人有过错的，其承担的赔偿责任不应超过债务人不能清偿部分的1/3。

💡总结梳理

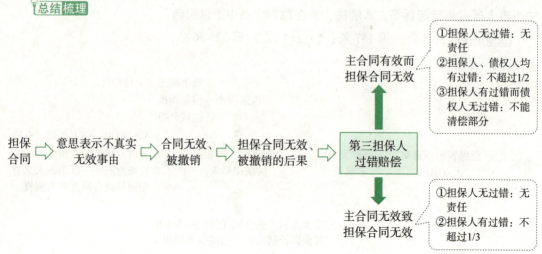

需要注意的是，在担保合同无效的情况下，担保人承担了赔偿责任的，依然享有"债权人对债务人的权利"，即有对债务人进行追偿的权利，并可受到债务人向债权人所提供的担保物权的担保。

一针见血 担保人承担担保责任与过错赔偿责任的后果：

担保人的责任有两种情形：①担保合同有效时的担保责任；②担保合同无效时的过错赔偿责任。这两种情况下，均可享有"债权人对债务人的权利"。这意味着：

- 担保人承担担保责任或过错赔偿责任后，均可向债务人追偿。
- 该追偿权适用相同的法律规则，即均可受到债务人向债权人所提供的担保物权的担保。

法条链接 《民法典》第682条；《担保制度解释》第17、18条。

迷你案例

案情：甲银行借给乙公司100万元，乙公司以房屋A向甲银行设立抵押，并办理了抵押登记。丙向甲银行提供保证。

问1：如果乙公司未如约还款，丙向甲银行承担了保证责任，那么：

(1) 丙可否向乙公司进行追偿？

答案：可以。承担了担保责任的担保人，可对债务人进行追偿。

(2) 丙对乙公司的追偿权，可否受到房屋A抵押权的担保？

答案：可以。承担了担保责任的担保人，可以享有"债权人对债务人的权利"。

问2：如果乙公司未如约还款，且丙为公益性大学，因保证合同无效，丙向甲银行承担了过错赔偿责任，那么：

(1) 丙可否向乙公司进行追偿？

答案：可以。承担了过错赔偿责任的担保人，也可对债务人进行追偿。

(2) 丙对乙公司的追偿权，可否受到房屋A抵押权的担保？

答案：可以。承担了过错赔偿责任的担保人，依然可以享有"债权人对债务人的权利"。

三、扩展：婚姻无效、被撤销及遗嘱无效的法律后果

（一）婚姻无效、被撤销的法律后果

1. 财产分割

(1) 婚姻无效或者被撤销的，当事人同居期间所得的财产，当事人没有约定的，根据照顾无过错方的原则分割；

(2) 重婚导致婚姻无效的，其财产的处理，不得侵害合法婚姻当事人的财产权益。

一针见血 重婚的无过错方：

重婚的无过错方，既包括重婚关系中无过错的对方，也包括原配。

2. 赔偿损失

婚姻无效或者被撤销的，无过错方有权请求损害赔偿。

法条链接 《民法典》第 1054 条。

迷你案例

案情：甲与乙结婚后，甲隐瞒自己已婚的事实，又与丙结婚。

问 1：甲、丙的婚姻效力如何？

答案：重婚，无效。

问 2：甲、丙未对同居期间所得财产的处理作出约定，该财产如何分割？

答案：①按照有利于丙的原则分割；②不得损害乙的利益。

问 3：因甲隐瞒自己已婚事实，给丙造成损害，怎么办？

答案：丙有权请求甲赔偿损失。

总结梳理

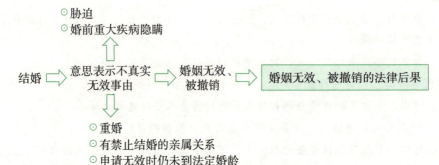

（二）遗嘱无效的后果

1. 遗嘱全部无效的，适用法定继承。
2. 遗嘱部分无效的，对无效部分进行调整，但不适用法定继承。

法条链接 《民法典》第 1123 条；《继承编解释（一）》第 25、26 条。

迷你案例

案情：老甲生子甲，甲、乙婚后，生子小甲。小甲 5 岁时，甲死亡。经查，甲订立遗嘱，写明其所有遗产均由老甲继承。

问 1：小甲能否继承甲的遗产？

答案：能。甲订立的遗嘱排除了"两无"继承人小甲的继承权，该部分无效。故小甲可继承甲的遗产。

问 2：乙能否继承甲的遗产？

答案：不能。乙并非"两无"继承人，甲遗嘱中排除了乙的继承权，该部分有效。故乙不能继承甲的遗产。

问 3：如果经查，甲订立该遗嘱时为限制民事行为能力人，则后果如何？

答案：甲的遗嘱全部无效，适用法定继承，老甲、乙、小甲均可继承甲的遗产。

总结梳理

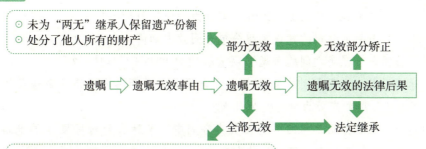

1. 订立遗嘱时，立遗嘱人不具有完全民事行为能力
2. 意思表示瑕疵
3. 口头遗嘱订立后，危急情况解除
4. 伪造、篡改的遗嘱
5. 与遗赠扶养协议相抵触的遗嘱
6. 被继承人以遗嘱形式指定遗产继承人，但该继承人故意杀害被继承人，或为争夺遗产杀害其他继承人

小综案例

案情：科达地产公司（以下简称"科达公司"）与天成建筑公司（以下简称"天成公司"）订立建设工程合同，约定由天成公司承建科达公司"大明不夜城"住宅小区的项目。经查，科达公司与天成公司订立合同时，并没有建设工程规划许可证，在该工程即将竣工时，才取得该证。天成公司在建设过程中，将主体工程分包给平海公司，科达公司对此表示同意。

"大明不夜城"住宅小区项目竣工后，科达公司将房屋A出卖给秦光明，但并未办理预售备案登记手续。科达公司与秦光明之间的房屋A买卖合同约定：①秦光明分期付款，若因秦光明违约致合同解除，则已付价款不予退还；②科达公司对房屋A的电路部分，不承担保修责任。

经查，秦光明之所以购买房屋A，是因为同事花小容告知秦光明，"大明不夜城"小区是本市名校清北中学的学区房，但科达公司对此并不知情。科达公司交房后，秦光明才知道此为谣传，且花小容系有意为之。

又查，秦光明为筹措购房款，与西山公司订立借款合同，款项现已交付，且西山公司系将其内部集资所得款项出借给秦光明。

科达公司为秦光明办理了所有权登记后，秦光明告诉马小芸，"大明不夜城"小区是清北中学的学区房，马小芸大感兴趣，于是秦光明将房屋A以100万元的价格出卖给马小芸，知情的花小容为秦光明的价金债权提供连带责任保证。马小芸得知真相后，拒绝付款，并向法院起诉，请求确认房屋A买卖合同无效。

问题：

1. 科达公司与天成公司的建设工程合同效力如何？为什么？

2. 天成公司与平海公司的建设工程分包合同效力如何？为什么？

3. 科达公司与秦光明之间的房屋A买卖合同效力如何？为什么？

4. 科达公司与秦光明之间的房屋A买卖合同中"若因秦光明违约致合同解除，则已付价款不予退还"的约定效力如何？为什么？

5. 科达公司与秦光明之间的房屋A买卖合同中"科达公司对房屋A的电路部分，不承担保修责任"的约定效力如何？为什么？

6. 秦光明可否以"大明不夜城"小区并非清北中学的学区房为由，诉请法院撤销其与科达公司之间的房屋A买卖合同？为什么？

7. 西山公司与秦光明之间的借款合同效力如何？为什么？

8. 马小芸可否撤销其与秦光明之间的房屋A买卖合同？为什么？

9. 法院应如何处理马小芸的诉讼请求？为什么？

10. 如果马小芸在起诉书中并未主张合同无效的法律后果，则法院应如何处理？

11. 法院判决撤销合同后，花小容是否应当承担责任？为什么？

答案：

1. 有效。发包人未取得建设工程规划许可证的，建设工程合同无效；但是，发包人起诉前取得该许可证的除外。

2. 无效。主体工程分包的，合同无效。

3. 有效。商品房买卖合同应当办理预售备案登记手续的强制性规定为管理性强制性规定，违反该规定并不影响合同的效力。

4. 无效。分期付款买卖合同约定，合同解除后，买受人已付价款不予退还的，该约定无效。

5. 原则上有效，但科达公司知道或应当知道电路存在质量问题的除外。买卖合同中关于出卖人免于承担品质瑕疵担保责任的约定有效，但出卖人因故意或重大过失不告知买受人买卖物存在品质瑕疵的除外。

6. 不可以。①花小容构成第三人欺诈，但受欺诈人因第三人欺诈，主张撤销合同的，需要以相对人知道或应当知道为条件，而本案中的科达公司对此并不知情，故秦光明不得以花小容欺诈为由，撤销合同；②"学区房"之事实不属于重大误解的范畴，故秦光明也不得以重大误解为由，撤销合同。

7. 无效。用内部集资或非法吸收公众存款的方式取得资金转贷的，合同无效。

8. 可以。"学区房"属于房屋A买卖合同的交易事项，秦光明对马小芸构成欺诈。

9. 判决撤销合同。当事人以可撤销事由主张合同无效的，法院可直接判决撤销合同。

10. 法院应予释明。

11. 应当。主合同被撤销的，担保合同随之无效。担保人有过错，承担不超过1/3的过错赔偿责任。

··· 合同内容的确定 ···

🕮考点 **14** 合同性质的确定

一、民事法律关系的分析方法

1. 厘定发生在特定当事人之间的法律事实，即搞清楚"他们之间发生了哪些事情"。

2. 根据所厘定的法律事实产生的法律效果，界定当事人之间民事法律关系的性质。

3. 在分析特定当事人之间的民事法律关系的时候，应剥离其他无关当事人。

迷你案例

案情：云天明为程心从联合国以 300 万元的价格购买了距离太阳系 286.5 光年的 DX3906 恒星。合同约定，云天明支付价款后，联合国制作记载程心姓名的恒星所有权证书，并交付给程心。

问 1：云天明、联合国、程心之间的法律关系如何？

答案：①云天明与联合国之间为恒星买卖合同关系；②根据合同约定，联合国一方的债务，向第三人程心履行，故该恒星买卖合同为买卖双方约定第三人代为受领的买卖合同。

问 2：如果联合国在恒星所有权证书上记载了云天明的名字，则谁可追究联合国的违约责任？

答案：云天明。联合国的债权人是云天明，故云天明可追究联合国的违约责任。

总结梳理

法律事实 ——→ 法律规则 ——→ 法律关系

二、利他合同

利他合同与束己合同相对应。利他合同，是指订立合同的人承担合同的债务，而该方的债权则由第三人享有的合同。束己合同，是指订立合同的人享有合同债权、承担合同债务的合同。现实中，绝大多数合同均为束己合同。

一针见血 利他合同的理解：

仅约定对方向第三人履行的，是代为受领，而非利他合同；约定第三人享有请求对方履行之债权的，才是利他合同。

1. 根据利他合同享有债权的第三人，有权直接向合同对方当事人主张自己的债权。在债务人违约时，第三人可追究债务人的违约责任。

2. 债务人对债权人的抗辩，可以向第三人主张。

3. 由第三人享有合同一方当事人的债权，无需征得该第三人的同意。

4. 第三人有权拒绝享有该债权。第三人表示拒绝的，该债权归属于订立合同的当事人。相应地，该合同即不再为利他合同，而系束己合同。

法条链接 《民法典》第 522 条。

迷你案例

案情：云天明为程心从联合国以 300 万元的价格购买距离太阳系 286.5 光年的 DX3906 恒星。合同约定，云天明支付价款后，程心享有对联合国的债权。

问 1：云天明、联合国、程心之间的法律关系如何？

答案：①云天明与联合国之间为恒星买卖合同关系；②根据合同约定，云天明一方的债权由程心享有，故该恒星买卖合同为买卖双方订立的利他合同。

问 2：如果联合国在恒星所有权证书上记载了云天明的名字，谁可追究联合国的违约责任？

答案：程心。联合国的债权人是程心。

问 3：如果云天明未支付价款，联合国是否有权拒绝向程心履行合同？

答案：有权。联合国对云天明的抗辩权，可以向程心主张。

问 4：如果程心拒绝接受 DX3906 恒星的所有权，后果如何？

答案：利他合同转化为束己合同，云天明享有对联合国的债权，联合国向云天明履行。

总结梳理

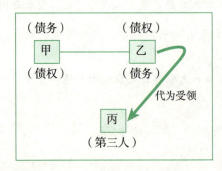

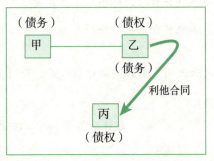

三、无名合同

1. 无名合同的效力

无名合同，是指在法律中没有明确规定的"四不像"合同。根据合同自由原则，无名合同并不因法律未作出规定而无效。

2. 无名合同的法律适用

（1）适用《民法典》合同编第一分编"通则"中关于合同的一般性规定；

（2）参照《民法典》合同编第二分编"典型合同"中最相类似的有名合同的规定。

[法条链接]《民法典》第467条。

迷你案例

案情：甲、乙双方达成协议，约定甲的手机与乙的电脑所有权相互交换。

问1：甲、乙之间的协议是什么合同？效力如何？

答案：无名合同。其并不违反法律行为的效力要件，故为有效。

问2：甲、乙之间的协议如何适用法律？

答案：适用《民法典》合同编第一分编"通则"中的一般规则，也可参照适用《民法典》合同编第二分编"典型合同"中买卖合同的特殊规则。

四、商品房买卖的法律适用

商品房买卖不适用《消费者权益保护法》。这意味着，纵然出卖人构成欺诈，买受人也不得主张房款3倍的惩罚性赔偿。

五、扩展：不当得利与无权占有

无权占有与不当得利，均以"拿了不该拿的东西，需要返还"的关系为规范对象，且均是一方享有返还请求权，另一方负有返还义务。但二者的构成要件及性质却不相同。

（一）不当得利

1. 得利人无法律依据，却取得他人之物的所有权或无形利益。

2. 不当得利返还请求权，其性质为债权请求权，即"要他人东西的请求权"。

迷你案例

案情：乙鱼塘里的一条鱼跳进了甲的鱼塘。甲、乙鱼塘养殖的鱼的种类相同。

问1：该鱼是谁的？

答案：甲的。甲基于混合取得了该鱼的所有权。

问2：乙请求甲返还该鱼，是何种请求权？

答案：债权请求权。

问3：甲对乙构成什么？

答案：甲因混合取得了该鱼的所有权，故甲对乙构成不当得利。

（二）无权占有

1. 占有人没有权利依据，占有他人之物。在这里，"没有权利依据"具有两种表现形式：

（1）占有人没有任何权利依据；

（2）占有人虽有权利依据，但其权利性质为债权，基于相对性，不得对返还请求权人主张。

2. 无权占有返还请求权，其性质为物权请求权，或占有保护请求权。

迷你案例

案情：乙鱼塘里的一只河马跳进了甲的鱼塘。甲、乙鱼塘养殖的鱼的种类相同，但甲并未养殖河马。

问1：该河马是谁的？

答案：乙的。河马与鱼并未发生混合。

问2：乙请求甲返还该河马，是何种请求权？

答案：若乙基于所有权请求返还，则为物权请求权；若乙基于占有请求返还，则为占有保护请求权。

问3：甲对乙构成什么？

答案：甲并未取得河马的所有权，故甲对乙构成无权占有。

一针见血 不当得利与无权占有：

⊙ 拿了不该拿的东西，已取得的，构成不当得利。

⊙ 拿了不该拿的东西，未取得的，构成无权占有。

法条链接《民法典》第 235、462、985 条。

总结梳理

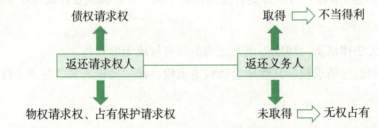

六、扩展：无因管理之债的内容

1. 管理人因管理事务所支出的必要费用、负担的债务，被管理人应当偿付。

2. 管理人因管理事务所遭受的损失，被管理人应当适当补偿。

3. 管理人不得主张报酬。

4. 管理人因故意、重大过失致被管理人损害的，应当承担赔偿责任。

一针见血 无因管理中被管理人的义务：

管理人因管理事务支出的费用、负担的债务，与遭受的损失，被管理人的给付义务是不同的：前者是"偿付"，后者是"适当补偿"。

法条链接《民法典》第 979 条。

📝总结梳理

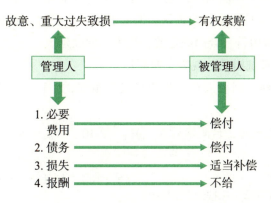

ⓘ考点 **15** 对履行期限的确定

一、一般规则

当事人对合同履行期限未作约定，且无法通过合同的解释加以明确的，按照如下规定确定：

1. 债务人可以随时履行。

2. 债权人也可以随时要求履行，但应当给对方必要的准备时间。

法条链接《民法典》第511条。

二、买卖合同的价金支付时间

买受人应当在收到标的物或者提取标的物单证的同时，向出卖人支付价款。

法条链接《民法典》第628条。

📝总结梳理

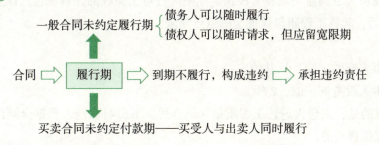

三、建设工程合同中的期限问题

（一）工期的顺延

建设工程合同的工期是否顺延，事关承包人是否承担逾期交工的违约责任。工期顺延的条件是：

1. 当事人约定顺延工期应当经发包人或者监理人签证等方式确认。

2. 承包人虽未取得工期顺延的确认，但能够证明其已经依约向发包人或者监理人申请过工期顺延且顺延事由符合合同约定的，视为工期顺延。

3. 承包人提出合理抗辩的，视为工期顺延。

4. 建设工程竣工前，当事人对工程质量发生争议，工程质量经鉴定合格的，鉴定期间为顺延工期期间。

法条链接《建设工程施工合同解释（一）》第10、11条。

总结梳理

（二）工程质量保证金的返还期限

工程质量保证金，是指承包人向发包人交付的、以担保工程质量为目的的金钱。工程质量保证金的返还，需以返还期限届满为条件，而工程质量保证金的返还期限的界定方式是：

1. 起点

（1）当事人有约定的，从其约定；

（2）当事人未约定工程质量保证金返还期限的，自建设工程"通过竣工验收之日"起计算工程质量保证金的返还期限；

（3）因发包人原因建设工程未按约定期限进行竣工验收的，自承包人提交工程竣工验收报告90日后，起算工程质量保证金的返还期限。

2. 长度

（1）当事人有约定的，从其约定；

（2）当事人没有约定的，2年。

需要注意的是，发包人返还工程质量保证金后，不影响承包人根据合同约定或者法律规定履行工程保修义务。

法条链接《建设工程施工合同解释（一）》第17条。

迷你案例

案情：2018年1月，甲大学与乙公司订立建设工程合同，约定由乙公司为甲大学修建教学楼。乙公司向甲大学交付质量保证金100万元，但未约定该质量保证金的返还期限。

问1：如果2019年5月10日，该教学楼通过竣工验收，那么乙公司自何时起有权请求甲大学返还质量保证金？

答案：竣工验收之日起2年，返还期限届满，即乙公司自2021年5月11日起有权请求甲大学返还质量保证金。

问2：如果乙公司完工后，于2019年5月10日向甲大学提交竣工验收报告，但甲大学怠于组织竣工验收，那么：

（1）乙公司自何时起有权请求甲大学返还质量保证金？

答案：自乙公司向甲大学提交竣工验收报告90日起满2年，返还期限届满，即乙公司自2021年8月9日起有权请求甲大学返还质量保证金。

（2）若甲大学与乙公司约定质量保证金的返还期限为3年，则乙公司自何时起有权请求甲大学返还质量保证金？

答案：自乙公司向甲大学提交竣工验收报告90日起满3年，返还期限届满，即乙公司自2022年8月9日起有权请求甲大学返还质量保证金。

总结梳理

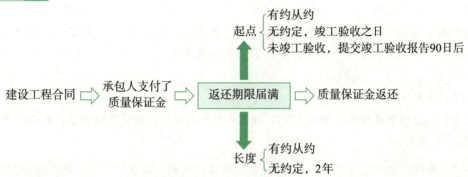

考点 16　连带之债追偿权的确定

一、内部分配与追偿条件

（一）连带债权与连带债务的分配关系

1. 部分连带债权人就实际受偿部分，应当按照内部份额比例，向其他债权人分配。各连带债权人的内部份额难以确定的，视为份额相同。

2. 部分连带债务人履行的债务超过自己份额的，有权按照内部份额比例，向其他债务人追偿。各连带债务人的内部份额难以确定的，视为份额相同。

一针见血 连带债权人的分配义务与连带债务人的追偿权：

⊙ 连带债权人，需就"实际受偿部分"，向其他连带债权人分配。

⊙ 连带债务人，可就"超额履行部分"，向其他连带债务人追偿。

（二）连带债务人的追偿关系

1. 履行了超额债务的连带债务人享有"债权人的权利"。这意味着：

（1）超额履行的连带债务人可享有"债权人的债权"，故其可向其他连带债务人追偿；

（2）超额履行的连带债务人可享有"债权人的担保权"，故其对其他连带债务人的追偿权也可受到担保。

2. 履行了超额债务的连带债务人享有"债权人的权利"，不得损害债权人的利益。这意味着，当债权人债权上的担保物权与超额履行的连带债务人追偿权上的担保物权竞存时，债权人优先受偿。

一针见血 债权与追偿权上的担保物权竞存：

债权上存在担保物权，且超额履行的连带债务人部分清偿债权的，将会发生债权上的担保物权与追偿权上的担保物权的竞存。

3. 其他连带债务人对债权人的抗辩，可以向超额履行的连带债务人主张。

迷你案例

案情：甲、乙、丙与张三订立买卖合同，约定三人以100万元的价格购买张三的房屋，且连带承担价金债务。甲、乙、丙内部约定各自出资比例为3∶3∶4。李四以房屋A向张三设立抵押，并办理了抵押登记手续，担保三人价金债务的履行。现甲向张三支付了80万元价款。

问1：甲能否向乙、丙追偿？

答案：能。因甲履行的部分超过了其30万元的内部份额，故甲可以向乙、丙按照3∶4的比例追偿50万元。

问2：如果甲主张以自己对张三的80万元装修款债权，与张三对甲、乙、丙的100万元价金债权相抵销，则甲能否向乙、丙追偿？

答案：能。因甲履行的部分超过了其30万元的内部份额，且甲对张三行使抵销权，与甲向张三偿还债务的性质相同，故甲可以向乙、丙按照3∶4的比例追偿50万元。

问3：李四所提供的房屋A上现存几项抵押权？

答案：两项。①张三的抵押权，担保张三对甲、乙、丙所享有的、未获清偿的20万元的债权；②甲的抵押权，担保甲对乙、丙所享有的50万元的追偿权。

问4：李四所提供的房屋A上现存抵押权的受偿顺位如何？

答案：张三的抵押权优先于甲的抵押权受偿。履行了超额债务的连带债务人可以享有债权人的权利，但不得损害债权人的利益。

法条链接 《民法典》第519、521条。

二、扩展：连带之债的法定类型

连带之债，或依当事人的约定，或依照法定。其中，法定的连带侵权之债类型包括：

1. 共有物致人损害

无论是按份共有，还是共同共有，共有人基于共有物与他人所形成的外部关系，一律为连带关系。故共有物致人损害的，各共有人承担连带责任。

2. 教唆、帮助侵权

（1）教唆、帮助完全民事行为能力人实施侵权行为的，教唆、帮助者与行为人承担连带责任。

（2）教唆、帮助限制民事行为能力人、无民事行为能力人实施侵权行为的，教唆、帮助者承担全部侵权责任。但是，监护人未尽监护职责的，承担与其过错相适应的责任。

3. 共同加害、共同危险侵权

（1）多个行为人共同实施加害行为，导致同一损害的，各侵权人承担连带责任；

（2）多个行为人实施危险行为，只有一个行为导致损害，但无法证明的，各危险行为人承担连带责任。

4. 无意思联络的直接结合

多个行为人无意思联络，各自实施的侵权行为导致同一损害，且每个人的行为均足以导致损害的发生的，各行为人承担连带责任。

5. 网络侵权

用户利用网络实施侵权行为的，侵权人应承担侵权责任。网络服务提供者有过错的，承担连带侵权责任。

6. 买卖拼装车、应报废车

买卖拼装或者已经达到报废标准的机动车，发生交通事故造成损害的，由转让人和受让人承担连带责任。

7. 盗抢机动车使用人发生交通事故致人损害

盗窃人、抢劫人或者抢夺人与机动车使用人不是同一人，发生交通事故造成损害，属于该机动车一方责任的，由盗窃人、抢劫人或者抢夺人与机动车使用人承担连带责任。

法条链接 《民法典》第307、1168~1171、1195、1214、1215条。

总结梳理

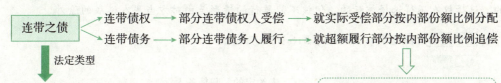

連带之债
→ 连带债权 → 部分连带债权人受偿 → 就实际受偿部分按内部份额比例分配
→ 连带债务 → 部分连带债务人履行 → 就超额履行部分按内部份额比例追偿

法定类型

1. 共有物致人损害
2. 教唆、帮助完全民事行为能力人实施侵权行为
3. 共同加害、共同危险侵权
4. 无意思联络的直接结合
5. 网络服务提供者有过错的网络侵权
6. 买卖拼装车、应报废车
7. 盗抢机动车使用人发生交通事故致人损害

1. 可以受债权人担保权担保，但不得损害债权人的利益
2. 其他连带债务人的抗辩权延续

ⓘ考点 17 选择之债中对债务标的的确定

一、选择权

1. 选择之债的履行，前提是当事人对所存在的多种标的作出选择，从而确定给付的对象。选择权的归属，当事人没有约定或约定不明的，归债务人。

一针见血 选择之债中的债务人：

◉ 选择之债中的债务人，即"给出选项的一方"。

◉ 未约定选择权的，债务人享有选择权，意味着"给啥要啥"。

2. 享有选择权的当事人在约定期限内或者履行期限届满未作选择，经催告后在合理期限内仍未选择的，选择权转移至对方。

3. 当事人行使选择权应当及时通知对方，通知到达对方时，债务标的确定。非经对方同意，确定的债务标的不得变更。

二、选择之债的履行不能

可选择的债务标的之中发生不能履行情形的，享有选择权的当事人不得选择不能履行的标的，但是该不能履行的情形是由对方造成的除外。

 迷你案例

案情：甲、乙订立买卖合同，约定甲向乙出卖 A 设备或者 B 设备。现 A 设备灭失。

问 1：甲能否选择交付 A 设备？

答案：不能。原则上，选择之债部分标的履行不能的，选择权人不得选择该标的。

问 2：若是乙的行为导致了 A 设备灭失，则甲能否选择交付 A 设备？

答案：能。此时，甲、乙之间的买卖合同按照履行不能处理。选择之债部分标的履行不能的，选择权人不得选择该标的，但该不能履行的情形是由对方当事人造成的除外。

法条链接《民法典》第 515、516 条。

总结梳理

18 担保合同内容的确定

一、以新贷偿还旧贷中的担保责任

以新贷偿还旧贷，是指当事人双方订立借款合同（新贷），约定以所借款项偿还债务人此前所欠债务（旧贷）的情形。

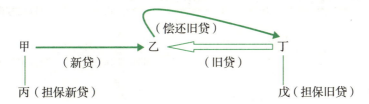

（一）新贷之债的担保责任

1. 原则上，新贷的担保人有权以"所担保的主债权关系，系以偿还旧贷为目的"为由，不再承担担保责任。

2. 例外情况有二：

（1）担保人提供担保时，知道或者应当知道所担保的主债具有偿还旧贷的用途的，不得再以此为由拒不承担担保责任；

（2）当初旧贷发生时，该担保人即为其提供担保的，担保人不得以新贷具有偿还旧贷的用途为由，拒不承担担保责任。

总结梳理

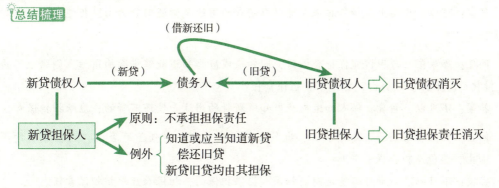

（二）旧贷之债的担保责任

1. 原则上，新贷的债权人对于旧贷的偿还，并不构成第三人代为履行，因而不适用"代为履行的第三人可以享有债权人的权利"之规则。因此，新贷债权人不得享有旧贷债权人的担保权。

2. 旧贷的物上担保人在担保登记尚未注销的情形下，同意继续为新贷提供担保，并办理变更担保登记手续的，新贷债权人可享有该担保物权，且其担保物权登记的时间，溯及至担保人为旧贷债权人办理登记的时间。

【一针见血】新贷债权人担保物权登记时间溯及力的法律意义：

旧贷担保人与新贷债权人办理变更登记之前，又以该担保财产为其他债权人设立担保物权并办理登记手续的，新贷债权人可优先于其他债权人受偿。

【法条链接】《担保制度解释》第16条。

【总结梳理】

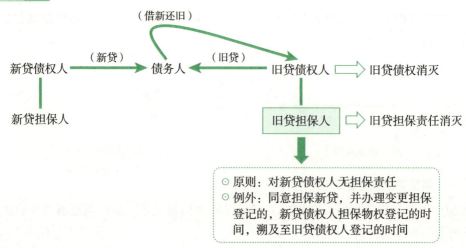

【迷你案例】

案情：甲借给乙一笔款项，张三提供连带责任保证。经查，2个月前，乙欠丁的债务到期未能偿还，乙从甲处借款的目的，就是向丁还款。

问1：张三可否以"乙借款目的不正常"为由，拒绝承担担保责任？

答案：可以。原则上，新贷担保人可以以新贷的用途是偿还旧贷为由，拒绝对新贷承担担保责任。

问2：如果张三与甲订立保证合同时，即知道或应当知道此笔借款的用途，则张三可否以"乙借款目的不正常"为由，拒绝承担担保责任？

答案：不可以。新贷担保人知道或应当知道新贷的用途是偿还旧贷的，应承担担保责任。

问3：如果当初乙从丁处借款时，也是张三提供保证，则张三可否以"乙借款目的不正常"为由，拒绝承担担保责任？

答案：不可以。新贷与旧贷是同一担保人提供担保的，担保人应承担担保责任。

问4：如果丁借款给乙时有李四的房屋A作抵押，且办理了抵押登记手续，现甲借钱给乙，乙用该笔借款向丁偿还了债务，那么：

（1）甲能否行使李四提供的抵押权，用以担保自己对乙的债权的实现？

答案：不能。甲借钱给乙，乙用该笔借款向丁还款，并不构成第三人代为履行，故甲不享有丁的担保权。

（2）若丁的抵押权登记尚未注销，李四同意继续为甲对乙的借款提供担保，并与甲订立了抵押合同，办理了抵押变更登记手续，则李四可否以"乙借款目的不正常"为由，拒绝承担抵押担保责任？

答案：不可以。新贷与旧贷是同一担保人提供担保的，担保人应承担担保责任。

（3）若丁的抵押权登记尚未注销，李四同意继续为甲对乙的借款提供担保，但李四在与甲订立抵押合同之前，将房屋A抵押给了丙，并为丙办理了抵押登记手续，随后，李四才与甲订立了抵押合同，办理了抵押变更登记手续，则房屋A上丙的抵押权与甲的抵押权，谁可优先受偿？

答案：甲。甲的抵押登记时间溯及至李四为丁办理抵押登记时，在李四为丙办理抵押登记之前，故甲可优先于丙受偿。

二、最高额担保

最高额担保有三种类型，即最高额抵押、最高额质押和最高额保证。

（一）担保范围

1. 在最高额担保中，受到担保的"系列主债权"的范围，由担保人与主债权人在最高额担保合同中所约定的"最高金额"和"最长时间"两个维度加以界定。超出"金额"范围或"时间"范围的主债权，不再受到担保。

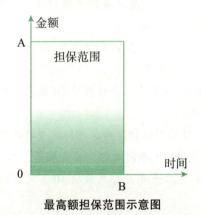

最高额担保范围示意图

2. 原则上，最高额担保是对"未来将会发生的系列债权"提供担保。但是，经担保人、债权人同意，最高额担保设立前已经存在的债权，可以转入最高额担保的债权范围。

一针见血 最高额担保所担保的债权：

⊙ 最高额担保设立前已经存在的债权，要受到担保，需担保人与债权人同意。

⊙ 最高额担保设立后产生的债权，只要在担保范围之内，就自动受到担保。

（二）最高额担保的债权确定期间（B点）

最高额担保所担保的系列债权的范围中的"时间"维度所确定的，即最高额担保的债权确定期间。

1. 原则

（1）担保人、债权人约定的债权确定期间届满；

（2）没有约定债权确定期间或者约定不明确，担保人或者债权人自最高额担保权设立之日起满2年后，有权请求确认期间届满。

2. 以下特殊情形发生时，债权确定期间届满：

（1）新的债权不可能发生。此时，已经发生的债权，受到担保。

（2）在最高额抵押、最高额质押中，债权人知道或者应当知道担保财产被查封、扣押。此时，已经发生的债权，受到担保；以后发生的债权，不再受到担保。

（3）债务人被宣告破产或者解散。此时，已经发生的债权，为有担保债权；以后发生的债权，则为普通债权。

（4）担保人被宣告破产或者解散。此时，已经发生的债权，受到担保；以后发生的债权，不再受到担保。

一针见血 **B点的法律意义**：

至B点时，最高额担保所担保的系列债权被特定化，即"哪些债权可受担保"，此时得以确定。

法条链接 《民法典》第420、423条。

 迷你案例

案情：2015年2月15日，丙公司用房屋A向甲银行设立抵押，担保未来1年内甲银行对乙公司的所有贷款，最高金额不超过100万元。

问1：如果至2015年6月15日，乙公司累计借款30万元。此时，房屋A被法院另案查封。2015年6月20日，甲银行得知此事。那么：

（1）若甲银行于2015年6月18日向乙公司放贷10万元，则该笔贷款是否应受房屋A价值的担保？

答案：是。2015年6月20日为甲银行得知抵押物被查封之日，至此，债权确定期间届满，故2015年6月18日的借款在债权确定期间之内，应受最高额抵押的担保。

（2）若甲银行于2015年6月22日向乙公司放贷10万元，则该笔贷款是否应受房屋A价值的担保？

答案：否。2015年6月20日为甲银行得知抵押物被查封之日，至此，债权确定期间届满，故2015年6月22日的借款在债权确定期间之外，不受最高额抵押的担保。

问2：如果至2015年6月15日，乙公司累计借款30万元。此时，丙公司因无力偿还其对丁公司的债务，被宣告破产。那么：

（1）甲银行的30万元债权，在房屋A的价值上，能否优先于丁公司受偿？

答案：能。2015年6月15日为抵押人丙公司破产之日，至此，债权确定期间届满，故此前的30万元借款在债权确定期间之内，应受最高额抵押的担保。

（2）若甲银行于2015年6月20日向乙公司放贷10万元，则甲银行的该笔贷款，在房屋A的价值上，能否优先于丁公司受偿？

答案：不能。2015年6月15日为抵押人丙公司破产之日，至此，债权确定期间届满，故2015年6月20日的10万元借款在债权确定期间之外，不受最高额抵押的担保。

总结梳理

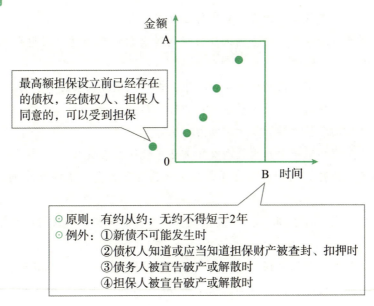

最高额担保设立前已经存在的债权，经债权人、担保人同意的，可以受到担保

⊙ 原则：有约从约；无约不得短于2年
⊙ 例外：①新债不可能发生时
②债权人知道或应当知道担保财产被查封、扣押时
③债务人被宣告破产或解散时
④担保人被宣告破产或解散时

小综案例

案情：天成建筑公司（以下简称"天成公司"）与飞达科技公司（以下简称"飞达公司"）订立建设工程合同，约定由天成公司承建飞达公司的厂房。地基部分完工后，飞达公司提出质量异议，天成公司遂停工申请质检。1个月后，质检机关认定地基质量合格。厂房竣工时间比合同约定的竣工日期迟延了2周。天成公司向飞达公司支付了工程质量保证金1000万元，并提交了竣工验收报告。飞达公司认为，天成公司在支付逾期竣工违约金后，方可组织验收。

甲装修公司（以下简称"甲公司"）是天成公司的全资子公司。甲公司与乙建材厂（以下简称"乙厂"）订立地砖买卖合同，约定甲公司以100万元的价格购买乙厂生产的100箱A型地砖或100箱B型地砖。但合同中并未约定甲公司的付款期限，也未约定选择权的归属。乙厂确定以A型地砖作为标的，但后因疏忽多向甲公司交付了1箱A型地砖和1箱B型地砖，遂产生纠纷。

甲公司聘请张律师担任法律顾问，期限为2年，甲公司将给张律师装修房屋的工程款作为其担任法律顾问的报酬，双方以此订立了装修合同。

与乙厂的纠纷解决后，甲公司与熊大、熊二订立装修合同，约定由甲公司装修熊大、熊二共有的房屋，熊大、熊二连带支付装修费50万元，但熊大、熊二彼此并未约定内部的份额比例。为担保装修款债务的履行，秦光明用自己的房屋向甲公司设立抵押，并办理了抵押登记手续。装修完工并验收合格后，熊二向甲公司支付了装修款30万元。

问题：

1. 飞达公司是否有权请求天成公司支付逾期竣工违约金？为什么？

2. 如果厂房质量未发生问题，则天成公司何时有权请求飞达公司返还1000万元质量保证金？为什么？

3. 在甲公司与乙厂之间的地砖买卖合同中，谁有权选择买卖标的？为什么？

4. 甲公司应当在何时向乙厂支付价款？为什么？

5. 乙厂多交付的2箱地砖归属于谁？为什么？

6. 乙厂是否有权请求甲公司返还多交付的2箱地砖？为什么？

7. 甲公司与张律师之间的装修合同是否为承揽合同？为什么？该合同的法律适用规则是什么？

8. 熊二向甲公司支付了30万元的装修款后，可享有哪些民事权利？为什么？

答案：

1. 否。因工程质量争议延误工期，且工程质量鉴定合格的，工期顺延。

2. 天成公司向飞达公司提交竣工验收报告90日后的2年内。本案中，因建设工程合同未约定质量保证金返还期间，故其起点为承包人提交竣工验收报告90日后，长度为2年。

3. 乙厂。选择之债未约定选择权的，由债务人行使选择权。

4. 乙厂交付100箱A型地砖时。买卖合同未约定付款时间的，买受人应当在出卖人交付货物时支付价款。

5. 乙厂多交付的A型地砖归属于甲公司，B型地砖归属于乙厂。因A型地砖与甲公司所购买并享有所有权的100箱A型地砖发生混合，故归属于甲公司；B型地砖未发生混合，仍归属于乙厂。

6. 有权。乙厂可基于不当得利返还请求权请求甲公司返还多交付的A型地砖，并有权根据无权占有返还请求权请求甲公司返还多交付的B型地砖。

7. 不是承揽合同。承揽合同中，定作人将价金作为承揽人工作成果的对价，而本案中，张律师付出的是劳务，因此，该装修合同属于无名合同。无名合同的法律适用，一是比照适用与之最相类似的有名合同的规定，二是适用《民法典》合同编第一分编"通则"中关于合同的一般性规定。

8. 熊二对熊大享有5万元装修款的追偿权，并对秦光明向甲公司提供的房屋享有抵押权，但熊二对秦光明的抵押权不得优先于甲公司对秦光明的抵押权受偿。各连带债务人的内部份额难以确定的，视为份额相同。连带债务人超额履行债务的，可就其超额履行部分享有债权人的权利，但不得损害债权人的利益。

第 **6** 讲

••• 合同的变动 •••

⊗考点 19 一方当事人死亡

一、代位继承

1. 被继承人子女的直系晚辈血亲的代位继承

被继承人子女的直系晚辈血亲的代位继承，是指被继承人的子女先于被继承人死亡的，子女的直系晚辈血亲有权代子女之位，继承子女依照法定继承可得的被继承遗产的份额。在这里，"子女的直系晚辈血亲"，有第一代直系晚辈血亲的，由其代位继承；没有的，由下一代直系晚辈血亲代位继承，以此类推，不受辈数限制。

💡**总结**梳理

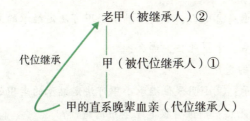

2. 被继承人兄弟姐妹的子女的代位继承

被继承人兄弟姐妹的子女的代位继承，是指被继承人的兄弟姐妹先于被继承人死亡的，兄弟姐妹的子女有权代兄弟姐妹之位，继承兄弟姐妹依照法定继承可得的被继承遗产的份额。需要注意的是，在这种模式下，代位继承人仅限于兄弟姐妹的"子女"，而非其"直系晚辈血亲"。

💡**总结**梳理

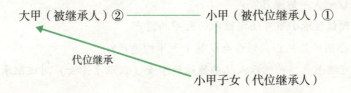

一针见血 代位继承的法律逻辑：

乙对甲有法定继承权，乙先于甲死亡，丙可代乙之位，行使乙对甲的法定继承权。

法条链接 《民法典》第1128条。

二、转继承

转继承，是指被继承人死亡后，被转继承人在取得其遗产之前也死亡的，由转继承人继承被继承人遗产的继承制度。转继承的本质是"继承继承权"。

总结梳理

一针见血 转继承的法律逻辑：

甲死亡后，乙对甲有继承权。乙死亡后，丙继承了乙对甲的继承权。

法条链接 《民法典》第1152条。

迷你案例

案情：老甲生子大甲、小甲。小甲与小乙婚后，生子小明。小明与小花婚后，生子贝贝。

问1：如果老甲死亡后，小甲死亡，且老甲、小甲均未订立遗嘱，那么谁有权继承老甲的遗产？

答案：①大甲法定继承；②小乙、小明转继承小甲可法定继承的老甲的遗产。

问2：如果小甲死亡后，老甲死亡，那么：

（1）谁有权继承老甲的遗产？

答案：①大甲法定继承；②小明代位继承小甲可法定继承的老甲的遗产。

（2）若此时小明已经死亡，则谁有权继承老甲的遗产？

答案：①大甲法定继承；②贝贝代位继承小甲可法定继承的老甲的遗产。被继承人子女的直系晚辈血亲（不以子女为限）对被继承人享有代位继承权。

问3：如果老甲死亡后，大甲死亡，再然后小甲死亡，那么谁有权继承大甲的遗产？

答案：小乙、小明转继承小甲可法定继承的大甲的遗产。

问4：如果老甲死亡后，小甲死亡，再然后大甲死亡，那么：

（1）谁有权继承大甲的遗产？

答案：小明代位继承小甲可法定继承的大甲的遗产。

（2）若此时小明已经死亡，则谁有权继承大甲的遗产？

答案：无人可继承之。被继承人兄弟姐妹的子女（仅限于子女）对被继承人享有代位继承权。故贝贝对大甲没有代位继承权。

三、继承是法律关系的继承

被继承人与他人形成合同法律关系的，被继承人死亡后，被继承人在该合同法律关系中的所有地位，均由继承人继承之。这意味着，原合同法律关系中被继承人的地位，由继承人取而代之，而合同法律关系内容未发生任何变化。

迷你案例

案情：甲、乙订立买卖合同，约定甲将一批货物出卖给乙。在向乙交付货物后，甲死亡，小甲是甲唯一的继承人。

问1：小甲可否请求乙支付货款？

答案：可以。继承是法律关系的继承，故甲可以，小甲就可以。

问2：如果因该货物质量不符合约定，乙拒绝对甲付款，则现乙能否以此为由拒绝对小甲付款？

答案：可以。继承是法律关系的继承，乙可以对甲主张抗辩权，就可以对小甲主张抗辩权。

🄼考点 20 债权转让、债务转让与债务加入

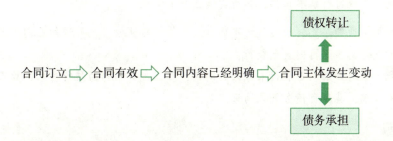

一、债权转让

债权转让，是指债权人与受让人订立债权转让合同，约定债权人将其对债务人的债权，转让给受让人，并通知债务人的债的移转形式。

债权转让的关系可图示如下：

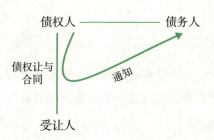

（一）债权转让的要件

1. 债权人与受让人订立债权转让合同。债权转让合同一经生效，债权人对债务人的债权，即转移至受让人。

2. 通知债务人

通知债务人，是债权转让合同对债务人生效的条件，即通知到达债务人时，债务人即应当对受让人（新的债权人）履行债务。反之，债权转让合同生效后，若未通知债务人，则由于债务人不知道、不应当知道债权已经转移，其只需向原债权人履行债务即可。

债权转让的通知到达债务人后，未经受让人同意，不得撤销。

一针见血 通知的法律意义：

债权转让的通知到达债务人后，债务人"认"受让人，不再"认"债权人。

法条链接《民法典》第546条。

迷你案例

案情：甲对乙享有债权。现甲与丙订立债权转让合同。

问1：如果甲未通知乙债权转让之事，则乙向甲履行后，丙能否请求乙再向自己履行？

答案：不能。乙履行对象正确，其所负债务消灭。

问2：如果甲通知了乙债权转让之事，乙仍向甲履行，则丙能否在乙向甲履行后请求乙再向自己履行？

答案：能。乙履行对象不正确，其所负债务并未消灭。

问3：如果甲通知了乙债权转让之事后，又将债权转让给丁，并通知乙向丁履行，则乙向丁履行后，丙能否请求乙再向自己履行？

答案：能。甲通知乙向丁履行未经丙的同意，乙仍应将丙作为履行对象，故乙向丁履行属于履行对象不正确，其所负债务并未消灭。

总结梳理

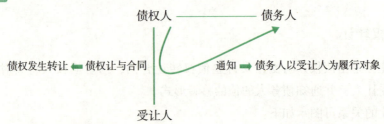

（二）债权转让的后果

1. 抗辩权延续

债权转让的抗辩权延续，是指债务人对债权人享有抗辩权，债权人将债权转让给受让人，并通知债务人后，债务人可以此抗辩事由继续抗辩受让人。

法条链接《民法典》第548条。

迷你案例

案情：出卖人甲与买受人乙订立买卖合同后，甲已交付货物，但因货物质量不符合约定，无法使用，乙拒绝支付货款。随后，甲将其付款请求权转让给丙，并通知了乙。

问题：现丙请求乙支付价款，乙可否以"甲交付的货物质量不符合约定"为由，拒绝对丙履行债务？

答案：可以。甲交付的货物质量不符合约定，乙可基于先履行抗辩权拒绝付款。进而，甲将付款请求权转让给丙，并通知乙后，乙对甲的先履行抗辩权可以继续对丙主张。

总结梳理

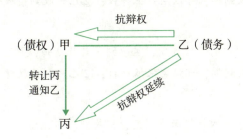

2. 抵销权延续

债权转让的抵销权延续，是指债务人对债权人享有抵销权的，债权人将其债权转让给受让人，并通知债务人后，债务人可以对受让人主张抵销。

债权转让之抵销权延续的条件有二：

(1) 债务人对债权人的债权到期

债务人与债权人基于两个法律关系，互负同种类债务，且债务人在"另一个法律关系"中对债权人的债权到期。这是债务人享有抵销权的条件。

总结梳理

(2) 债权转让的通知到达债务人

在"本法律关系"中，债权转让的通知到达债务人。这是债务人可以对受让人主张抵销权的条件。

法条链接《民法典》第 549 条。

总结梳理

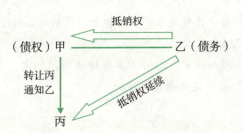

一针见血 债权转让中的两个权利延续：

债务人对债权人享有抗辩权、抵销权，债权转让并通知债务人后，债务人可对受让人继续主张该抗辩权、抵销权。

 迷你案例

案情：甲因 A 合同对乙有 20 万元债权，乙因 B 合同对甲有 20 万元债权。现甲将其在 A 合同中的债权转让给丙。

问1：如果乙在 B 合同中的债权到期，但未收到转让通知，则乙能否行使抵销权？

答案：能。①乙的债权到期，可以主张抵押权；②乙未收到债权转让的通知。故乙可以对甲主张抵销权。

问2：如果乙在 B 合同中的债权到期，且收到了转让通知，则乙能否行使抵销权？

答案：能。①乙的债权到期，可以主张抵押权；②乙收到债权转让的通知。故乙可以对丙主张抵销权。

问3：如果乙在 B 合同中的债权尚未到期，但收到了转让通知，则乙能否行使抵销权？

答案：不能。乙的债权未到期，不享有抵销权。

（三）当事人约定不得转让的债权

当事人约定债权不得转让的，应当从其约定。债权人违反约定，将债权转让给受让人的后果是：

1. 当事人约定非金钱债权不得转让的，不得对抗善意第三人。

迷你案例

案情：甲、乙订立买卖合同，约定甲将一台电脑出卖给乙，乙支付价金 1 万元，且双方的债权均不得转让。合同订立后，乙将请求甲交付电脑的债权转让给丙。

问题：此时，丙请求甲交付电脑，甲能否以"债权不得转让"之约定为由拒绝履行？

答案：如果丙不知道且不应当知道甲、乙间"不得转让"的约定，则丙有权请求甲交付电脑，甲不能以"债权不得转让"之约定为由拒绝履行；反之，则能以"债权不得转让"之约定为由拒绝履行。

2. 当事人约定金钱债权不得转让的，不得对抗第三人。

迷你案例

案情：甲、乙订立买卖合同，约定甲将一台电脑出卖给乙，乙支付价金 1 万元，且双方的债权均不得转让。合同订立后，甲将请求乙交付价金的债权转让给丙。

问题：此时，丙请求乙支付价金，乙能否以"债权不得转让"之约定为由拒绝履行？

答案：不能。无论丙是否知道甲、乙间"不得转让"的约定，其均有权请求乙支付价金，乙不能以"债权不得转让"之约定为由拒绝履行。

一针见血 当事人债权不得转让之约定的"对抗"效力之理解：

债务人能否以此约定为由，拒绝向受让人履行债务。

法条链接《民法典》第545条。

总结梳理

二、债务转让

债务转让，是指债务人与受让人订立债务转让合同，约定债务人将其对债权人的债务，转让给受让人，且在债务承担的范围内，债务人债务归于消灭的债务承担形式。

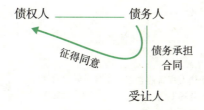

（一）要件

1. 债务人与受让人订立债务转让合同。该合同一经成立，效力待定。其最终效力如何，需要债权人的追认或者拒绝。

2. 债权人的同意。债权人对债务转让合同表示同意的，合同自始有效，从债务转让合同成立时，受让人就承担了债务；债权人表示反对的，合同自始无效，债务从未发生转让。

债务人或者第三人可以催告债权人在合理期限内予以追认。催告后，债权人未作表示的，视为拒绝。

一针见血 债权人对债务转让合同的追认与拒绝：

债权人无论是追认还是拒绝，其后果均是债务转让合同"自始"有效或无效，即受让人"自始"是否为新的债务人，而非追认、拒绝时是否为新的债务人。

迷你案例

案情：乙对甲负有债务。现乙、丙订立免责的债务承担协议，约定乙将对甲的债务转让给丙。

问题：此时，谁是甲的债务人？

答案：如果甲同意该协议，则自乙、丙订立的免责的债务承担协议生效时，丙就是甲的债务人；否则，乙一直是甲的债务人。

3. 债务承担具有无因性。即只要债务人与受让人订立了债务承担合同，并征得债权人的同意，债务就会发生转移。至于债务人与受让人订立债务承担合同的原因为何，在所不问。

迷你案例

案情：书法家乙对甲负有债务。现乙向丙提出，如果丙愿意受让该协议，乙就给丙写一幅字。于是，乙、丙订立了债务转让协议，且征得了甲的同意。后来，乙拒绝为丙写字。

问题：此时，谁是甲的债务人？

答案：丙。基于债务承担的无因性，债务转移的效力不受影响，丙是甲的债务人。

法条链接《民法典》第551条。

总结梳理

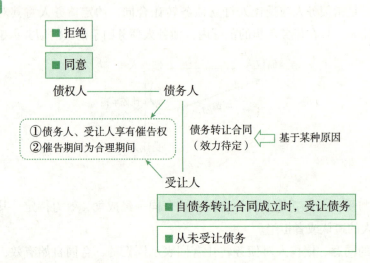

（二）法律后果

1. 抗辩权延续

债务转让的抗辩权延续，是指债务人对债权人享有抗辩权的，受让人可以继续主张以抗辩债权人。

迷你案例

案情：乙对甲负有债务，且诉讼时效届满。现经甲同意，乙将该债务转让给丙。

问题：此时，丙能否继续行使抗辩权？

答案：能。债务人享有抗辩权，且债务转让的，受让人可继续行使债务人的抗辩权。故丙依然可依诉讼时效抗辩权，拒绝向甲履行债务。

法条链接《民法典》第553条。

总结梳理

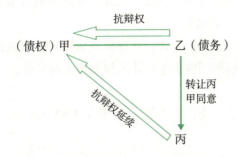

2. 抵销权不延续

债务人对债权人享有的债权到期，即债务人对债权人享有抵销权的，受让人不得向债权人主张抵销。

迷你案例

案情：甲因 A 合同对乙有 20 万元债权，乙因 B 合同对甲有 20 万元债权。经甲同意，乙将其在 A 合同中的债务转让给丙。现乙在 B 合同中的债权到期。

问题：丙能否对甲主张抵销权？

答案：不能。债务人享有抵销权，且债务转让的，受让人不得对债权人主张债务人的抵销权。

总结梳理

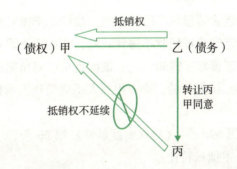

一针见血 债务转让中的权利延续：

⊙ 债务人享有抗辩权的，债务转让，受让人可继续主张该抗辩权。

⊙ 债务人享有抵销权的，债务转让，受让人不得主张该抵销权。

法条链接《民法典》第 553 条。

三、债务加入

债务加入，即并存的债务承担，是指在受让人承担债务的同时，债务人的债务并不因此消灭的债务承担形式。

1. 并存的债务承担方式

受让人加入债务的方式有二：

（1）受让人与债务人约定加入债务，并通知债权人；

（2）受让人未与债务人约定加入债务，而是直接向债权人表示愿意加入债务。

2. 并存的债务承担的生效时间

无论采取何种并存的债务承担方式，并存债务承担的通知到达债权人时，该债务承担生效。但是，债权人在合理期间内拒绝受让人加入债务的除外。

3. 法律后果

并存的债务承担生效后，受让人在愿意承担债务的范围内，对债权人承担连带清偿责任。

四、主债权、主债务转让对担保责任的影响

（一）主债权转让对担保责任的影响

1. 一般规则

（1）原则上，在主债关系中，债权人将债权转让给受让人的，基于担保权的从属性，原债权人所享有的担保权，应一并转让给受让人。因此，债务人未向债权受让人履行债务的，受让人有权请求担保人承担担保责任。

（2）例外情况有二：

❶担保人与债权人约定禁止债权转让，债权人未经担保人书面同意转让债权的，担保人对受让人不再承担保证责任。

一针见血 债权不得转让之约定的对抗效力：

⊙ 债权人、债务人约定金钱债权不得转让的，该约定不得对抗第三人。

⊙ 债权人、债务人约定非金钱债权不得转让的，该约定不得对抗善意第三人。

⊙ 债权人、担保人约定债权不得转让的，该约定可以对抗第三人。

❷债权转让未通知第三担保人的，第三担保人不向受让人承担担保责任，而只向原债权人承担担保责任。

法条链接《民法典》第696条；《担保制度解释》第20条。

2. 最高额担保的部分主债权转让

债权人将最高额担保框架范围内的部分债权对外转让，该债权是否继续受到担保，当事人明确约定的，从其约定。当事人未作约定的：

（1）最高额担保的债权确定前，部分债权转让的，转让的债权不受担保；

（2）最高额担保的债权确定后，部分债权转让的，转让的债权受到担保。

一针见血 最高额担保的部分债权转让：

根据转让行为的时间在B点之前还是之后，确定该债权转让后是否继续受到担保。

法条链接《民法典》第421、439、690条。

迷你案例

案情：2015年2月15日，丙公司将房A向甲银行设立抵押，担保未来1年内，甲银行对乙公司的所有贷款，最高金额不超过100万元。及至2015年8月15日，甲银行对乙公司放贷

A、B、C三笔，共计5万元。

问1：如果甲银行此时将C债权转让给丁公司，并通知了乙公司。C债权到期后，乙公司未向丁公司履行债务。丁公司能否主张就房屋A的价值受偿？

答案：不能。因为甲银行向丁公司转让债权的时间，是债权确定之前。

问2：如果甲银行于2016年3月10日将C债权转让给丁公司，并通知了乙公司。C债权到期后，乙公司未向丁公司履行债务。丁公司能否主张就房屋A的价值受偿？

答案：能。因为甲银行向丁公司转让债权的时间，是债权确定之后。

总结梳理

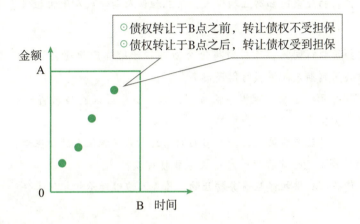

（二）主债务转让对担保责任的影响

1. 主债务转让，未经第三担保人的书面同意，担保责任消灭。
2. 主债务转让，债务人担保的，需继续承担担保责任。

法条链接《民法典》第697条；《担保制度解释》第20条。

总结梳理

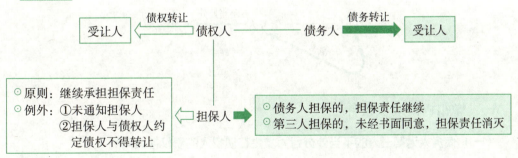

迷你案例

案情：乙公司向甲银行贷款100万元。为担保甲银行的债权，乙公司以房屋A向甲银行设立抵押，并办理了抵押登记；丙公司以机器设备B向甲银行设立质押，并交付了质物；丁公司与甲银行订立保证合同，约定承担连带责任保证。

问1：如果甲银行将价金债权转让给资产管理公司，并通知了乙、丙公司，但未通知丁公司。现乙公司到期未向资产管理公司偿还债务。

（1）资产管理公司对乙、丙公司主张抵押权、质权。乙、丙公司认为，其并未与资产管理公司订立担保合同，资产管理公司既非抵押登记的抵押权人，也未受领质物的交付，故资产管理公司不得对房屋 A、机器设备 B 行使抵押权、质权。乙、丙公司的主张能否成立？

答案：不能。债权转让通知第三担保人的，担保人应向受让人承担担保责任。

（2）资产管理公司对丁公司主张保证权。丁公司认为，甲银行将价金债权转让给资产管理公司，并未通知自己，而自己已经向甲银行承担了保证责任，故资产管理公司无权对自己主张保证权。丁公司的主张能否成立？

答案：能。债权转让未通知第三担保人，第三担保人向债权人承担担保责任后，担保责任消灭。

问 2：如果经甲银行同意，乙公司将价金债务转让给资产管理公司，但未告知丙、丁公司。现资产管理公司到期未向甲银行偿还债务。

（1）甲银行请求丙、丁公司承担担保责任，丙、丁公司以乙公司将债务转让给资产管理公司未经其同意为由拒绝。丙、丁公司的主张能否成立？

答案：能。债务转让未经第三担保人书面同意的，第三担保人的担保责任消灭。

（2）甲银行能否对乙公司提供的房屋 A 主张抵押权？

答案：能。债务人提供担保且债务转让的，债务人应继续承担担保责任。

◉考点 **21** 债务人不当处分财产——债权人的撤销权

债权人的撤销权，是指债务人向第三人不当处分财产，导致其责任财产减少，有损于债权人债权时，债权人撤销债务人与第三人的不当处分行为的权利。

一、撤销权的成立条件

（一）债务人对第三人的不当处分行为发生在债权人的债权存续期间

不当处分行为的发生时间节点须在债权存续期间，这是时间条件。反之，如果债务人对第三人的不当处分行为发生在债权人的债权成立之前，则其行为无损于债权，债权人没有撤销权。

案情：2016 年 5 月 1 日，甲向乙出借现金 1 万元。现乙的债务未履行。经查，2016 年 2 月

1 日，乙将自己的房屋赠与丙。

问题：对于该赠与行为，甲可否撤销？

答案：不可以。乙对丙的赠与行为发生在甲对乙的债权成立之前，故与甲无关。

（二）债务人向第三人实施导致其责任财产减少的行为

导致债务人责任财产减少的处分行为有两种情形：

1. 无偿处分行为

无偿处分行为的法定类型包括无偿转让财产、放弃债权担保、债务人放弃债权、债务人恶意延长到期债权的履行期等情形。

总结梳理

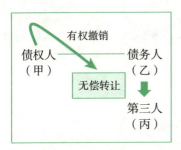
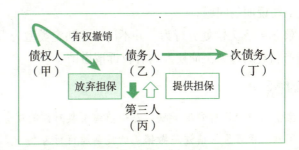

其中：

（1）"债务人放弃债权"的情况下，债务人放弃债权之前，第三人即债务人的次债务人。此时，既涉及撤销权，又涉及代位权。其处理的方式是：先撤销，后代位。

迷你案例

案情：甲对乙享有债权，乙放弃其对丙享有的债权。

问 1：甲能否对丙主张代位权？

答案：不能。乙已经放弃了其对丙享有的债权，故丙不是次债务人。

问 2：甲如何维护自己的合法权益？

答案：甲可先撤销乙对丙的弃权行为，再对丙主张代位权。

（2）在"债务人恶意延长到期债权的履行期"的情况下，第三人仍为债务人的次债务人。此时，依然既涉及撤销权，又涉及代位权，处理方式还是先撤销，后代位。

迷你案例

案情：甲对乙享有债权，乙延长其对丙的债权的到期日。

问 1：甲能否对丙主张代位权？

答案：不能。乙已经延长了丙的债务到期日，故丙的债务尚未到期。

问 2：甲如何维护自己的合法权益？

答案：甲可先撤销乙对丙的延长债期的行为，再对丙主张代位权。

一针见血 "先撤销、后代位" 的结构：

在债务人向次债务人不当处分债权的情况下，债权人先撤销、后代位。

总结梳理

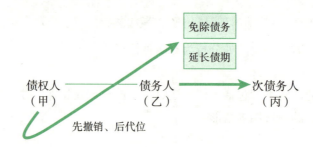

需要说明的问题有二：

❶ 债务人无偿处分行为，并不以上述法定类型为限。事实上，债务人所实施的任何放弃财产利益的行为，债权人均有权诉请撤销。

迷你案例

案情：甲对乙有到期债权，乙提前清偿其对丙的债务。

问题：甲可否诉请法院撤销乙的提前履行行为？

答案：可以。乙放弃其期限利益，甲有权撤销。

❷ 债权人的撤销权，目的在于撤销债务人 "导致其责任财产减少" 的行为。相应地，债务人 "未导致其责任财产增加" 的行为，不属于债权人撤销权的范围，债权人不得撤销。

迷你案例

案情：甲对乙有到期债权，乙拒绝丙所作出的将房屋赠与自己的要约。

问题：甲能否诉请法院撤销乙的拒绝受赠的行为？

答案：不能。乙拒绝接受赠与的行为，仅导致乙的责任财产未增加，但未导致其责任财产减少，故不属于不当处分行为，甲无权撤销。

2. 不等价处分、为他人债务提供担保行为

（1）不等价处分行为，包括以下两种情形：

❶ 以明显不合理的低价转让财产，即转让价格未达到正常价格的70%；

❷ 以明显不合理的高价受让财产，即受让价格超过正常价格的30%。

（2）为他人债务提供担保行为，是指债务人为他人债务，向该他人的债权人提供物保或人保的行为。

在不等价处分财产、为他人债务提供担保的情况下，债权人撤销权的成立，以第三人 "恶意" 为条件，即第三人知道或应当知道该处分行为会损及债权人的债权。

一针见血 撤销权成立要件之第三人恶意：

⊙ 债务人向第三人无偿处分，债权人行使撤销权，无需考虑第三人善意恶意。

⊙ 债务人向第三人不等价处分或为他人债务向第三人设立担保，债权人行使撤销权，

需要以第三人恶意为条件。

迷你案例

案情：甲对乙有债权。

问1：如果乙将其财产无偿赠与不知情的丙，则甲是否有权撤销？

答案：是。债务人对第三人的无偿处分，债权人行使撤销权，不问第三人善意恶意。

问2：如果乙将其财产以明显不合理的低价转让给不知情的丙，则甲是否有权撤销？

答案：否。债务人对第三人的不等价处分，债权人行使撤销权，需以第三人接受处分时具有恶意为条件。

问3：如果乙将其财产抵押给不知情的丙银行，担保丁欠丙银行的贷款，则甲是否有权撤销？

答案：否。债务人为他人债务担保的，债权人行使撤销权，也需以第三人接受担保时具有恶意为条件。

总结梳理

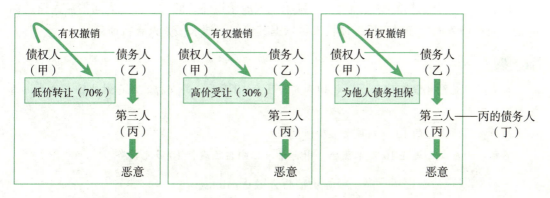

（三）债务人对第三人的不当处分行为有损于债权人的债权实现

1. "有损于债权实现"，是指不当处分行为导致债务人责任财产减少，进而导致债权人的债权因此不能实现。反之，如果债务人剩余的财产足以履行对债权人的债务，那么债权人不得主张撤销权。

2. "有损于债权实现"这一要件，采取"无反证，即可推定"的认定方式，即由债务人、第三人对该要件的不成立负举证责任。

总结梳理

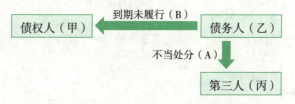

A + B = 因不当处分，致无力还债
= 推定有损债权

二、撤销权的行使规则

1. 撤销权的行使，以诉讼方式为之。

（1）撤销权之诉的诉讼当事人。①原告：债权人。②被告：债务人。③无独立请求权第三人：第三人。原告未列出的，法院可依照职权追加。

（2）撤销权之诉的管辖法院，为债务人住所地法院。

2. 撤销权之诉的提起时间

（1）主观标准1年，即从债权人知道或者应当知道撤销事由之日起1年内，行使撤销权；

（2）客观标准5年，即债权人自债务人的不当处分行为发生之日起5年内未行使撤销权的，其撤销权消灭。

三、撤销权行使的法律后果

1. 一经撤销，债务人对第三人的不当处分行为自始无效。这意味着：

（1）如果处分的标的物尚未交付，则债务人不得向第三人交付。

（2）如果处分的标的物已经交付，则第三人应予返还。此时，第三人向债务人返还标的物，充实债务人责任财产后，债权人再依据其债权，请求债务人履行债务。

迷你案例

案情：甲对乙有债权10万元，乙向丙赠与现金10万元，并交付。现甲对此赠与行为诉请撤销，且胜诉。

问题：丙所受赠的10万元现金，如何返还？

答案：丙应向乙返还10万元现金，甲再请求乙向自己履行10万元债务。

一针见血 代位权之诉、撤销权之诉债权人胜诉后的履行：

⊙ 代位权之诉，债权人胜诉后，次债务人向债权人履行。

⊙ 撤销权之诉，债权人胜诉后，第三人需要返还不当处分财产的，向债务人返还。

2. 债权人行使撤销权的费用承担

债权人行使撤销权所支付的律师代理费、差旅费等必要费用，由债务人负担。

总结梳理

[法条链接]《民法典》第538~542条。

◎考点 **22** 买卖标的物发生风险

一、对买卖标的物风险的理解

1. 买卖关系中的风险，是指因不可归责于买卖双方当事人的事由，导致买卖标的物毁损、灭失的事实。

2. 买卖关系中的风险承担问题，是指"谁来承担损失"，其具体表现为"买受人是否还需要支付价金"。

（1）风险未转移，即出卖人承担风险。标的物毁损、灭失的，买受人无需支付价金。

（2）风险已转移，即买受人承担风险。标的物毁损、灭失的，买受人仍需支付价金。

[一针见血]"买卖风险题"的考法：

⊙ 买卖标的物毁损、灭失，谁承担风险？

⊙ 买卖标的物毁损、灭失，谁承担损失？（而不是"谁承担责任"）

⊙ 买卖标的物毁损、灭失，价金还要不要支付？

二、买卖标的物的风险承担规则之一：直接易手

（一）直接易手的一般原理

直接易手，是指买卖合同当事人双方不经过第三承运人运输，而直接完成标的物的交付。例如，买方到卖方处提货，卖方将货送至买方处，买卖双方在约定的其他地点交货等。

直接易手情况下的风险承担规则是：

1. 当事人有约定的，从其约定。

2. 当事人无约定的，具备如下两个要件，发生风险转移：

（1）买卖合同关系成立；

（2）标的物直接占有转移，即交货。

由此可见，上述两个要件完全具备的，风险转移的时间点为上述两个要件中的"后一个"要件具备的时间。

3. 在当事人买卖合同生效后，因买受人受领迟延，导致出卖人未能按时交货的，风险转移予买受人。在这里，买受人受领迟延，是指因买受人的原因，如买受人无正当理由拒不受领、下落不明、死亡、丧失行为能力等，导致出卖人无法正常履行交货义务的事实。

迷你案例

案情：甲、乙订立买卖合同。甲如约送货到乙处后，因联系不上乙，无法交货。甲运货返回途中，因泥石流而导致货物毁损。

问题：此时，乙是否应支付价款？

答案：应当。乙构成受领迟延，风险转移。随后标的物毁损的，乙应当承担风险。

总结梳理

要 件		后 果
买卖合同成立	交付货物	• 风险转移
	受领迟延	• 以后买卖物毁损、灭失的，买受人仍应支付价款

（二）直接易手规则的扩展

出卖人向买受人委托的第三人（如承运人、受托人）交付货物的，适用上述直接易手的风险转移规则，即出卖人向第三人交付货物的，风险转移；第三人受领迟延的，风险转移。

法条链接 《民法典》第604、605、608条。

三、买卖标的物的风险承担规则之二：间接易手

（一）"代办托运"：出卖人将货物交予承运人时风险的承担

一针见血 "直接易手的扩张"与"代办托运"的区别：

⊙ 出卖人将标的物交付予买受人找的承运人，为直接易手的扩张。

⊙ 出卖人将标的物交付予自己找的承运人，为代办托运。

1. 买卖合同当事人双方明确约定承运人的交付地点的，出卖人将货物交付给承运人时，风险不发生转移。待承运人将标的物运抵该地点，交付给买受人时，风险由出卖人转移给买受人。

案情：甲公司、乙公司订立买卖合同，约定出卖人甲公司应将货物交由他人承运，并指示其运至"乙公司的营业地"。合同订立后，甲公司遂将货物交给丙运输公司。

问1：货物的所有权是否转移？

答案：是。出卖人代办托运，货交承运人后，所有权转移。

问2：货物的风险是否转移？

答案：否。买卖合同明确约定交付地点的，出卖人代办托运，货交承运人后，风险不转移。承运人在交付地点交货时，风险才转移。

2. 买卖合同当事人双方未明确约定承运人的交付地点的，出卖人将货物交付给承运人时，风险由出卖人转移给买受人。在实践中，买卖合同当事人不明确约定承运人的交付地点的原因在于买受人打算将承运人承运的在途货物出卖予第三人。

案情：甲公司、乙公司订立买卖合同，约定出卖人甲公司应将货物交由他人承运，并指示

其运至"广东方向"。合同订立后，甲公司遂将货物交给丙运输公司。

问1：货物的所有权是否转移？

答案：是。出卖人代办托运，货交承运人后，所有权转移。

问2：货物的风险是否转移？

答案：是。买卖合同未明确约定交付地点的，出卖人代办托运，货交承运人后，风险转移。

一针见血 代办托运中的所有权转移：

出卖人将标的物交予承运人时，无论风险是否发生转移，标的物的所有权均发生转移。

法条链接《民法典》第607条。

总结梳理

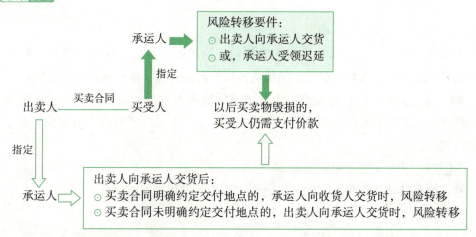

（二）在途货物买卖的风险承担

1. 在途货物，是指由承运人正在运输的途中货物。出卖人与买受人订立的在途货物买卖合同一经生效，在途货物的风险即由出卖人转移给买受人。

迷你案例

案情：甲公司、乙公司订立买卖合同，约定出卖人甲公司应将货物A交由他人承运，并指示其运至"广东方向"。合同订立后，甲公司遂将货物A交给丙运输公司。在丙运输公司向"广东方向"运输过程中，乙公司与广东丁公司订立买卖合同，将货物A出卖给丁公司。

问题：货物的风险是否转移？

答案：是。在途货物买卖，买卖合同成立时，风险转移。

2. 在途货物买卖合同成立时，标的物已经发生风险的，买受人不承担该风险。

一针见血 在途货物买卖中的所有权转移：

在途货物买卖合同成立时，在途货物的所有权也发生转移。

法条链接《民法典》第606条。

总结梳理

买卖物在第三人运输途中

出卖人 ──买卖合同── 买受人

买卖合同生效，风险转移 ⟹ 以后买卖物毁损、灭失的，买受人仍需支付价款

⊗考点 23 租赁合同的变动

一、"买卖不破租赁"

（一）"买卖不破租赁"的含义

1. 对于承租人而言，意味着第三人取得租赁物的所有权后，承租人的租赁权不受影响，其依然可以按照原来与出租人之间租赁合同约定的条件，继续承租直至租期届满。

2. 对于第三人而言，意味着第三人取得租赁物所有权的同时，即发生了法定的债权债务概括承受。在出租人与承租人的租赁关系中，第三人取代了出租人的地位，成了承租人的新出租人。

一针见血 买卖不破租赁的占有前提：

只有占有租赁物的承租人，才可能受到"买卖不破租赁"的保护。

（二）"买卖不破租赁"的限制

1. 租赁物上抵押权的限制

（1）租赁之前，租赁物上已经成立登记的抵押权，因抵押权的实现，受让人取得租赁物所有权的，承租人不得主张买卖不破租赁；

（2）租赁之前，租赁物上已经成立未经登记的抵押权，因抵押权的实现，受让人取得租赁物所有权的，恶意的承租人不得主张买卖不破租赁。

一针见血 买卖不破租赁与抵押权：

承租人知道或应当知道自己租赁了抵押物的，在抵押权行使过程中，不得主张买卖不破租赁之保护。

迷你案例

案情：甲将汽车抵押给乙。后乙实现抵押权，将该汽车出卖给丙。丙取得该汽车所有权后，才发现该汽车由丁承租。现丙请求丁返还汽车，丁则以买卖不破租赁为由拒绝。

问1：经查，乙的抵押权成立于租赁之前。

（1）若抵押权已经登记，则丁能否对丙主张买卖不破租赁？

答案：能。登记的抵押权可以对抗第三人。

（2）若抵押权未经登记，则丁能否对丙主张买卖不破租赁？

答案：未经登记的动产抵押权不得对抗善意第三人，因此，若丁占有汽车时不知汽车上存在乙的抵押权，则丁能对丙主张买卖不破租赁；反之，则不能。

问2：经查，乙的抵押权成立于租赁之后，丁能否对丙主张买卖不破租赁？

答案：能。不存在买卖不破租赁的限制事由。

总结梳理

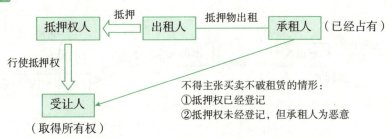

2. 租赁物查封、扣押的限制

租赁之前，租赁物已被法院依法查封，因法院的执行，受让人取得租赁物所有权的，承租人不得主张买卖不破租赁。

一针见血 法院强制措施的私法效力：

法院对标的物的查封、扣押、保全、执行，在私法效力上，等同于登记的抵押权。

总结梳理

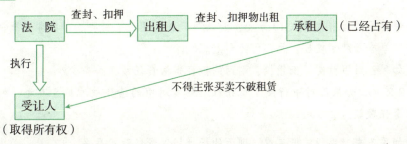

一针见血 先租后押与先租后查封、扣押时的买卖不破租赁：

租赁之后，租赁物被出租人抵押，或被法院查封、扣押的，租赁权不受影响，承租人可主张买卖不破租赁之保护。

法条链接 《民法典》第716条；《城镇房屋租赁合同解释》第14条；《担保制度解释》第54条。

二、第三人的继续承租权

承租人在房屋租赁期间死亡、宣告死亡的，与其生前共同居住的人或者共同经营人，可以按照原租赁合同租赁该房屋。

法条链接 《民法典》第732条。

迷你案例

案情：出租人甲与承租人乙订立房屋租赁合同。乙与丙共同居住该房屋。现乙在租期内死亡。

问题：此时，租赁合同的当事人双方是谁？

答案：甲、丙。丙即取代乙的承租人地位，成为与甲的房屋租赁合同的承租人。

总结梳理

24 担保责任的变动

一、债务人对债权人享有抵销权、撤销权而未行使

1. 债务人对债权人享有抵销权的，第三担保人可以在相应范围内拒绝承担担保责任。

迷你案例

案情：甲对乙享有借款债权10万元，丙以汽车A向甲设立抵押，并办理了抵押登记手续。此外，乙对甲享有货款债权8万元，已经到期。

问1：如果乙对甲行使了抵销权，则丙的抵押担保责任数额是多少？

答案：2万元。如果乙对甲行使了抵销权，则其对甲的债务被冲抵8万元，剩余2万元。故丙的担保责任数额为2万元。

问2：如果乙未对甲行使抵销权，则丙的抵押担保责任数额是多少？

答案：2万元。债务人享有抵销权的，无论其是否行使，担保人均可在相应范围内拒绝承担担保责任。

总结梳理

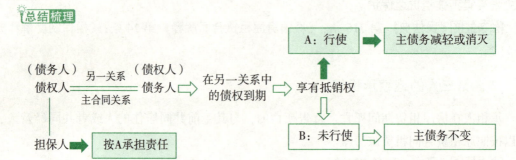

2. 债务人对债权人享有撤销权的，第三担保人可以在相应范围内拒绝承担担保责任。

迷你案例

案情：甲与乙订立买卖合同，约定甲将一批货物以 10 万元的价格出卖给乙。丙为甲的价金债权提供连带责任保证。现乙发现，甲出卖的该批货物系以次充好。经查，丙对此事并不知情。

问 1：如果乙行使撤销权，则丙的缔约过失责任数额是多少？

答案：丙不再承担缔约过失责任。甲、乙之间的买卖合同无效，甲、丙之间的保证合同随之无效。丙对保证合同的无效没有过错，故不再承担缔约过失责任。

问 2：如果乙未行使撤销权，则丙的保证责任数额是多少？

答案：丙不再承担保证责任。债务人享有撤销权的，无论其是否行使，担保人均可在相应范围内拒绝承担担保责任。

总结梳理

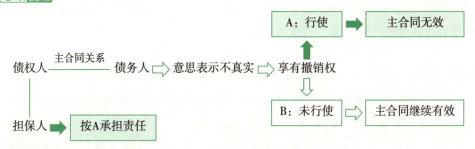

法条链接 《民法典》第 702 条；《担保制度解释》第 20 条。

二、债务人破产时第三担保人的担保责任

（一）债权人申报债权

债务人进入破产程序，且债权人申报债权的，由债权人参与债务人的破产程序。在此基础上：

1. 在破产程序进行中，债权人仍有权请求担保人承担担保责任。

（1）担保人"清偿全部债权"后，"可以代替"债权人在破产程序中受偿，即直接从债务人破产程序中受偿债权人应受偿的部分。

（2）担保人"未清偿全部债权"的，"不得代替"债权人在破产程序中受偿。但是，担保人有权就债权人超额受偿的部分，在已承担的担保责任的范围内，请求债权人返还。

2. 在破产程序终结后，债权人未获清偿的部分，有权请求担保人继续承担担保责任。担保人承担担保责任后，不得向债务人追偿。

一针见血 债权人申报债务人破产债权时，对担保人的请求权行使方式：
既可以"双管齐下"，也可以"一先一后"。

迷你案例

案情：甲公司借给乙公司 100 万元，丙公司为甲公司提供一般保证。现乙公司进入破产程

序，甲公司申报了债权。

问 1：设：甲公司申报债权后，在破产程序进行中，又请求丙公司承担保证责任。

（1）丙公司主张，待甲公司通过破产程序受偿完毕后，再就甲公司不能受偿的部分承担保证责任。丙公司的主张是否于法有据？

答案：否。第一，债务人进入破产程序的，一般保证人不得享有先诉抗辩权；第二，债权人申报债务人的破产债权后，有权在参与债务人破产分配的同时，请求担保人承担担保责任。

（2）如果丙公司向甲公司偿还了100万元，则其可否代替甲公司，在破产程序中直接受偿？

答案：可以。债权人申报债务人的破产债权后，担保人承担了担保责任清偿债权的，可以代替债权人参与破产分配。

（3）如果丙公司仅向甲公司偿还了70万元，而甲公司通过破产程序受偿了60万元，那么：

❶丙公司能否代替甲公司受偿？

答案：不能。担保人承担担保责任，未全部清偿债权的，不得代替债权人参与破产分配。

❷丙公司可以如何保护自己的合法权益？

答案：丙公司可以请求甲公司返还30万元。债权人通过破产分配所获得的受偿与受领担保人承担担保责任所获得的受偿之和，超出主债额的，应向担保人返还超额受偿的部分。

问 2：设：甲公司申报债权后，通过破产程序受偿了60万元。现破产程序已经终结。

（1）甲公司能否请求丙公司承担未获清偿的40万元？

答案：能。债权人通过破产分配未获受偿的部分，可以请求担保人继续承担担保责任。

（2）丙公司向甲公司承担了40万元的保证责任后，能否向乙公司追偿？

答案：不能。债务人乙公司已经终止。

（二）债权人未申报债权

1. 债权人有权请求担保人承担担保责任。

2. 纵然担保人未承担担保责任，也有权基于"未来的追偿权"申报债权，即预先行使追偿权。

一针见血 承担了担保责任的担保人对债权的申报：

债务人破产的，承担了担保责任的担保人，当然可依据追偿权申报债权。但该申报行为，不构成"预先行使追偿权"。

3. 债权人既未申报债权，也未通知担保人，致使担保人不能预先行使追偿权的，担保人在本可预先追偿的范围内免除担保责任，但是担保人因自身过错未预先行使追偿权的除外。

迷你案例

案情：甲公司与乙公司订立买卖合同，约定甲公司将一批货物以100万元的价格出卖给乙公司。丙以价值200万元的房屋A为甲公司设立抵押，并办理了抵押登记手续。现乙公司进入破产程序，甲公司未申报债权。

问1：甲公司能否请求丙公司承担抵押担保责任？

答案：能。甲公司可就房屋A变价受偿100万元。

问2：丙公司可如何保护自己的合法权益？

答案：丙公司可申报对乙公司的追偿权，即预先行使追偿权。

问3：如果甲公司自己不申报债权，又未通知丙公司预先行使追偿权，导致丙公司丧失了预先行使追偿权的机会，则后果如何？

答案：在丙公司本可预先追偿的范围内，担保责任消灭。

[法条链接]《担保制度解释》第23、24条。

总结梳理

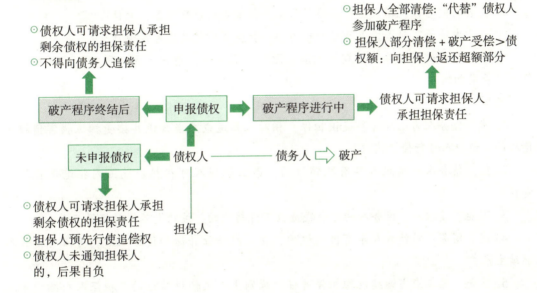

小综案例

案情：甲公司与乙公司订立买卖合同，约定甲公司将机器设备以100万元的价格出卖给乙公司，且双方的债权均不得转让。为担保甲公司的债权实现，熊大以房屋A向甲公司抵押，并办理了抵押登记。抵押合同约定，甲公司的债权不得转让。熊二以汽车B向甲公司出质，并已交付。买卖合同订立后，乙公司经股东会决议，与建设银行订立保证合同，担保股东沈玉菲对建设银行的贷款。建设银行知道甲、乙公司买卖之事。此时，乙公司对甲公司的借款债权100万元也已到期。1周后，甲公司将其对乙公司的价金债权转让给丙公司，并通知了乙公司和两位担保人。及至交货日，甲公司依照合同约定，将机器设备交付给通达货运公司（以下简称"通达公司"），并告知通达公司按照未来乙公司的指示确定目的地。在通达公司运输途中，乙公司将该机器设备出卖给曹大龙，并通知通达公司将机器设备运至曹大龙住所地。次日，该机器设备因泥石流而毁损。1个月后，乙公司破产，丙公司申报了破产债权。

问题：

1. 甲公司能否诉请法院撤销乙公司与建设银行的保证合同？为什么？

2. 如果乙公司未对甲公司行使抵销权，则甲公司对熊大、熊二行使保证权，熊大、熊二能否拒绝？为什么？

3. 甲公司将债权转让给丙公司后，乙公司能否拒绝对丙公司履行价金债务？为什么？

4. 甲公司将债权转让给丙公司后，乙公司能否对丙公司继续行使抵销权？为什么？

5. 甲公司将债权转让给丙公司后，熊大、熊二是否应当对丙公司承担担保责任？为什么？

6. 乙公司能否以机器设备已经毁损为由，拒绝履行付款债务？为什么？

7. 曹大龙能否以机器设备已经毁损为由，拒绝履行付款债务？为什么？

8. 在乙公司破产案件审理期间，熊二承担担保责任，清偿了丙公司对乙公司的全部债权，后果如何？

答案：

1. 能。债务人为他人债务提供担保，相对人知道或应当知道其接受担保损害债权人债权的，债权人可行使撤销权。

2. 能。债务人对债权人享有抵销权的，第三担保人可在相应范围内拒绝承担担保责任。

3. 不能。债权人、债务人约定金钱债权不得转让的，该约定不得对抗第三人。

4. 能。债务人对债权人享有抵销权的，在债权转让并通知债务人后，可以对受让人继续主张。

5. 首先，熊二应当继续承担担保责任。原则上，主债权转让的，担保人应继续承担担保责任。其次，熊大不再承担担保责任。担保合同约定债权不得转让的，担保人对受让人不再承担担保责任。

6. 不能。出卖人代办托运，目的地不明确的，货交承运人时风险转移。

7. 不能。在途货物买卖，买卖合同成立后，风险转移。

8. 熊二可以代替丙公司参与乙公司的破产分配程序。

···合同的解除···

25 一般法定解除权

一般法定解除权，是指由法律直接规定的，可以适用于一切合同的解除权。一般解除权产生事由包括：

一、不可抗力与情势变更

（一）不可抗力

不可抗力，是指不能预见、不能避免、不能克服的客观事由。因不可抗力导致合同履行不能的，当事人双方均有权解除合同。

[法条链接]《民法典》第 563 条。

（二）情势变更

1. 构成

（1）情势变更的事由，为当事人订立合同时无法预见的重大变化，如国家政策、现行法律规定、物价、币值、汇率、国内和国际市场运行状况的异常变动。因此，情势变更不属于商业风险。

（2）情势变更会导致继续履行合同对于一方当事人明显不公平或者不能实现合同目的，而非导致履行不能。因此，该事由不属于不可抗力。

2. 后果

在构成情势变更的情况下，当事人既有权解除合同，又有权变更合同，但需以诉讼或仲裁的方式为之。

[一针见血] 情势变更的两方面比较：

⊙ 与不可抗力的区别在于对合同履行的影响，是履行不公平还是履行不能。

⊙ 与正常风险的区别在于当事人可否预见。

[法条链接]《民法典》第 533 条。

 迷你案例

案情：甲、乙订立 A 货物买卖合同，约定价格 100 元/件。合同履行时，因发生当事人始料未及的金融危机，导致 A 货物价格上涨为 800 元/件。此时，仍按照原来约定价格履行合同对于出卖人而言明显不公。

问题：出卖人是否仍需要按照合同约定价格出卖 A 货物？

答案：否。出卖人可基于情势变更，诉请法院变更或解除合同。

💡总结梳理

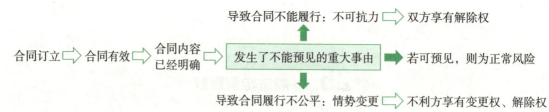

二、债务人违约

（一）期前拒绝履行

期前拒绝履行，是指债务人在债务到期之前，所作出的拒绝履行债务的意思表示。拒绝履行的意思表示，既可以明示，如通过书面、口头方式作出，也可以默示，如转移财产、处分机器设备等。

债务人期前拒绝履行时，债权人有权立即解除合同，并追究债务人的预期违约责任。

📱 迷你案例

案情：甲、乙订立买卖合同。现甲在债务到期前，向乙表示，债务到期后将不再履行债务。

问题：乙该怎么办？

答案：乙可以等到甲的债务到期后，追究甲的现实违约责任；也可以立即解除合同，追究甲的预期违约责任。

（二）迟延履行

迟延履行，是指债务人超越债务履行期限，而未履行债务。迟延履行要成为合同的解除事由，其构成要件是：

1. 债务人所迟延履行的债务为主要债务，即与债权人缔约目的有直接关联的债务，如交货债务、付款债务。反之，债务人迟延履行次要债务的，债权人不得解除合同。

[一针见血] 出卖人交付货物的有关单证的义务，是主要义务，还是次要义务？

⊙ 原则上，认定为次要义务。

⊙ 但如交付单证义务与债权人缔约目的有直接关联，则为主要义务。

2. 经债权人催告后，债务人在合理的期间仍不履行。

具备上述要件时，债权人有权解除合同，并追究债务人迟延履行的违约责任。

另外，债务人基于抗辩权而未如期履行主要债务的，债权人不得据此解除合同。

迷你案例

案情：甲公司与乙公司订立建设工程合同后，拖欠乙公司工程款。乙公司反复催要，甲公司仍未履行。

问1：乙公司能否解除建设工程合同？

答案：能。甲公司迟延履行主要义务，经催告仍不履行，乙公司有权据此主张解除合同。

问2：如果乙公司基于先履行抗辩权中止施工，则甲公司能否解除建设工程合同？

答案：不能。乙公司中止施工是基于先履行抗辩权，不构成迟延履行，故甲公司无权主张解除合同。

（三）根本违约

根本违约，是指因债务人的违约，导致债权人的缔约目的落空，即订立合同所欲获得的利益不能实现。构成根本违约的行为，包括迟延履行，也包括其他违约事实；包括主要债务的不履行，也包括次要债务的不履行。总之，债务人违约，只要导致债权人不能实现合同目的，即为根本违约。

债务人构成根本违约时，债权人无需催告，即可解除合同，并追究债务人的违约责任。

一针见血 根本违约与迟延履行的区别：

⊙ 对于迟延履行，债务人迟延后再履行，债权人受领之，依然可实现合同目的。

⊙ 对于根本违约，债务人违约后再履行，债权人纵然受领，合同目的也无法实现。

法条链接《民法典》第 563 条。

总结梳理

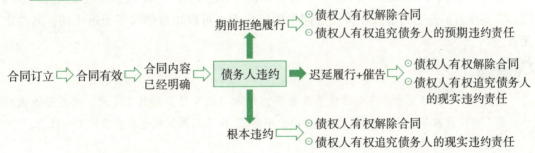

三、无需继续履行的非金钱之债

债务人承担非金钱给付义务的，在如下情况下，债务人有权拒绝继续履行合同债务：

1. 法律上或者事实上不能履行。

2. 债务的标的不适于强制履行或者履行费用过高。

3. 债权人在合理期限内未请求履行。

在上述情况下，合同无法得以履行的，当事人有权解除合同。

法条链接 《民法典》第 580 条。

总结梳理

⊙履行不能
⊙或，标的不适于强制或者履行费用过高　　则　➔ ⊙债务人有权拒绝继续履行
⊙或，债权人在合理期限内未请求履行　　　　　 ⊙当事人有权解除合同

↑ 若债务

合同订立 ⇨ 合同有效 ⇨ 合同内容已经明确 ⇨ 债务人违约

考点 26 特别法定解除权

一、分期付款买卖合同中出卖人的解除权

分期付款买卖中，买受人迟延支付价款，达合同总价款的1/5（注意：该"1/5"的比例为强行法规定，禁止当事人通过约定变更），且经催告后在合理期间内仍未支付到期价款时，出卖人可以选择如下两种途径之一，保障自己债权的实现：

1. 请求买受人一次性支付全部剩余价款，即剥夺买受人分期付款的期限利益。

2. 解除合同。由此产生的法律后果是：

（1）出卖人有权从买受人处取回标的物。

（2）出卖人有权请求买受人支付使用费。当事人对使用费的数额没有约定的，参照当地同类标的物的租金标准确定。

（3）标的物发生毁损的，出卖人有权请求买受人支付赔偿金。

（4）出卖人应当返还买受人已经支付的价款。上述使用费、赔偿金，可以从价款中扣除。需要注意的是，当事人在买卖合同中约定出卖人可以扣留价款不予返还的，其约定无效。

迷你案例

案情：甲、乙订立手机分期付款买卖合同，约定"乙交付首期款 2 千元，余款分 5 次付清。若乙迟延付款导致合同解除，则已付价款不退。"现乙迟延付款达总价款的 1/5 以上。

问题：甲如何保护自己的价金债权？

答案：①甲可以请求乙一次性支付全部剩余价款。②甲也可以通知乙解除合同，取回手机。此时，甲仍需向乙返还已付价款，但可扣除使用费、赔偿金。③甲还可以依据一般规则，追究乙的违约责任。

一针见血 分期付款买卖中买受人违约的后果：

分期付款买卖的买受人迟延支付价金的，出卖人除了可采取上述特别措施外，也可依据买卖合同的一般规则，追究买受人的违约责任。

法条链接《民法典》第634条；《买卖合同解释》第28条。

总结梳理

有权请求买受人一次性支付全部剩余价款

出卖人 ——分期付款买卖—— 买受人 ⟹ 到期未付额达总价款的1/5

有权解除合同：①取回标的物
②退还已付价金，但可扣除使用费、赔偿金

二、融资租赁合同中的解除权

1. 买卖基础丧失的双方解除权

出租人与出卖人订立的买卖合同解除、被确认无效或者被撤销，且双方未能重新订立买卖合同的，出租人、承租人双方均有权解除融资租赁合同。

2. 承租人违约时出租人的解除权

（1）承租人擅自处分

承租人擅自将租赁物转让、转租、抵押、质押、投资入股或者以其他方式处分租赁物的，出租人有权解除融资租赁合同，并收回租赁物，以"收回时租赁物的价值"充抵"承租人所欠债务数额"，多退少补。

（2）承租人欠付租金

承租人欠付租金达到两期以上，或者数额达到全部租金15%以上，经出租人催告后在合理期限内仍不支付的，出租人有权解除融资租赁合同，收回租赁物。融资租赁合同解除后，出租人有权收回租赁物，以"收回时租赁物的价值"充抵"承租人所欠债务数额"，多退少补。

法条链接《民法典》第753、754条；《融资租赁合同解释》第5条。

总结梳理

买卖基础丧失	双方均有权解除
承租人擅自处分	• 出租人有权解除合同，并收回租赁物
承租人迟延支付租金两期或15%以上	• 以收回时租赁物的价值充抵承租人的债务

三、租赁合同中的解除权

（一）不定期租赁合同中出租人、承租人的解除权

1. 不定期租赁的法律意义

（1）承租人有权随时解除租赁合同；

（2）出租人也有权随时解除租赁合同。

在不定期租赁中，当事人解除合同，应当在合理期间，事先通知对方当事人。

2. 不定期租赁的法定类型

（1）约定租期 6 个月以上的租赁合同，未采取书面形式，又无法确定租期的，整个合同为不定期租赁；

（2）租赁期间届满，承租人继续使用租赁物，出租人没有提出异议的，原租赁合同继续有效，但租赁期限为不定期。

一针见血 不定期租赁的界定：

凡当事人未约定租期，且无法通过合同的解释来确定租期的，均为不定期租赁。

迷你案例

案情：甲欠乙 1 万元。甲为了清偿债务，将房屋出租给乙，租金 2000 元/月，以租金抵债。

问题：此时，甲、乙间的租赁合同是否为不定期租赁合同？

答案：否。租期为 5 个月。

（二）承租人未经出租人同意转租时承租人的解除权

1. 擅自转租。承租人未经出租人同意，擅自将租赁物另行出租给次承租人的：

（1）出租人有权解除其与承租人之间的合同，进而请求次承租人返还租赁物。

（2）出租人因承租人擅自转租所享有的解除权，其除斥期间为出租人知道或者应当知道承租人擅自转租事实之日起 6 个月。出租人逾期未行使解除权的，视为同意转租。

2. 次承租人向出租人的租赁物返还义务

（1）出租人与承租人之间的租赁合同无效、履行期限届满或者解除的，出租人有权请求次承租人返还租赁物；

（2）负有腾房义务的次承租人逾期腾房的，出租人有权请求次承租人支付逾期腾房占有使用费。

迷你案例

案情：甲将房屋出租给乙，乙擅自转租给丙。

问 1：甲是否有权解除租赁合同？

答案：有权。甲自知道或应当知道乙擅自转租之日起 6 个月内，有权解除与乙的租赁合同。

问 2：甲是否有权请求丙返还房屋？

答案：有权。甲、乙之间的租赁合同解除后，甲有权请求丙返还房屋。若丙逾期返还，则甲有权依据乙、丙之间租赁合同的租金标准，请求丙承担逾期腾房占有使用费。

需要注意的是，无论承租人的转租是否征得出租人的同意，根据合同的相对性，出租人均无权请求次承租人支付租金。

（三）承租人滥用、滥建时出租人的解除权

1. 滥用。承租人未按照约定的方法或者租赁物的性质使用租赁物，致使租赁物受到损失的，出租人可以解除合同并请求赔偿损失。

2. 滥建。承租人擅自变动房屋建筑主体和承重结构或者扩建，在出租人要求的合理期限内仍不予恢复原状，出租人有权请求解除合同并要求赔偿损失。

法条链接《民法典》第 711、716、718、730 条；《城镇房屋租赁合同解释》第 6、13 条。

总结梳理

不定期租赁	双方均有权解除，但应事先在合理期间通知对方
承租人擅自转租	出租人自知道或应当知道之日起 6 个月内有权解除
	出租人解除后，可请求次承租人返还租赁物；次承租人逾期腾房的，支付逾期腾房占有使用费
承租人滥用、滥建	出租人有权解除合同，并请求赔偿损失

四、承揽合同中的法定解除权

1. 承揽人的法定解除权

定作人不履行协助义务致使承揽工作不能完成，经承揽人催告后的合理期间，定作人仍不履行协助义务的，承揽人可以解除承揽合同。

2. 定作人的法定解除权

承揽人未经定作人同意，将其承揽的主要工作交由第三人完成的，定作人可以解除合同。

法条链接《民法典》第 772、778 条。

总结梳理

定作人不协助+催告	承揽人有权解除合同
承揽人擅自将主要工作交他人完成	定作人有权解除合同

五、建设工程合同中的法定解除权

1. 承包人将建设工程转包、违法分包的，发包人可以解除合同。

2. 发包人提供的主要建筑材料、建筑构配件和设备不符合强制性标准或者不履行协助义务，致使承包人无法施工，经催告后在合理期限内仍未履行相应义务的，承包人可以解除合同。

建设工程合同解除后，已经完成的建设工程质量合格的，发包人应当按照约定支付相应的工程价款。

法条链接《民法典》第 806 条。

总结梳理

承包人转包、违法分包	发包人有权解除合同
发包人违约+催告	承包人有权解除合同

六、任意解除权

1. 承揽合同中定作人的任意解除权

定作人可以随时解除承揽合同，造成承揽人损失的，应当赔偿损失。

2. 货物运输合同中托运人的任意解除权

在承运人将货物交付收货人之前，托运人可以要求承运人中止运输、返还货物、变更到达地或者将货物交给其他收货人，但应当赔偿承运人因此受到的损失。

3. 委托合同中委托人、受托人的任意解除权

委托人或者受托人可以随时解除委托合同。因解除合同给对方造成损失的，除不可归责于该当事人的事由以外，应当赔偿损失。在这里，损失范围的确定规则是：

（1）在无偿委托合同中，解除方应当赔偿因解除时间不当造成的直接损失。

（2）在有偿委托合同中，解除方应当赔偿对方的直接损失和可得利益。需要注意的是，这里的可得利益，仍需以"债务人缔约时的合理预见"为前提。

 迷你案例

案情：A地的甲公司与B地的乙公司协商约定，甲公司派人到乙公司办理手续后，即可获得乙公司的订单。甲公司测算，此订单完成，可以获得利润20万元。甲公司委托张三前往乙公司办理手续，并为张三购买赴乙公司的机票。张三与甲公司订立委托合同时，知道20万元可得利益之事。张三到B地后，向甲公司提出解除委托合同，导致甲公司丧失订单。

问1：如果甲公司对张三是无偿委托，那么：

(1) 张三是否应当赔偿甲公司的机票损失？

答案：是。机票损失为甲公司的直接利益损失，纵然是无偿委托，受托人张三行使任意解除权，也需赔偿因此给甲公司造成的直接利益损失。

(2) 张三是否应当赔偿甲公司的20万元可得利益损失？

答案：否。20万元为可得利益损失，无偿委托的受托人张三行使任意解除权，无需赔偿因此给甲公司造成的可得利益损失。

问2：如果甲公司对张三是有偿委托，那么：

(1) 张三是否应当赔偿甲公司的机票损失？

答案：是。有偿委托，受托人张三行使任意解除权，需赔偿甲公司的直接利益损失。

(2) 张三是否应当赔偿甲公司的20万元可得利益损失？

答案：是。有偿委托，受托人张三行使任意解除权，也需赔偿甲公司的可得利益损失。

法条链接 《民法典》第787、829、933条。

总结梳理

	权利人及其权利	解除后果
承揽合同	定作人：变更权、解除权	造成对方损失，赔偿
货运合同	托运人：解除权、变更权	

续表

	权利人及其权利	解除后果
委托合同	双方：解除权	无偿委托：赔偿直接利益损失 有偿委托：赔偿直接利益损失+可得利益损失

考点27 解除权的行使

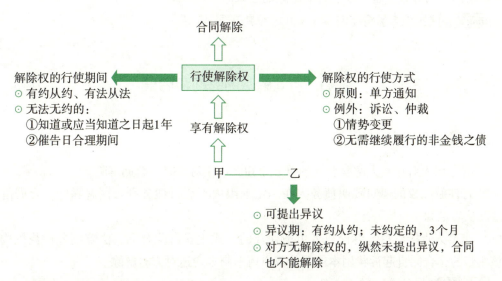

解除权的性质为形成权，权利人必须行使该权利，才能够引起合同解除法律后果。

一、解除权的行使方式

原则上，解除权的行使方式为单方通知。但是，如下两种解除权的行使，需以诉讼或仲裁的方式为之：

1. 情势变更解除权。

2. 无需继续履行的非金钱之债的解除权。

法条链接《民法典》第533、580条。

二、一般解除权期间

在法律没有规定、当事人也未约定解除权行使期限的情况下，解除权期间的确定方法是：

1. 自解除权人知道或者应当知道解除事由之日起1年内不行使解除权的，解除权消灭。

2. 经对方催告后，解除权人在合理期限内不行使解除权的，解除权消灭。

法条链接《民法典》第564条。

三、相对人异议

1. 异议权的含义：相对人对解除权的行使提出异议的权利。

2. 异议权的行使期限：当事人有约定的，从其约定；当事人没有约定或者约定不明的，相对人应当在接到解除合同的通知之日起 3 个月内提出异议。

需要注意的是，解除权异议期间的法律意义，仅仅在于相对人能否提出异议，而与合同能否解除无关。换言之，不享有解除权的一方向另一方发出解除通知，另一方即便未在异议期限内提出异议，也不发生合同解除的效果。

法条链接《民法典》第 565 条；《九民纪要》第 46 条。

考点28 合同解除的时间和后果

一、合同解除的时间

1. 解除权人对相对人解除合同的单方通知到达相对人时，合同解除。

2. 行使解除权的通知载明债务人在一定期限内不履行债务则合同解除的，合同解除的时间从其通知。

3. 当事人直接以提起诉讼或者申请仲裁的方式主张解除合同，法院或者仲裁机构确认该主张的，合同自起诉状副本或者仲裁申请书副本送达对方时解除。

法条链接《民法典》第 565 条。

迷你案例

案情：甲于 2 月 15 日向乙提起诉讼，乙于 2 月 20 日收到起诉状副本。10 月 20 日，法院确认甲享有解除权的判决生效。

问题：甲、乙之间的合同何时解除？

答案：2 月 20 日解除。原告、申请人以诉讼、仲裁方式行使合同解除权，其主张得到确认的，合同自诉状、仲裁申请副本送达被告、被申请人之日起解除。

二、合同解除的后果

1. 合同解除后到期的债务，终止履行。

2. 合同已经履行的部分，有可能恢复原状的，当事人可以主张恢复原状；不可能恢复原状的，则当事人不得主张恢复原状。可见，合同的解除有无溯及力，应视该合同事实上是否存在恢复原状之可能而区别对待。

一针见血 合同解除与恢复原状：

合同解除前已经履行的部分，当事人能否主张恢复原状，需视客观上有无恢复原状之可能来决定。

迷你案例

案情：甲、乙订立租赁合同，约定租期3年。乙承租2年后，租赁合同解除。

问1：剩下一年的租赁期间，是否还需履行？

答案：否。合同解除后到期的债务，无需履行。

问2：已经租赁的两年期间，承租人乙能否主张恢复原状？

答案：不能。因事实上不可能恢复原状，故乙不得主张恢复原状。

3. 合同解除与违约责任

（1）合同解除前，债务人已经违约的，债权人请求债务人承担赔偿损失、违约金的违约责任请求权，不受影响；

（2）在此基础上，债权人享有担保权的，合同解除后，担保人需继续担保债权人的赔偿损失、违约金请求权；

（3）解除权人通过诉讼主张解除合同，但未主张对方支付违约金或赔偿损失的，法院应予释明。

迷你案例

案情：甲、乙订立合同，丙为甲的债权提供担保。后乙违约。现甲依法解除了其与乙之间的合同。

问1：甲可对乙主张哪些违约责任请求权？

答案：甲对乙的违约金、赔偿损失请求权，依然可以主张。

问2：丙是否应对甲的违约金、赔偿损失请求权继续承担担保责任？

答案：是。主合同解除后，债权人对债务人继续享有违约金、赔偿损失请求权的，主合同的担保人需继续承担担保责任。

问3：如果甲通过诉讼主张解除合同，但并未提出违约责任的诉讼请求，则法院应如何处理？

答案：法院应予释明。

法条链接《民法典》第566条；《买卖合同解释》第20条。

总结梳理

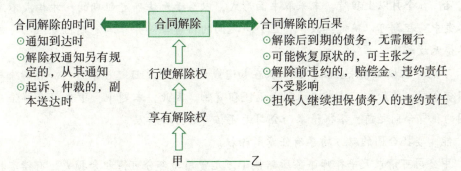

小综案例

案情：甲公司与乙公司订立口头租赁合同，约定甲公司将其闲置的办公楼层出租给乙公司，租期3年。乙公司承租1年后，以双方未订立书面协议为由，主张解除租赁合同，甲公司表示拒绝。于是，乙公司将其承租的办公楼层转租给丙公司，丙公司入驻后，甲公司才得知转租之事。1周后，甲公司与丁公司订立了该办公楼层的租赁合同，约定租期3年，租金月付，并约定了迟延交租违约金。宋大江为丁公司的租金债务提供连带责任保证。因急于收回出租楼层，甲公司遂委托天平律师事务所为其解决收回楼层之事，双方约定律师费5万元。在业务办理期间，天平律师事务所无故通知甲公司解除合同，此时，甲公司已经支付费用1万元，且因天平律师事务所解除合同，甲公司丧失了本可从丁公司获得的部分租金。经查，天平律师事务所与甲公司订立合同时，知道甲、丁公司之间已经签订了租赁合同之事。1个月后，甲公司从丙公司处收回办公楼层，并向丁公司交付。丁公司正常交租1年后开始欠付租金。甲公司遂向丁公司发送"告知函"，称若丁公司下个月再不交租金，则合同解除。丁公司在下个月仍然未付租金。

问题：

1. 乙公司是否有权解除口头租赁合同？为什么？

2. 甲公司得知丙公司入驻后，能否请求丙公司返还租赁的办公楼层？为什么？

3. 天平律师事务所能否解除其与甲公司的合同？为什么？

4. 天平律师事务所主张解除合同后，甲公司可以如何保护自己的合法权益？为什么？

5. 丁公司欠付租金的次日，甲公司是否有权以此为由，主张解除租赁合同？为什么？

6. 丁公司收到"告知函"后，甲、丁公司的合同是否解除？为什么？

7. 如果经查，丁公司拒绝交付租金的原因是该办公楼层漏雨，无法使用，则甲公司是否享有解除权？为什么？

8. 甲公司、丁公司的租赁合同解除后，甲公司是否有权请求丁公司支付合同解除前的租金及违约金？为什么？

9. 甲公司是否有权请求宋大江对丁公司欠付的租金、违约金承担保证责任？为什么？

答案：

1. 否。6个月以上租赁，未采取书面形式，以至于无法确定租期的，才构成不定期租赁。本案中，租期可以确定，故甲、乙公司之间的租赁合同并非不定期租赁，乙公司在租期内不得无故解除。

2. 不能。承租人非法转租，出租人在知道或应当知道之日起6个月内，可解除与承租人的租赁合同，然后方可请求次承租人返还租赁物。因此，本题中，甲公司在解除与乙公司之间的租赁合同之前，不得请求丙公司返还租赁的办公楼层。

3. 能。委托合同的双方均享有任意解除权。

4. 甲公司可请求天平律师事务所赔偿1万元费用与部分可得租金损失。有偿委托，一方行使任意解除权，解除委托合同的，应赔偿对方的直接利益损失与可得利益损失。

5. 否。债务人迟延履行主要债务，经催告后在合理期间仍不履行的，债权人才有权解除合同。本题中，甲公司并未催告，故不能立即解除合同。

6. 否。行使解除权的通知载明债务人在一定期限内不履行债务则合同解除的，合同解除的时间从其通知。

7. 否。此时，丁公司享有双务合同抗辩权，因行使抗辩权而未履行债务的，不构成违约，不符合"迟延履行主要债务"之解除权成立条件，故甲公司不享有解除权。

8. 有权。合同解除前已经违约的债务，依然需要履行，且合同解除前发生的违约金责任，不受合同解除的影响。

9. 有权。主合同解除的，担保合同依然有效。主合同解除后，债务人对债权人承担的债务，担保人需继续承担担保责任。

第 **8** 讲

··· 合同债权的担保之一：物保 ···

🔲考点 **29** 担保物权的一般规则

一、物上代位效力

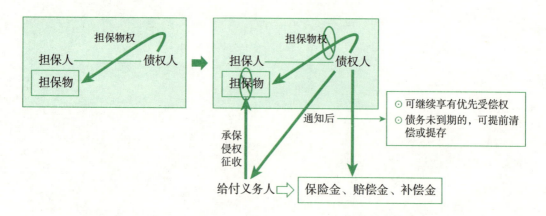

（一）原则

担保物权的物上代位效力，是指担保物权所具有的，能够在保险金、赔偿金、补偿金等担保物的价值代位物上继续存在的效力。

1. 担保期间，担保物毁损、灭失或者被征收等，担保物权人可以就获得的保险金、赔偿金或者补偿金等优先受偿。

2. 被担保债权的履行期未届满的，可以提存该保险金、赔偿金或者补偿金等。

一针见血 物上代位效力与担保物权的本质：

担保物权是支配担保物价值的权利，保险金、赔偿金、补偿金等价值代位物，是担保物价值的一种体现。

（二）给付义务人的履行对象

1. 给付义务人接到担保物权人要求向其给付的通知，仍向担保人给付了保险金、赔偿金或者补偿金的，担保物权人有权请求给付义务人实施给付。

2. 给付义务人未接到担保物权人要求向其给付的通知，向担保人给付了保险金、赔偿金或者补偿金的，担保物权人不得再请求给付义务人向其给付。

[法条链接]《民法典》第 390 条；《担保制度解释》第 42 条。

二、担保物权的实行

担保物权的实行，是指担保物权所担保的债权到期未能实现时，担保物权人行使担保物权，就担保物的价值优先受偿。

（一）协商实行担保物权

1. 担保物权的协商实行，是指担保人与担保权人达成协议，以担保物折价或者以拍卖、变卖所得的价款优先受偿。

2. 协商实行担保物权的协议，损害担保人的其他债权人利益的，其他债权人可以请求法院撤销该协议。

[一针见血] 担保人的其他债权人撤销权的本质：

担保人的其他债权人对担保人与受担保的债权人协商实行担保物权协议的撤销权，本质是债权人的撤销权，即债权人对债务人不当处分行为的撤销权。

[法条链接]《民法典》第 410 条。

[迷你案例]

案情：乙向甲银行贷款 100 万元，丙以房 A 向甲银行设立抵押。同时，丙欠丁 50 万元，尚未偿还。

问 1：甲银行与丁在房 A 上的受偿关系是什么？

答案：甲银行是抵押权人，丁是抵押人的普通债权人，故甲银行优先于丁受偿。

问 2：如果乙逾期未偿还甲银行的贷款，甲银行与丙协商，将市值 150 万元的房 A 作价 100 万元，由甲银行优先受偿，那么：

（1）该项协议是否损害丁的利益？

答案：是。丁本可就房 A 的价值受偿，但现在不可能了。

（2）丁如何保护自己的合法权益？

答案：丁可以请求法院撤销甲银行与丙之间协商行使抵押权的协议。

3. 禁止流质约款

流质约款，是指当事人所达成的"债务到期不履行，债权人无需评估作价，直接取得特定财产所有权，双方债权债务消灭"的约定。禁止流质约款，是指当事人所达成的前述约款约定无效。这意味着，即使在合同中约定了流质约款，债务人或担保人依然有权要求债权人就特定财产变价受偿，或在评估作价、多退少补的基础上取得特定财产的所有权。

[法条链接]《民法典》第 401、428 条。

总结梳理

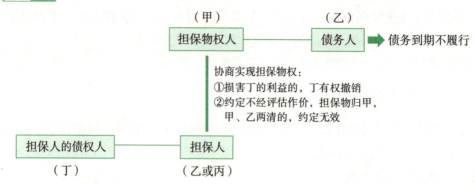

（二）法院实现担保物权

担保物权人与担保人未能就担保物权实现方式达成协议的，担保物权人可以请求法院实现担保物权。

担保物权人申请拍卖、变卖担保财产，被申请人以担保合同约定仲裁条款为由主张驳回申请的，法院按照以下情形分别处理：

1. 当事人对担保物权无实质性争议且实现担保物权条件已经成就的，应当裁定准许拍卖、变卖担保财产。

2. 当事人对实现担保物权有部分实质性争议的，可以就无争议的部分裁定准许拍卖、变卖担保财产，并告知可以就有争议的部分申请仲裁。

3. 当事人对实现担保物权有实质性争议的，裁定驳回申请，并告知可以向仲裁机构申请仲裁。

需要注意，债权人以诉讼方式行使担保物权的，应当以债务人和担保人作为共同被告。

法条链接 《民法典》第410条；《担保制度解释》第45条。

总结梳理

担保合同约定仲裁条款：

无 需 审 理 ➡ 裁定执行
部分需要审理 ➡ 需审理的部分去仲裁，无需审理的部分裁定执行
全部需要审理 ➡ 去仲裁

❀考点 30 抵 押 权

一、抵押权的设立

（一）不动产抵押权的设立

1. 抵押人与债权人订立书面抵押合同。抵押合同成立时，产生债权效力。

2. 办理抵押登记手续。抵押登记手续的办理，为抵押合同的履行。抵押登记手续完成，抵押权设立。

[法条链接]《民法典》第 402 条。

迷你案例

案情：甲与乙订立书面抵押合同，约定甲以房 A 向乙设定抵押。合同订立后，甲未如约为乙办理抵押登记手续。

问 1：乙是否取得房 A 的抵押权？

答案：否。不动产抵押权的设立，采取"公示成立"的物权变动模式，需以办理抵押登记为要件。

问 2：乙能否追究甲的合同违约责任？

答案：能。不动产抵押合同的债权效力，以合同生效为要件。

总结梳理

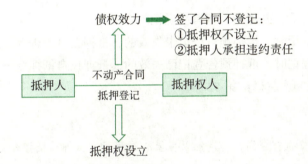

（二）不动产抵押预告登记

抵押预告登记，是指不动产抵押合同的预告登记，其所公示的是债权人对不动产抵押人所享有的办理抵押登记的债权请求权。抵押预告登记的办理，往往是抵押人的不动产尚未办理所有权首次登记，进而无法办理抵押登记之故。

1. 抵押预告登记债权人的优先受偿权

（1）原则上，当事人办理抵押预告登记后，未办理所有权首次登记的，因抵押人不能为债权人办理抵押登记，故抵押预告登记的债权人不享有抵押权。这意味着，债权人仅凭抵押预告登记，不得对抵押财产主张优先受偿权。

（2）例外情况是，当事人办理抵押预告登记后，抵押人破产，经审查抵押财产属于破产财产，且具备以下情形之一的，抵押预告登记的债权人有权就抵押财产优先受偿：

❶抵押预告登记与法院受理破产申请间隔时间 1 年以上；

❷抵押人为第三人，即第三人是为他人的债务向债权人设立抵押预告登记。

一针见血 抵押预告登记债权人优先受偿权之限制的依据：

债务人预感到自己将要破产，遂将自己的财产为债权人办理抵押预告登记，从而使债权人在债务人破产时获得优先受偿地位的，法律不应允许。

总结梳理

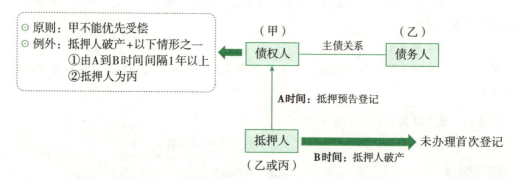

2. 抵押预告登记后，办理所有权首次登记的：

（1）办理首次登记时，抵押预告登记未失效的，抵押权自预告登记之日起设立；

（2）办理首次登记时，抵押预告登记已失效的，抵押权自抵押登记之日起设立。

法条链接《担保制度解释》第52条。

迷你案例

案情：甲与乙订立抵押合同，约定乙以房屋 A 向甲设立抵押。抵押合同订立后，办理了抵押预告登记手续。

问1：如果乙未为甲办理首次登记，那么：

（1）甲是否享有抵押权？

答案：否。不动产抵押权的设立采取"公示成立"模式，未办理首次登记的，即无法办理抵押登记，抵押权不成立。

（2）现乙破产。经查，乙是在法院受理破产申请 1 年之前，为自己欠甲的债务办理抵押预告登记的。甲能否就房屋 A 主张优先受偿？

答案：能。原则上，抵押预告登记后，抵押人破产，经审查抵押财产属于破产财产的，抵押预告登记的债权人有权就抵押财产优先受偿。但是，抵押人为担保自己的债务，为债权人办理抵押预告登记，且在 1 年内破产的除外。

问2：如果乙在预告登记未失效时办理了首次登记，则甲在房屋 A 上的抵押权何时成立？

答案：办理预告登记之日成立。

问3：如果乙在预告登记失效之后办理了首次登记，则甲在房屋 A 上的抵押权何时成立？

答案：办理抵押登记之日成立。

总结梳理

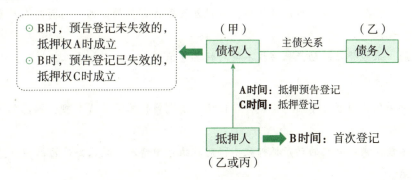

- B时，预告登记未失效的，抵押权A时成立
- B时，预告登记已失效的，抵押权C时成立

（甲）债权人 ——主债关系—— （乙）债务人

A时间：抵押预告登记
C时间：抵押登记

抵押人（乙或丙） ➡ B时间：首次登记

（三）动产抵押权的设立

抵押人与债权人订立书面抵押合同，抵押合同成立时即产生抵押权设立的效力。但是，在办理抵押登记之前，动产抵押权不得对抗善意第三人。其中，"善意第三人"的范围包括：

1. 动产抵押物的善意受让人。抵押人转让动产抵押物，善意受让人取得所有权后，动产抵押权消灭。

2. 动产抵押物的善意承租人。抵押人将抵押物出租给承租人并交付，抵押权人行使抵押权的，善意承租人可对抵押物受让人主张买卖不破租赁。

3. 对抵押物申请保全或者执行抵押财产的抵押人的债权人。法院已经作出财产保全裁定或者采取执行措施，未经登记的动产抵押权人不得主张对抵押财产优先受偿，即抵押权人需就法院执行后的剩余部分价值受偿。

4. 抵押人的破产债权人。抵押人破产，抵押权人不得主张对抵押财产优先受偿，即抵押权人与破产债权人平等受偿。

一针见血 未经登记的动产抵押权所不得对抗的第三人：

未经登记的动产抵押权所不得对抗的第三人均系与抵押人进行交易的人。

法条链接 《民法典》第 403 条；《担保制度解释》第 54 条。

迷你案例

案情：甲公司从乙公司处借款，并与乙公司订立了书面抵押合同，约定甲公司以机器设备 A 向乙公司设立抵押，作为甲公司未来还款的担保。抵押合同订立后，未办理抵押登记。

问 1：乙公司能否取得机器设备 A 的抵押权？

答案：能。动产抵押权的设立，采取公示对抗模式，抵押合同生效，抵押权设立。未办理抵押登记的，仅具有对抗善意第三人的效力。

问 2：如果甲公司将机器设备 A 出卖给不知情的丙，并向丙交付，则乙公司对机器设备 A 能否继续享有抵押权？

答案：不能。未经登记的动产抵押权不得对抗善意受让人，故丙取得所有权时，乙公司的抵押权消灭。

问3：如果甲公司将机器设备 A 出租给不知情的丙，并向丙交付，现因甲公司到期未偿还对乙公司所负的债务，乙公司行使抵押权，将机器设备 A 出卖给李四，则丙能否对李四主张买卖不破租赁？

答案：能。未经登记的动产抵押权不得对抗善意承租人，故乙行使抵押权时，丙可以主张买卖不破租赁之保护。

问4：如果甲公司还欠李四的借款，李四请求法院将机器设备 A 扣押，则乙公司能否主张优先于李四受偿？

答案：不能。未经登记的动产抵押权不得对抗执行申请人，故乙公司的抵押权受偿顺位在法院执行之后。

问5：如果甲公司进入破产程序，则乙公司能否对机器设备 A 主张优先受偿？

答案：不能。未经登记的动产抵押权不得对抗破产债权人，故乙公司的抵押权只能与甲公司的破产债权人平等受偿。

总结梳理

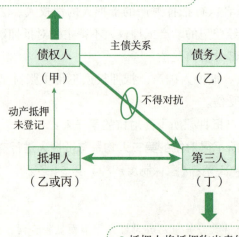

二、抵押物

（一）抵押物上的新物

1. 含义

抵押物上的新物，是指抵押权设立后，抵押物上产生的新物，包括：

（1）抵押土地上的新增房屋；

（2）抵押房屋上的续建部分；

（3）抵押物随后取得的从物。

2. 处理

（1）抵押物上的新物，并非抵押物。

（2）实现抵押权时，抵押物上的新物随之处分。但是，抵押权人对新物的变价，不享有优先受偿权。

法条链接 《担保制度解释》第40、51条。

总结 梳理

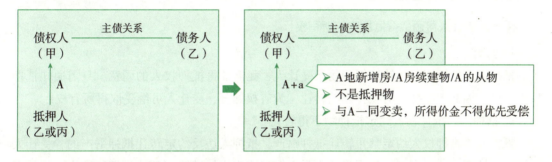

（二）有争议物的抵押

1. 当事人以所有权、使用权不明或者有争议的财产抵押的，抵押合同有效。

2. 抵押人构成无权处分，债权人符合善意取得要件的，可以善意取得抵押权。

一针见血 有争议物的抵押与异议登记：

异议人办理异议登记后，登记的权利人将标的物进行抵押的，抵押合同依然有效，但抵押人构成无权处分的，债权人不能善意取得。

法条链接 《担保制度解释》第37条第1款。

总结 梳理

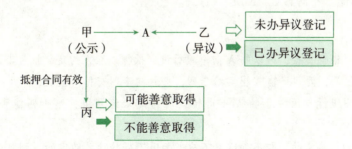

（三）查封、扣押财产的抵押

1. 当事人以依法被查封、扣押的财产抵押的，抵押合同有效。

2. 抵押权人只能在查封、扣押权受偿后，就剩余的担保物价值受偿。

法条链接 《担保制度解释》第37条第2款。

🔆 **总结梳理**

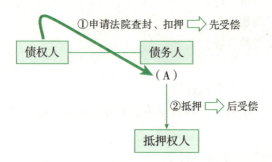

三、抵押人转让抵押物

（一）受让人可否取得抵押物的所有权

1. 原则

抵押人在抵押期间，转让抵押物予受让人，无需征得抵押权人的同意，只需通知抵押权人即可。因此，抵押人对抵押物的转让，为有权处分，受让人可继受取得所有权。

2. 抵押人、抵押权人约定抵押物不得转让

抵押人、抵押权人约定禁止转让抵押财产，抵押人违反约定转让抵押财产的，受让人能否取得抵押物的所有权，需视受让人是否知道或应当知道该"禁止抵押物转让"的约定而定。

（1）"禁止抵押物转让"的约定未经登记，抵押物已经交付、登记的，"善意受让人"可以取得抵押物的所有权。与此同时，抵押权人有权请求抵押人承担违约责任。

（2）"禁止抵押物转让"的约定已经登记，抵押财产已经交付或者登记的，受让人不得取得抵押权的所有权。但是，受让人代替债务人清偿债务导致抵押权消灭的除外。

🟩 **一针见血** 抵押物转让时，受让人所有权的取得条件：

抵押物转让，受让人能否取得所有权，与受让人是否知道"受让物为抵押物"无关，与受让人是否知道"不得转让之约定"有关。

🧍 **迷你案例**

案情：乙向甲银行贷款，丙以物 A 向甲银行设立抵押。双方约定，抵押期间，丙不得将物 A 转让予他人。但是，丙却将物 A 出卖给李四，并且向李四交付（登记）。

问1：如果甲银行与丙关于物 A 不得转让的约定未经登记，则李四能否取得物 A 的所有权？

答案：若李四是善意的，即不知道且不应当知道不得转让之约定的，则可以取得物 A 的所有权；反之，则不可取得物 A 的所有权。

问2：如果甲银行与丙关于物 A 不得转让的约定已经登记，则李四能否取得物 A 的所有权？

答案：不能，除非李四替乙向甲银行偿还借款，消灭甲银行的抵押权。

总结梳理

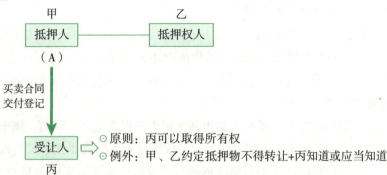

（二）受让人取得不动产抵押物所有权

因不动产抵押权已经登记，故抵押权不受影响，抵押权仍可对受让人继续主张。

一针见血 不动产抵押物转让与正常买受人：

不动产抵押物转让，受让人不存在正常买受人问题。

总结梳理

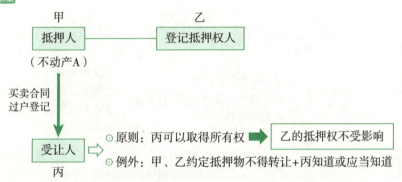

（三）受让人取得动产抵押物所有权

1. 受让人取得所有权且构成"正常买受人"

（1）原则

受让人构成"正常买受人"的，不适用"未经登记的抵押权，不得对抗善意第三人"的一般规则。因此：

❶受让人取得所有权时，抵押权消灭；

❷抵押权人有权就抵押人转让抵押物所得的价金，主张提前清偿或提存。

（2）"正常买受人"的积极条件

抵押物受让人同时具备如下条件的，构成"正常买受人"：

❶在抵押人的正常经营活动中购买抵押物，即抵押人的经营活动属于其营业执照明确记载的经营范围，且抵押人持续销售同类商品。

一针见血 正常经营活动的理解：

抵押人将"产品"抵押后销售的，"产品"销售行为构成正常经营活动。

❷买受人已经支付了合理的对价。

❸买受人已经取得了抵押物的所有权。

（3）"正常买受人"的消极条件

抵押物买受人具有如下情形之一的，不构成"正常买受人"：

❶购买商品的数量明显超过一般买受人。这意味着，买受人购买商品旨在转售营利，故买受人不构成"正常买受人"。

❷购买抵押人的生产设备。抵押人销售其使用生产设备生产的商品，属于正常经营活动；而出售生产设备，则不属于正常经营活动，故买受人不构成"正常买受人"。

❸订立买卖合同的目的在于担保债务的履行。此时，买受人实际取得的并非所有权，而是担保权，故应当按照"未经登记的抵押权，不得对抗善意第三人"的一般规则处理，而不适用"正常买受人"的规则。

❹买受人与抵押人存在直接或者间接的控制关系。此时，存在双方串通损害抵押权人的可能性，故买受人不构成"正常买受人"。

总结梳理

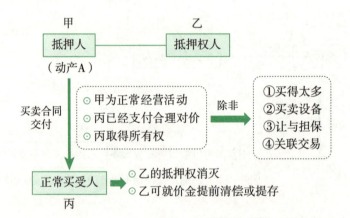

迷你案例

案情：乙公司向甲银行贷款，并以机器设备A向甲银行设立抵押。抵押期间，乙公司将机器设备A出卖给丙公司，并向丙公司交付。

问1：如果丙公司尚未支付价款，则丙公司是否构成正常买受人？

答案：不构成。抵押物受让人未支付合理价款的，不构成正常买受人。

问2：如果乙公司是生产、销售儿童玩具的厂商，机器设备A为其生产工具，则丙公司是否构成正常买受人？

答案：不构成。抵押人对外转让生产设备的行为，并非正常经营活动，故受让人不构成正常买受人。

问3：如果丙公司是生产、销售与机器设备A同类机器设备的厂商，而丙公司从乙公司处购买了20台，超越了一般购买人的正常情况，则丙公司是否构成正常买受人？

答案：不构成。抵押物受让人购买的数量超越一般购买人的正常情况的，不构成正常买受人。

问 4：如果丙公司是生产、销售与机器设备 A 同类机器设备的厂商，乙公司将机器设备 A 出卖给丙公司，旨在为丙公司的债权进行让与担保，则丙公司是否构成正常买受人？

答案：不构成。抵押人与受让人之间的交易，并非抵押物的转让，而是让与担保的，受让人不构成正常买受人。

问 5：如果丙公司是生产、销售与机器设备 A 同类机器设备的厂商，且是乙公司的控股公司，则丙公司是否构成正常买受人？

答案：不构成。抵押人与受让人之间存在直接或间接控制关系的，受让人不构成正常买受人。

2. 受让人取得所有权但不构成"正常买受人"

受让人不构成"正常买受人"的，依据"未经登记的抵押权，不得对抗善意第三人"的一般规则处理。具体来讲：

（1）抵押权登记的，抵押权不受影响，抵押权人仍可继续对受让人行使抵押权。

（2）抵押权未登记，且受让人为善意的，受让人取得所有权时，抵押权消灭。此时，抵押权人有权就抵押人转让抵押物所得的价金，主张提前清偿或提存。反之，抵押权未登记，且受让人为恶意的，抵押权不受影响，抵押权人仍可继续对受让人行使抵押权。

法条链接 《民法典》第 404、406 条；《担保制度解释》第 56 条。

总结梳理

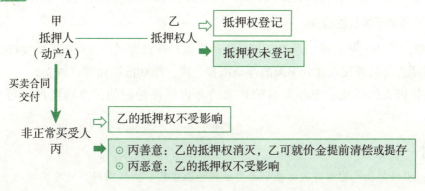

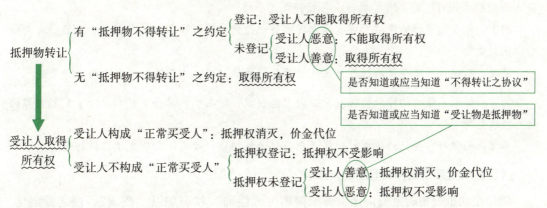

一针见血 登记的动产抵押权对抵押物受让人的对抗效力：

⊙ 登记的抵押权，不得对抗正常买受人。

⊙ 未登记的抵押权，不得对抗正常买受人，也不得对抗善意受让人。

四、浮动抵押

浮动抵押，是指抵押人将其"全部动产"作为一个物，抵押给抵押权人，用以担保抵押权人的特定债权的担保方式。在浮动抵押设立之后，抵押物的范围并不确定。此时，抵押人的生产经营活动还在正常进行，浮动抵押物的范围处于动态变化之中，直至抵押人需要实现抵押权时，抵押权人方才可以请求确定抵押物的范围。

迷你案例

案情：甲独资企业主将其"全部动产"（生产设备、原材料、产品、半成品）抵押给乙银行。此时，抵押物（"全部动产"）的范围，在抵押设立之后、抵押实现之前，因甲独资企业的生产经营而处于动态变化之中。

问题：抵押权能否成立？

答案：能。①浮动抵押本质为动产抵押，采取"公示对抗"的物权变动模式，浮动抵押合同生效，浮动抵押权即告设立；②抵押物的范围不特定，并不影响浮动抵押权的设立。

一针见血 浮动抵押设立后抵押人取得的动产：

浮动抵押设立之后，抵押人取得的动产依然属于浮动抵押物的范围，负担浮动抵押权。

（一）浮动抵押权的设立

浮动抵押作为一种特殊的动产抵押，依然采取动产抵押"公示对抗"的物权变动模式。

1. 抵押人与抵押权人订立书面的浮动抵押合同，浮动抵押权即可成立。

2. 在抵押人住所地的市场监督管理部门办理抵押登记的，浮动抵押权可以对抗第三人。

迷你案例

案情：甲将其现有的和将有的全部动产抵押给乙银行。抵押期间，甲又将其中一台机器设备 A 抵押给丙银行，并办理了机器设备抵押登记手续。

问1：如果乙银行的浮动抵押权设立时已登记，则在机器设备 A 的价值上，乙银行与丙银行谁优先受偿？

答案：乙银行。先登记的抵押权优先于后登记的抵押权，故乙银行优先于丙银行受偿。

问2：如果乙银行的浮动抵押权设立时未办登记，则在机器设备 A 的价值上，乙银行与丙银行谁优先受偿？

答案：丙银行。登记的抵押权优先于未登记的抵押权，故丙银行优先于乙银行受偿。

（二）确定浮动抵押物范围的条件

确定浮动抵押物的范围，是指将抵押物由"浮动"状态加以"凝固"，使之特定化。

其目的在于为实现抵押权创造条件。浮动抵押物确定的条件包括：

1. 债务履行期届满，债权未实现。

2. 抵押人被宣告破产或者解散。

3. 当事人约定的实现抵押权的情形。

4. 严重影响债权实现的其他情形。例如，因抵押人经营不善，浮动抵押物的价值急剧减少，为保全浮动抵押权，此时浮动抵押物的范围确定。

法条链接《民法典》第396、411条。

总结梳理

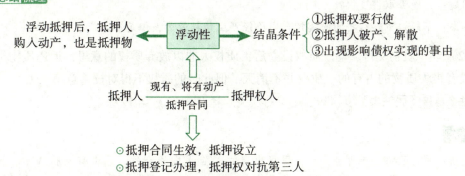

31 质 权

一、动产质权

（一）订立质权合同

1. 质权合同自成立时生效，即在债权人与出质人之间，形成债权债务关系。

2. 债权人有权请求出质人交付质物。出质人违反交付债务的，应承担违约责任。

迷你案例

案情：甲与乙订立质押合同，约定甲将电脑A出质给乙。

问题：在合同成立后，质物交付前，乙能否取得质权？

答案：不能。但是乙享有请求甲交付质物的债权。甲不履行交付质物的债务，需向乙承担质押合同上的违约责任。

（二）交付质物

1. 质物的交付，导致动产质权的设立。

2. 质物的交付，还意味着质权合同中出质人债务的履行。

（三）质物交付的方法

1. 现实交付，即出质人将动产质物的直接占有移转予债权人。

2. 观念交付

（1）动产质权的设立，禁止采用观念交付中的占有改定方式。即当事人约定由债权人享有质权，但是出质人继续保留对质物的直接占有的，该约定无效，视为质物没有交付，动产质权不能设立。

迷你案例

案情：甲欲将电脑A与乙订立质押合同，约定质押合同成立时，乙即取得质权。甲代乙保管电脑A三天后，再将电脑A交给乙。

问题：乙能否取得质权？

答案：不能。甲、乙之间的质押合同已经产生债权效力，但是乙不能取得质权。

（2）动产质物交付、动产质权设立后，质权人非以放弃质权的意思，返还质物予出质人，或者丧失质物的占有的，质权并不消灭。但此时的质权不得对抗善意第三人。

法条链接 《民法典》第429条；《物权编解释（一）》第17条。

迷你案例

案情：甲与乙订立质押合同后，甲将出质的电脑A向乙交付。乙占有电脑A后，因家中装修，又将其返还予甲，让甲为其保管。

问1：乙的质权是否消灭？

答案：否。乙将质物返还给甲，并非以放弃质权的意思为之，故乙的质权并不消灭。

问2：如果甲再将电脑A出质给不知情的丙，并且向丙交付，则该行为对乙的质权产生什么影响？

答案：因乙的质权不具有直接占有的外观，进而不具有对抗善意第三人的效力，故丙的质权优先于乙的质权受偿。

问3：如果甲再将电脑A出卖给不知情的丙，并且向丙交付，则该行为对乙的质权产生什么影响？

答案：因乙的质权不具有直接占有的外观，进而不具有对抗善意第三人的效力，故乙的质权消灭。

总结梳理

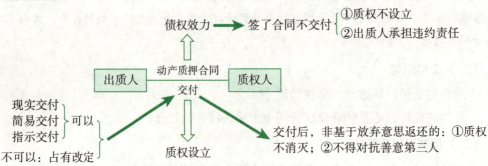

二、有价证券权利质权

有价证券权利质权，是指以汇票、支票、本票、债券、存款单、仓单、提单等有价证券上所记载的权利为客体的质权。

（一）有价证券权利质权的设立

1. 原则

有价证券权利质权采取"公示成立"的物权变动模式。因此：

（1）出质人与债权人订立书面的质权合同。合同一经成立即告生效，即产生债权债务效力。

（2）出质人向债权人交付有价证券，质权设立。没有权利凭证的，质权自有关部门办理出质登记时设立。

2. 几种特殊情况

（1）汇票质权的设立

以汇票出质的，出质人交付汇票之前，应背书记载"质押"字样并签章。质权自交付时设立。

（2）仓单、提单质权的设立

以仓单、提单出质的，出质人交付仓单、提单之前，应背书记载"质押"字样并经保管人签章。质权自交付时设立。

（二）先于债权到期的有价证券权利质权的实现

有价证券的兑现日期或者提货日期先于主债权到期的，质权人可以兑现或者提货，并与出质人协议将兑现的价款或者提取的货物提前清偿债务或者提存。

一针见血 出质有价证券先于主债到期：

质权人实现有价证券质权，不受"债务到期未履行"之事实的影响。

法条链接 《民法典》第 441、442 条；《担保制度解释》第 58、59 条。

迷你案例

案情：甲公司从乙公司处借款 100 万元，并将一张定期存单出质给乙公司，用以担保乙公司对甲公司的借款债权。该存单现已到期，而甲公司的债务履行期尚未届满。

问 1：甲公司是否发生"债务到期不履行"的事实？

答案：否。甲公司的债务尚未到期。

问 2：乙公司能否凭出质的存单提款？

答案：能。有价证券的兑现、提货日期先于主债权到期的，质权人可以兑现或者提货。

问 3：乙公司凭出质的存单所提之款项，如何处理？

答案：与甲公司协商，提前清偿债务或提存。

💡**总结**梳理

三、股权质权、知识产权质权、应收账款债权质权

除有价证券权利质权外，股权、知识产权、应收账款债权也可用于权利质押。其中，可质股权包括两类，即公司股权和基金份额；知识产权作为复合性权利，其可用作质押的仅限于其中的财产性权利；应收账款债权，是指以金钱为标的的债权。

股权质权、知识产权质权、应收账款债权质权的设立，也采取"公示成立"的物权变动模式。因此：

1. 出质人与债权人订立书面的质权合同。合同一经成立即告生效，即产生债权债务效力。
2. 在有关机关办理出质登记。出质登记手续完成，质权设立。

[一针**见血**] 权利质权的公示方式：

⊙ 有价证券质权的公示方式，原则为交付，例外为登记。故其属于"以交付为公示方法的担保物权"。

⊙ 股权质权、知识产权质权、应收账款质权的公示方式为登记。故其属于"以登记为公示方法的担保物权"。

[法条链接]《民法典》第443～445条。

💡**总结**梳理

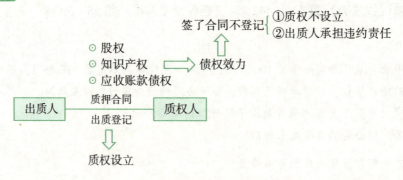

🄧考点 **32** 留 置 权

留置权，是指债权人在债务人到期不履行债务的情况下，扣留债务人的财产，并以其

价值优先受偿的担保物权。留置权是法定担保物权，即留置权依照法定要件即可成立，而无需以当事人对留置达成合意为条件。

一、留置权的成立条件

（一）债权人合法占有债务人的动产

1. "合法占有"，是指债权人对于动产的占有，是债务人基于承揽、运输、行纪等合同关系，自愿交付所致。债权人对拾得、盗抢的债务人动产，不得留置。

2. 留置权的客体，以动产为限。

（二）同一性

1. "同一性"的含义

留置权的同一性，是指债权人占有债务人动产的原因，与债务人承担债务的原因相同，即基于同一个法律关系。换言之，债权人所承担的"返还标的物"的义务，与债务人所承担的"支付价款、报酬"义务之间，是一组交换。

总结梳理

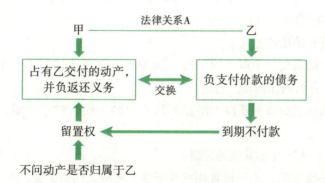

一针见血 双务合同抗辩权和留置权均要求"同一性"，即双方互负的义务是基于同一法律关系。在此基础上：

- ⊙ 因对方的不履行，一方将"自己的"东西不给对方，为双务合同抗辩权。
- ⊙ 因对方的不履行，一方将"对方的"东西不给对方，则为留置权。

迷你案例

案情：甲、乙订立承揽合同，约定乙为甲制作一个书柜。乙做好书柜后，甲不付款，乙遂拒绝向甲交付书柜。

问1："乙交书柜"和"甲付款"之间的关系是什么？

答案：甲以付款为对价，购买乙的加工与交付，故二者之间为交换关系。

问2：如果是甲提供木材交乙制作书柜，那么：

（1）书柜做好后，是谁的？

答案：书柜归甲。原则上，加工物归属于原材料人。

（2）甲不付款，乙拒绝返还衣柜的理由是什么？

答案：留置权。乙拒交书柜，是乙将"甲的东西"不给甲，故为留置权。

问3：如果是乙以自有木材为甲制作衣柜，那么：

(1) 书柜做好后，是谁的？

答案：书柜归乙。原则上，加工物归属于原材料人。

(2) 甲不付款，乙拒绝返还衣柜的理由是什么？

答案：双务合同抗辩权。乙拒交书柜，是乙将"乙的东西"不给甲，故为双务合同抗辩权。

2. "同一性"的法律意义

在具有"同一性"的情况下，纵然留置物的所有权非归属于债务人，债权人也可享有留置权。

3. "同一性"的例外

商事留置权不要求"同一性"要件。

(1) 商事留置权的构成要件

❶ 主体要件。债权人、债务人均需为企业，即以营利为目的的组织。

❷ 债权要件。企业债权人对企业债务人的债权，需为"商事营业债权"，即企业在其经营范围内，因实施商事经营行为所享有的债权。

(2) 商事留置权的法律意义

❶ 商事留置权的成立，不以"同一性"为要件。故企业债权人基于商事留置权，可就其合法占有的债务人的任何动产行使留置权。

❷ 企业债权人基于商事留置权，留置不具有"同一性"的动产时，需以该动产归属于债务人为条件。

一针 见血 "同一性"与留置物的归属：

⊙ 具有"同一性"的，不问留置物归属于谁，债权人均可留置。

⊙ 不具有"同一性"的，债权人可基于商事留置权留置，但需以留置物归属于债务人为条件。

迷你案例

案情：甲公司将车A交给乙修理厂维修。车A修好后，甲公司支付了维修费。

问1：如果一个月前，甲公司的车B的修理费尚未向乙修理厂结清，乙修理厂遂扣留车A，那么：

(1) "返还车A"与"交付车B的修理费"之间是否有交换关系？

答案：否。两者之间不具有同一性。

(2) 乙修理厂享有的债权是否为"商事营业债权"？

答案：是。乙修理厂以修车为业，其对甲公司享有的债权为修车费，属于"商事营业债权"。

(3) 乙修理厂是否有权留置车A？

答案：是。商事留置权的成立，不以同一性为要件。

(4) 若车A是甲公司从他人处租来的，则乙修理厂是否有权留置车A？

答案：否。不具有同一性的，债权人行使商事留置权需以留置物归属于债务人为条件。

问2：如果一个月前，乙修理厂对甲公司享有的20万元债权已经到期，甲公司尚未偿还，乙修理厂遂扣留车A，那么：

（1）"返还车A"与"偿还借款"之间是否有交换关系？

答案：否。两者之间不具有同一性。

（2）乙修理厂享有的债权是否为"商事营业债权"？

答案：否。乙修理厂以修车为业，其对甲公司享有的借款债权，不属于"商事营业债权"。

（3）乙修理厂是否有权留置车A？

答案：否。车A与借款之间不具有同一性，且乙修理厂不享有商事留置权，故不得留置车A。

问3：如果甲公司将一双鞋交给乙修理厂维修，鞋修好后，甲公司未支付修理费，那么：

（1）"返还鞋"与"支付鞋的修理费"之间是否有交换关系？

答案：是。两者之间具有同一性。

（2）乙修理厂享有的债权是否为"商事营业债权"？

答案：否。乙修理厂以修车为业，其对甲公司享有的修鞋费债权，不属于"商事营业债权"。

（3）乙修理厂是否有权留置该鞋？

答案：是。但并非基于商事留置权，而是基于一般留置权。

（4）若该鞋是甲公司从他人处租来的，则乙修理厂能否留置该鞋？

答案：能。具有同一性的，债权人行使留置权不以留置物归属于债务人为条件。

总结梳理

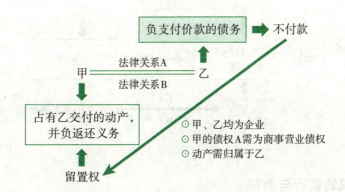

（三）债务人到期不履行债务

需要强调的是，对于抵押权、质权而言，"债务人到期不履行"是实现条件；但对于留置权而言，"债务人到期不履行"则是留置权的成立条件，而非其实现条件。

迷你案例

案情：甲将汽车交乙修理厂维修，约定车辆修好后，甲公司使用一周后没有问题，再支付维修费。

问题：现汽车已修好，甲取车时未支付维修费，乙可否留置该车？

答案：不可以。甲的付款期限尚未届满，不构成到期不履行债务。

（四）留置权成立的限制

1. 法律规定或者当事人约定不得留置的动产，不得留置。留置权的成立不需要以当事人的约定为条件，但是当事人的约定却可以阻止留置权的成立。

2. 留置财产为可分物的，留置财产的价值应当相当于债务的金额，即"等价留置"规则。

3. 债务人对债权人享有抗辩权的，债权人对所占有的债务人的动产不得留置。

一针见血 债务人享有抗辩权与留置权的成立：

债务人基于抗辩权未履行债务，不构成"债务人到期不履行债务"，故债权人不得享有留置权。

 迷你案例

案情：甲将汽车交乙修理厂喷漆，约定取车时支付维修费。甲取车时，发现喷漆有色差。现甲有权根据先履行抗辩权，拒绝支付维修费。

问题：乙能否留置该车？

答案：不能。乙不得留置该车，且需承担重作的违约责任。

总结梳理

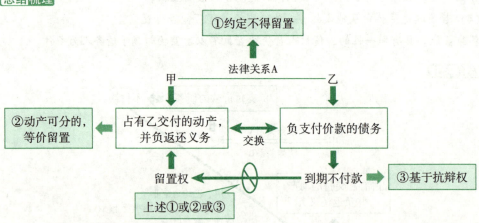

二、留置权的实行与消灭

（一）留置权的实行条件

留置权的实行条件是"债务宽限期满仍不履行"。留置权的宽限期的长度规则为：

1. 在当事人没有约定的情况下，由债权人指定，但是不得少于 60 日。

2. 对于鲜活易腐等不易保管的动产，宽限期可以少于 60 日，但是仍需具有合理性。

一针见血

⊙ "债务到期不履行"为留置权的成立条件。

⊙ "宽限期满仍不履行"为留置权的实行条件。

案情：甲将汽车交乙修理厂维修，约定取车时支付维修费。

问1：此时，乙是否享有留置权？

答案：否。虽然乙占有该汽车，但不享有留置权。

问2：如果甲取车时未支付维修费，则此时，乙是否享有留置权？

答案：是。甲支付维修费与乙返还汽车之间具有同一性，且甲到期未付款，故乙有权留置该汽车。

问3：如果甲取车时未支付维修费，则此时，乙能否行使留置权？

答案：否。行使留置权的条件为债务人宽限期满后仍不履行债务。

问4：如果乙指定甲3个月内缴纳维修费，甲仍未付款，则此时，乙能否行使留置权？

答案：能。乙享有留置权，且甲构成宽限期满后仍不履行债务。

（二）留置权的消灭

1. 留置权人对留置财产丧失占有的，留置权消灭。占有不仅是留置权的成立条件，也是留置权的维持条件。

案情：甲将汽车交乙修理厂维修，约定取车时支付维修费。甲取车时，未交付维修费。

问1：乙是否享有留置权？

答案：是。甲支付维修费与乙返还汽车之间具有同一性，且甲到期未付款，故乙有权留置该汽车。

问2：如果乙将该汽车返还予甲，则乙是否仍享有留置权？

答案：否。乙的留置权因丧失占有而消灭。

一针见血

⊙ 占有标的物是留置权的成立条件，也是留置权的维持条件。丧失占有，留置权消灭。

⊙ 占有标的物是动产质权的成立条件，但不是动产质权的维持条件。丧失占有，动产质权并不消灭，只不过丧失了对抗第三人的效力。

2. 留置权人接受债务人另行提供担保的，留置权消灭。

案情：甲将汽车交乙修理厂维修，约定取车时支付维修费。甲取车时，未交付维修费，乙遂留置该车。甲因急需用车，遂将笔记本电脑向乙出质，担保维修费债务的履行。

问题：此时，乙对汽车是否享有留置权？

答案：否。乙接受甲另行提供的担保，留置权消灭。

法条链接《民法典》第447~457条；《担保制度解释》第62条。

总结梳理

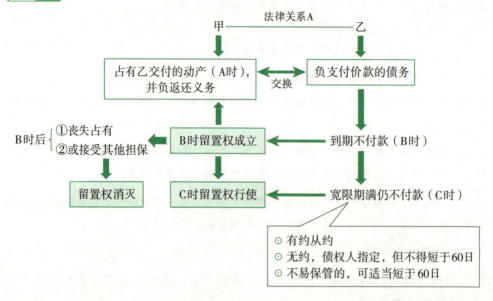

33 担保物权竞存

担保物权竞存，是指一个担保物上，并存2个或者2个以上担保物权的情形。

一、抵押权竞存时的受偿顺位

抵押权竞存，即一物多押，是指一个抵押物上，并存2个或2个以上抵押权的情形。抵押权竞存时的受偿顺位为：

1. 存于一物之上的各抵押权，已登记的先于未登记的清偿。

2. 存于一物之上的各抵押权，均未登记的，按照所担保的债权额的比例清偿。

3. 存于一物之上的各抵押权，均已登记的，按照登记的时间先后顺序清偿；登记时间相同的，按照所担保的债权额的比例清偿。

法条链接《民法典》第414条。

二、"先登记优先于后登记"的例外情形：价款抵押权

（一）价款抵押权的结构

1. 主体。价款抵押权人，是因为买受人购买动产提供价金融资，从而对买受人享有"价金融资债权"的"价款融资人"。其包括：

（1）赊账销售的出卖人；

（2）买受人价金借款的出借人。

一针见血 价款抵押权的理解：

你为我融资买"它"，我用"它"向你抵押，该抵押权即为价款抵押权。

迷你案例

案情：乙公司欲从甲公司处以100万元的价格购买机器设备A，双方约定甲公司先行交付机器设备A，乙公司1年内支付价款。

问1：谁对乙公司购买机器设备A提供了价款融资？

答案：甲公司。甲公司是赊账销售的出卖人。

问2：如果甲公司不同意赊账销售，马小芸借给乙公司100万元，使其向甲公司支付价款，乙公司1年内偿还借款，则谁对乙公司购买机器设备A提供了价款融资？

答案：马小芸。马小芸是价金借款的出借人。

2. 客体。价款抵押权的客体，就是买受人接受价款融资后所购买的动产。

（二）价款抵押权的效力

1. 出卖人向买受人交付动产之日起10日内，买受人向"价款融资人"办理抵押登记的，"价款融资人"的抵押权可优先于"买受人以该动产为其他人设立的抵押权、质权"受偿。

一针见血 "买受人以该动产为其他人设立的抵押权"，包括买受人此前所设立的浮动抵押权。

2. 反之，倘若买受人将该动产抵押给"价款融资人"，却没有办理抵押登记，或办理抵押登记的时间在交付之日起10日之后，则"价款融资人"的抵押权只能适用上述一般受偿顺序规则。

3. 同一动产上存在多个价款抵押权的，应当按照登记的时间先后确定清偿顺序。

法条链接 《民法典》第416条；《担保制度解释》第57条。

迷你案例

案情：1月2日，甲公司将机器设备A抵押给建设银行，办理了抵押登记手续。1月5日，乙公司将其现有及将有的所有动产为工商银行设立浮动抵押，并办理了抵押登记。1月8日，甲公司将机器设备A以100万元的价格出卖给乙公司，约定乙公司向甲公司支付首期款40万元后，即可取走该设备，余款1年内付清。马小芸向乙公司借款40万元，使乙公司向甲公司支付了首期款。1月10日，甲公司将机器设备A交付予乙公司。1月12日，乙公司将机器设备A抵押给丙公司，办理了抵押登记。1月15日，乙公司将机器设备A出质给丁公司并交付。1月17日，乙公司将机器设备A抵押给马小芸，担保马小芸的40万元借款债权，办理了抵押登记。1月19日，乙公司将机器设备A抵押给甲公司，担保乙公司欠付的60万元价金债权，办理了抵押登记。1月25日，因丁公司对机器设备A保管不善，发生毁损，丁公司遂将其交予戊公司维修。因丁公司未支付维修费，机器设备A被戊公司留置。

问1：谁是"价款融资人"？

答案：甲公司、马小芸。甲公司赊账销售机器设备A，马小芸提供机器设备A的价金借款。

问2：谁是"抵押物买受人"？

答案：乙公司。抵押物为机器设备A，乙公司是机器设备A的买受人。

问3：谁是"抵押物买受人的其他抵押权人、质权人"？

答案：工商银行、丙、丁公司。①乙公司向工商银行设立浮动抵押后，所购入的机器设备A自动成为浮动抵押权的客体，故本质为乙将机器设备A抵押给了工商银行；②乙公司向丙、丁公司以机器设备A设立了抵押、质押。

问4：甲公司、马小芸的抵押权可否优先于工商银行、丙、丁公司的抵押权、质权？

答案：可以。甲公司、马小芸的抵押权担保其抵押物价款融资债权，且在向乙公司交付后10日内登记，构成价款抵押权，可优先于"抵押物买受人的其他抵押权人、质权人"。

问5：甲公司、马小芸的抵押权可否优先于戊公司的留置权？

答案：不可以。同一动产上竞存多种担保物权的，留置权最为优先。

问6：甲公司、马小芸的抵押权可否优先于建设银行的抵押权？

答案：不可以。建设银行是甲公司所设定的抵押，并非"抵押物买受人的其他抵押权人"，故甲公司、马小芸不得凭价款抵押权优先于建设银行受偿，而只能适用一般受偿顺序规则，即建设银行的抵押权登记在甲公司、马小芸之前，可优先于甲公司、马小芸受偿。

问7：甲公司、马小芸的抵押权受偿顺位如何？

答案：马小芸的抵押权优先于甲公司的抵押权受偿。同一动产上存在多个价款抵押权的，应当按照登记的时间先后确定清偿顺序。

问8：本题中，竞存于机器设备A上的各担保物权受偿顺位如何？

答案：戊公司的留置权——建设银行的抵押权——马小芸的抵押权——甲公司的抵押权——工商银行的浮动抵押权——丙公司的抵押权——丁公司的质权。

总结梳理

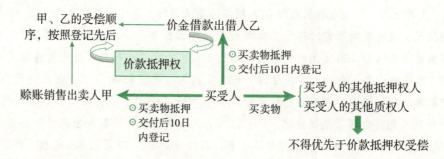

三、部分抵押权变更

一物多押时，抵押人与抵押权人之间，以及抵押权人之间，可以通过协议约定，变更部分抵押权的内容，如变更抵押权顺位、被担保的债权数额等内容。其限制在于：未经其他抵押权人书面同意的，不得对其他抵押权人产生不利影响。

1. 部分抵押权变更之前，其他抵押权人所拥有的"固有利益"，可以因部分抵押权的变更而增加。

案情：甲先后将房 A 抵押给乙、丙，依次登记，分别担保乙 50 万元、丙 70 万元的债权。此外，丁对甲享有债权 50 万元。甲与乙协商，将乙受担保的债权额由 50 万元减少至 30 万元，并办理了抵押变更登记手续。现房 A 变价若干。

问题：乙、丙如何受偿？

答案：乙先受偿 30 万元，丙后受偿 70 万元；剩余价金向丁清偿。

2. 部分抵押权变更之前，其他抵押权人所拥有的"固有利益"不得因部分抵押权的变更而减少。

案情：甲先后将房 A 抵押给乙、丙，依次登记，分别担保乙 50 万元、丙 70 万元的债权。此外，丁对甲享有债权 50 万元。甲与乙协商，将乙受担保的债权额由 50 万元增加至 70 万元，并办理了抵押变更登记手续。现房 A 变价 150 万元。

问题：乙、丙如何受偿？

答案：乙先受偿 50 万元，丙后受偿 70 万元，乙再后受偿 20 万元；剩余价金向丁清偿。

一针见血 部分抵押权变更后果的理解：

⊙ 部分抵押权可以变更。

⊙ 损害其他抵押权人利益的，变更的部分顺位后移。

法条链接 《民法典》第 409 条。

总结梳理

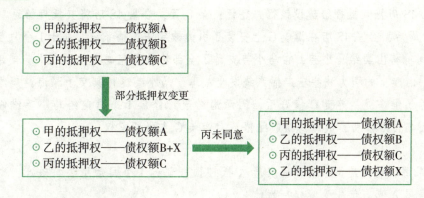

四、不同担保物权竞存

1. 动产上不同担保物权竞存的受偿顺序

（1）第一顺位：留置权。留置权作为法定担保物权，具有优先于抵押权、质权等约定担保物权受偿的法律效力。

(2) 第二顺位：登记的抵押权和占有质物的质权。登记的抵押权和占有质物的质权并存于一物时，先具备公示外观的担保物权优先于后具备公示外观的担保物权，即"先公示者优先"。需要注意的是，"先公示者优先"规则存在着价款抵押权的例外。此点已如前述，兹不复赘。

(3) 第三顺位：未登记的抵押权和未占有质物的质权。进而，未登记的抵押权和未占有质物的质权并存于一物时，未占有质物的质权优先于未登记的抵押权。

2. 不动产上不同优先受偿权的受偿顺位

(1) 第一顺位：建设工程优先权；

(2) 第二顺位：抵押权。

法条链接《民法典》第 415、456 条；《建设工程施工合同解释（一）》第 36 条。

 小综案例

案情：甲公司从建设银行贷款 100 万元。为担保建设银行的债权，甲公司以房屋 A 向建设银行设立抵押；宋大江以机器设备 B 向甲银行设立抵押，但未办理抵押登记；金星游艇 4S 店以游艇 C 向建设银行设立抵押，并办理了抵押登记。因甲公司的房屋 A 刚刚建成，尚未办理首次登记，故双方订立抵押合同后，办理了抵押预告登记。2 个月后，甲公司办理了房屋 A 的首次登记，并将其抵押给工商银行，办理了抵押登记，以担保自己在工商银行的 80 万元贷款。随后，甲公司为建设银行办理了抵押登记。抵押期间，宋大江将机器设备 B 出卖给不知情的秦光明，并向秦光明交付。经查，金星 4S 店向建设银行抵押的游艇 C 是从远航造船厂购得，且未付价金。远航造船厂将该游艇 C 交付给金星 4S 店后的第 3 天，金星 4S 店将其抵押给建设银行并登记；第 8 天，金星 4S 店将其抵押给远航造船厂并登记；1 周后，金星 4S 店在游艇 C 上安装了引力波宇宙广播系统，并于 1 个月后将该游艇 C 以合理价格出卖给马小芸，在马小芸支付了全部价款后完成交付。马小芸使用游艇 C 的过程中，游艇上的引力波宇宙广播系统发生故障，马小芸遂将其交予深海游艇维修厂修理，并预付了维修费。游艇 C 修好后，因深海游艇维修厂 1 个月前给马小芸维修游艇 D 后，马小芸欠付维修费，故深海游艇维修厂对游艇 C 主张留置权。

问题：

1. 如果甲公司为建设银行办理房屋 A 抵押预告登记 1 个月后甲公司破产，则建设银行能否对房屋 A 享有优先受偿权？为什么？

2. 建设银行的抵押权与工商银行的抵押权受偿顺位如何？为什么？

3. 宋大江将机器设备 B 出卖给秦光明后，建设银行能否对机器设备 B 行使抵押权？为什么？

4. 如果宋大江与建设银行约定，抵押的机器设备 B 不得转让，且该约定已经登记，则宋大江将机器设备 B 出卖给秦光明后，建设银行能否对机器设备 B 行使抵押权？为什么？

5. 金星 4S 店将游艇 C 出卖给马小芸之前，建设银行的抵押权与远航造船厂的抵押权能否及于游艇 C 上的引力波宇宙广播系统？为什么？

6. 金星 4S 店将游艇 C 出卖给马小芸之前，在游艇 C 上，建设银行的抵押权与远航造船厂的抵押权受偿顺位如何？为什么？

7. 金星 4S 店将游艇 C 出卖给马小芸之后，建设银行与远航造船厂能否对该游艇 C 继续享有抵押权？为什么？

8. 如果经查，马小芸是金星 4S 店的股东，则金星 4S 店将游艇 C 出卖给马小芸后，建设银行与远航造船厂能否对该游艇 C 继续享有抵押权？为什么？

9. 深海游艇维修厂能否对游艇 C 主张留置权？为什么？

答案：

1. 不能。甲公司为自己的债务担保，且预告登记至破产时隔不满 1 年，故建设银行不能享有优先受偿权。

2. 建设银行的抵押权可优先于工商银行受偿。甲公司办理首次登记时，建设银行的抵押预告登记未失效，建设银行抵押权登记的时间为其办理预告登记的时间，在工商银行办理抵押登记之前，故建设银行的抵押权可优先于工商银行受偿。

3. 不能。动产抵押权未登记的，不得对抗善意买受人。故秦光明取得机器设备 B 的所有权后，建设银行的抵押权消灭，建设银行只能就秦光明支付的价金主张提前清偿债务或者提存。

4. 能。抵押权人与抵押人间"抵押物不得转让"的约定已经登记的，抵押物受让人不能取得所有权。故抵押权人与抵押物受让人之间不存在对抗关系，建设银行能对机器设备 B 行使抵押权。

5. 不能。引力波宇宙广播系统是抵押后抵押物上的新增物，其不属于抵押物的范围。在抵押权行使过程中，引力波宇宙广播系统应随游艇 C 一并变价，但该系统变价所得价金，抵押权人不得主张优先受偿。

6. 远航造船厂的抵押权优先于建设银行的抵押权。远航造船厂的抵押权为交付后 10 日内登记的价款抵押权，可优先于抵押物买受人（金星 4S 店）的其他抵押权人（建设银行）受偿。

7. 不能。金星 4S 店出卖游艇 C 的行为构成正常经营活动，马小芸已经支付了合理的对价，并取得所有权，构成正常买受人。建设银行与远航造船厂的抵押权不得对抗正常买受人，故归于消灭，建设银行与远航造船厂只能就游艇 C 出卖所得价金主张提前清偿债务或提存。

8. 能。金星 4S 店与马小芸的游艇买卖构成关联交易，此时马小芸不构成正常买受人。因建设银行的抵押权与远航造船厂的抵押权均已登记，可对抗马小芸的所有权，故抵押权不受影响。

9. 不能。首先，游艇D的维修费与游艇C的返还属于两个法律关系，不具有同一性。其次，虽然在不具有同一性的情况下，基于商事留置权也可留置，但商事留置权的主体要件为债权人、债务人均为企业，且债权为商事债权。本题中，尽管深海游艇维修厂的游艇D维修费债权是商事营业债权，但马小芸并非企业，故深海游艇维修厂也不得基于商事留置权留置游艇C。

第 **9** 讲

··· 物保的特殊形式：所有权担保 ···

⑱考点 **34** 保留所有权买卖合同与融资租赁合同

一、本质

1. 保留所有权买卖合同，出卖人以保留的动产买卖物所有权担保价金债权的实现。

2. 融资租赁合同，出租人以保留的动产租赁物所有权担保融资款本息债权的实现。

一针见血 所有权担保的理解：

⊙ 担保人可以他物权设立担保，如抵押、质押。

⊙ 担保人也可以所有权设立担保，如保留所有权、融资租赁、让与担保。

二、所有权的对抗效力

1. 出卖人、出租人的所有权，无论是否登记，均不得对抗"正常买受人"。

法条链接 《担保制度解释》第 57 条。

总结梳理

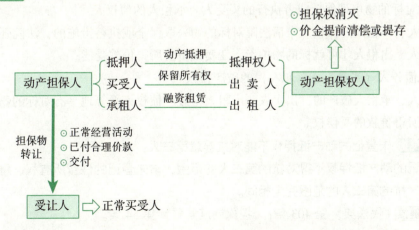

迷你案例

1. 案情：制造商甲与电器销售商乙订立了 100 台电脑的分期付款买卖合同，双方约定价款付清前，甲保留电脑的所有权。后甲向乙交付了电脑，乙在付清全款之前，将其中 1 台电脑以市价出卖给支付了全部价款的丙，且向丙交付了该电脑。

问题：甲对于该电脑是否仍享有所有权？

答案：否，甲的所有权归于消灭。原因：

（1）乙基于正常经营活动，将电脑出卖给了丙并完成交付，丙支付了合理价款，故丙为正常买受人；

（2）与动产抵押权相同，所有权保留不得对抗正常买受人，故甲的所有权归于消灭。

2. 案情：融资租赁公司甲与电器销售商乙订立 100 台电脑的融资租赁合同后，甲为乙购买了该批电脑，并向乙完成了交付。乙在付清租金之前，将其中 1 台电脑以市价出卖给支付了全部价款的丙，且向丙交付了该电脑。

问题：甲对于该电脑是否仍享有所有权？

答案：否，甲的所有权归于消灭。原因：

（1）乙基于正常经营活动，将电脑出卖给了丙并完成交付，丙支付了合理价款，故丙为正常买受人；

（2）与动产抵押权相同，融资租赁合同中出租人的所有权不得对抗正常买受人，故甲的所有权归于消灭。

2. 出卖人、出租人的所有权，未经登记，不得对抗善意第三人。其中，"善意第三人"的范围包括：

（1）善意受让人

买受人将标的物出卖给善意受让人，且完成交付的，出卖人的所有权归于消灭。

（2）善意承租人

承租人将标的物出租给善意承租人，且完成交付的，出租人对标的物变卖受偿时，善意承租人可以主张买卖不破租赁之保护。

（3）对标的物申请保全或者执行的买受人、承租人的债权人

买受人、承租人的债权人申请法院对标的物采取保全或执行措施的，法院强制执行之后，出卖人、出租人才可就标的物拍卖、变卖或折价所得价款受偿。

（4）债务人（买受人、承租人）的破产债权人

买受人、承租人破产的，出卖人、出租人与破产债权人平等地享有对标的物拍卖、变卖、折价所得价款的受偿权。

一针见血 未登记的动产抵押权不能对抗善意第三人：

未登记的动产抵押权不得对抗的第三人的范围，与未登记的保留所有权、融资租赁所有权不得对抗的第三人的范围完全相同。

法条链接《民法典》第 403 条；《担保制度解释》第 54 条。

总结梳理

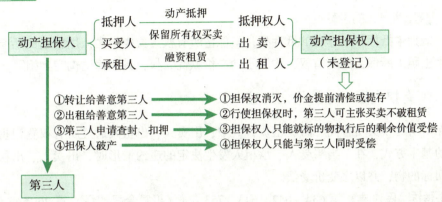

3. 出卖人、出租人的所有权在标的物交付后 10 日内登记的，可以对抗买受人、承租人的其他抵押权人、质权人。

法条链接《民法典》第 416 条；《担保制度解释》第 57 条。

总结梳理

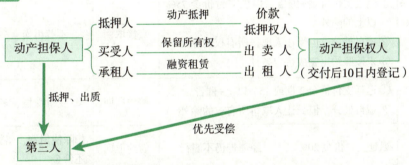

迷你案例

案情：1 周前，甲公司为从乙银行贷款，将自己现有和将有的机器设备、原材料、产品、半成品向乙银行设立抵押，并办理了登记手续。

问 1：现甲公司从丙公司购买机器设备 A，双方约定在甲公司付清价款前，丙公司保留机器设备 A 的所有权。丙公司将机器设备 A 交付予甲公司后的第 3 天，甲公司将机器设备 A 向丁公司出质并完成交付；第 6 天，丙公司办理了所有权保留登记手续。若因甲公司逾期支付价款，丙公司依法将机器设备 A 取回并另行出卖，则丙公司保留的所有权能否优先于乙银行的抵押权、丁公司的质权受偿？

答案：能。价款优先权可适用于保留所有权买卖中出卖人所保留的所有权。

问 2：现甲公司与丙公司订立融资租赁合同，丙公司购买机器设备 A 后，将机器设备 A 交付予甲公司。第 3 天，甲公司将机器设备 A 向丁公司出质并完成交付；第 6 天，丙公司办理了出租人所有权登记手续。若因甲公司逾期支付价款，丙公司依法解除融资租赁合同，将机器设备 A 取回并变价受偿，则丙公司的租赁物所有权能否优先于乙银行的抵押权、丁公司的质权受偿？

答案：能。价款优先权可适用于融资租赁中出租人所保留的所有权。

一针见血 动产上的价款优先权：

动产抵押中抵押权人享有的抵押权，与保留所有权买卖中出卖人所保留的所有权、融资租赁中出租人所保留的所有权，均属于动产价款优先权，其法律结构完全相同。

三、所有权人取回标的物之比较

在保留所有权买卖合同、融资租赁合同中，出卖人、出租人通过所有权登记担保其债权实现的基本方式，在于当买受人、承租人发生法定的违约情形时，出卖人、出租人有权依法取回标的物，并以之变价受偿。

法条链接 《民法典》第 634、642、643、753 条；《买卖合同解释》第 26 条；《融资租赁合同解释》第 5 条。

总结梳理

	取回事由	取回方法	取回后的处理
保留所有权买卖合同	①迟延支付价金+催告，但已支付价金75%以上的除外 ②擅自处分，但受让人取得所有权的除外 ③未按照约定完成特定条件	直接取回	不赎再卖、多退少补
融资租赁合同	①迟延支付价金2期或15%以上+催告 ②擅自处分，但受让人取得所有权的除外	解约取回	变价受偿、多退少补
分期付款买卖合同	迟延支付价金20%以上，经催告仍不履行	解约取回	扣除使用费、赔偿金后，返还价金

四、债务清偿后标的物的处理

1. 保留所有权买卖物的处理

买受人付清价款后，出卖人所保留的所有权消灭，买受人取得买卖物的所有权。

2. 融资租赁物的处理

（1）有约定的，从其约定。当事人约定租赁期限届满，承租人仅需向出租人支付象征性价款的，视为约定的租金义务履行完毕后，租赁物的所有权归承租人。

（2）没有约定的，租赁物应当返还出租人。

法条链接 《民法典》第 759、760 条。

25 让与担保

让与担保，是指当事人以订立买卖合同为名，行担保债务人义务之实的制度。让与担保可分为"先让与担保"与"后让与担保"两种类型。

一、先让与担保

先让与担保，是指债权人与担保人（债务人或第三人）订立合同，约定将担保物转移给债权人，且担保人事先将担保财产形式上转移至债权人名下，待债务人履行债务后，债权人再将该担保财产返还予担保人。

（一）先让与担保合同的效力

1. 当事人约定"债务人到期不履行债务，债权人有权就担保财产变价受偿"的，让与担保合同有效。

2. 当事人约定"债务人到期不履行债务，担保财产继续归债权人所有"的，该约定因违反流质约款禁止规则而无效，但不影响有关提供担保的意思表示的效力。

（二）先让与担保权的效力

1. 债务人到期不履行债务，债权人、债务人均有权将担保财产变价受偿。担保权已经公示（交付、登记）的，债权人享有优先受偿权。

总结梳理

	钱还上	钱没还
先让与担保	"东西还你"	"东西变价（优先）受偿"

案情：甲欲借给乙100万元，借期1年，本息共计110万元。为担保乙的还本付息，丙与甲订立"买卖合同"，约定："丙将房屋A出卖给甲，价款100万元，甲将价金交付予乙。合同订立后，丙即向甲交房、过户。若乙于1年内向甲偿还110万元，则甲、丙之间的买卖合同解除；否则，甲继续享有房屋A的所有权。"买卖合同订立后，丙将房屋A交付予甲并办理过户登记，甲将100万元"房款"交付予乙。

问1：甲、丙之间的买卖合同效力如何？

答案："若乙到期未还款，则甲继续享有房屋A的所有权"之约定无效，但甲、乙、丙三方有关提供担保的意思表示有效。

问2：如果乙未在1年内向甲偿还110万元，那么：

(1) 丙是否有权请求甲就房屋A变价受偿、多退少补？

答案：有权。让与担保受流质约款禁止规则的约束。

(2) 甲对房屋A的变价所得，能否优先于丙的普通债权人受偿？

答案：能。甲的"所有权"已经登记，可以优先于普通债权人受偿。

2. 股权先让与担保中，股东以将其股权转移至债权人名下的方式为债务履行提供担保，债权人（名义股东）不承担因股东未履行出资义务、抽逃出资所产生的责任。

二、后让与担保

后让与担保，是指债权人与担保人（债务人或第三人）订立合同，约定如果债务人履行债务，则让与合同解除；否则，债权人可请求担保人履行让与合同，移转让与财产的所有权。

（一）后让与担保合同的效力

1. 当事人关于"债务人到期未履行债务，则移转让与财产"的约定，因违反流质约款禁止规则而无效，但不影响其有关提供担保的意思表示的效力。

2. 当事人之间的法律关系，应认定为受担保的债权关系，如借款关系。

（二）后让与担保权的效力

债务人到期不履行还本付息债务的，债权人有权就担保财产变价受偿。但因担保权未经公示（交付、登记），故债权人对担保财产变价所得价金不享有优先受偿权。

总结梳理

	钱还上	钱没还
后让与担保	"东西不要了"	"东西变价（不得优先）受偿"

法条链接《担保制度解释》第 68、69 条。

迷你案例

案情：甲欲借给乙 100 万元，借期 1 年，本息共计 110 万元。为担保乙的还本付息，丙与甲订立"买卖合同"，约定："丙将房屋 A 出卖给甲，价款 100 万元，甲将价金交付予乙。如乙于 1 年内向甲返还 110 万元借款，则甲、丙之间的买卖合同解除；否则，丙应当履行买卖合同，向甲交房、过户。"合同订立后，甲将 100 万元"房款"交付予乙。

问 1：甲、丙之间的买卖合同效力如何？

答案："若乙到期未还款，则丙向甲交房、过户"之约定无效，但甲、乙、丙三方有关担保的意思表示有效。

问 2：如果乙到期未向甲偿付 110 万元，甲遂以买卖合同为依据提起诉讼，请求丙交房、过户，那么：

(1) 法院应按照何种法律关系审理此案？

答案：借贷关系。

(2) 房屋 A 应如何处理？

答案：折价或变价以偿还甲的债权。

(3) 甲对房屋 A 的变价所得，能否优先于丙的普通债权人受偿？

答案：不能。

问 3：如果乙到期未向甲偿付 110 万元，且丙将房屋 A 交付予甲，并办理了过户登记手续，则丙是否有权请求甲就房屋 A 变价受偿、多退少补？

答案：有权。让与担保受流质约款禁止规则的约束。

一针见血 让与担保权的实现方式：

无论是先让与担保，还是后让与担保，担保权的实现方式均为变价受偿。至于担保权人是否对担保财产变价所得享有优先受偿权，应看担保财产是否已经交付或登记。

 小综案例

案情：甲冰箱制造厂（以下简称"甲厂"）与乙电器销售公司（以下简称"乙公司"）订立买卖合同，约定甲厂出卖10台A型冰箱和1辆汽车给乙公司，乙公司在货物交付后的1年内分期付款，且在乙公司支付全部价款前，甲厂保留该10台A型冰箱和1辆汽车的所有权。甲厂向乙公司交付冰箱、汽车后的第3天，乙公司将该10台A型冰箱抵押给了建设银行，担保其在建设银行的贷款，并办理了抵押登记；第8天，乙公司为甲厂办理了10台A型冰箱和1辆汽车的保留所有权登记。1个月后，乙公司将该10台A型冰箱中的1台和该辆汽车以合理价格出卖给宋大江，并在宋大江支付了全部价款后交付。8个月后，乙公司按期向甲厂支付了50%的汽车价款，剩余30%的汽车价款到期未支付，经甲厂反复催告，乙公司仍不履行。1年后，宋大江与马小芸订立买卖合同，约定宋大江将购买的A型冰箱出卖给马小芸，并可在半年内以所得价款105%的价格回赎该冰箱。合同订立后，双方钱货交付完毕。

问题：

1. 在该10台A型冰箱上，建设银行的抵押权与甲厂的保留所有权，受偿顺位如何？为什么？

2. 乙公司将冰箱出卖给宋大江后，甲厂能否就该冰箱继续享有保留所有权？为什么？

3. 乙公司将汽车出卖给宋大江后，甲厂能否就该汽车继续享有保留所有权？为什么？

4. 若乙公司迟延支付汽车价款，甲厂可凭分期付款买卖合同采取何种手段保护自己的债权？

5. 若乙公司迟延支付汽车价款，甲厂可凭保留所有权买卖合同采取何种手段保护自己的债权？

6. 若宋大江未在半年内回赎冰箱，马小芸可以怎么办？为什么？

答案：

1. 甲厂的保留所有权优先于建设银行的抵押权。甲厂在10台A型冰箱上的保留所有权为价款优先权，且已在交付后10日内完成登记，故可优先于买受人（乙公司）的其他担保物权人（建设银行）受偿。

2. 不能。乙公司出卖冰箱给宋大江，构成正常经营活动，宋大江支付了合理价款并取得了该冰箱的所有权，是正常买受人。因甲厂在该冰箱上的保留所有权不得对抗正常买

受人，故归于消灭，甲厂只能就该冰箱的价金主张提前清偿债务或提存。

3. 能。乙公司出卖汽车给宋大江，不构成正常经营活动，宋大江不是正常买受人。因甲厂在该汽车上的保留所有权已经登记，故可对抗受让人宋大江，即甲厂在该汽车上的保留所有权不受影响。

4. 根据分期付款买卖合同，乙公司迟延付款超过汽车总价款的20%，且经催告仍不履行，甲厂可采取两种法律手段保护自己的债权：①要求乙公司一次性支付全部价款；②解除买卖合同，从宋大江处取回汽车，并从乙公司已经支付的50%价款中，扣除使用费、赔偿金后，向乙公司返还剩余价金。

5. 根据保留所有权买卖合同，乙公司迟延付款，经催告仍不履行，且其已付价款未超过汽车总价款的75%，甲厂无需解除合同即可取回汽车。若乙公司到期不赎，则甲厂可以二次出售该汽车，并以二次出售所得价金，扣除取回、二次出售的费用及利息后，与乙公司欠付的价款冲抵，多退少补。

6. 马小芸可将该冰箱变价，并优先受偿。因宋大江与马小芸之间的冰箱买卖合同中约定了回赎条款，且该冰箱已经交付，故该买卖合同的性质为先让与担保。先让与担保中，债务人到期不履行债务的，担保权人有权就担保物变价受偿。因担保物已经交付，让与担保权具有物权性质，故担保权人可以优先受偿。

⋯ 合同债权的担保之二：人保 ⋯

🔍考点 **36** 人保的概念

人保，又称保证，是指在主债务人不履行债务时，由保证人履行主债务的担保形式。

1. 保证是一种约定的担保形式，以保证人和债权人之间的保证合同为基础。

2. 保证人作为保证合同中提供担保的一方，必须是主债务人之外的第三人。主债务人自己为自己债务的履行提供担保，没有意义。

3. 在保证的三方当事人中，并存两个债的关系，即债权人与债务人之间的主债关系、债权人与保证人之间的从债（保证之债）关系。在这两个债的关系中，主债权人既享有主债的债权，也享有从债权（保证权）。

总结梳理

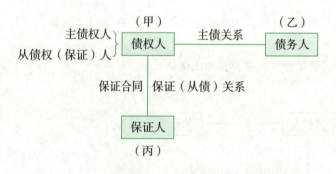

🔍考点 **37** 保证允诺

保证合同必须以保证人作出保证允诺为成立条件。保证允诺的表现形式有二：

1. 表明自己"愿意承担保证责任"。其要素有三：

（1）以"主债务到期不履行"作为承担保证责任的前提。

迷你案例

案情：丙对甲书面表示，向甲偿还乙对甲的债务。

问题：丙是否为保证人？

答案：否。丙的表示并非以"主债务到期不履行"为前提，故不是保证允诺，丙的法律地位是代为履行的第三人。

（2）以"保证人履行债务人的债务"作为承担保证责任的方式。

（3）以"保证人的一般责任财产"作为承担保证责任的物质基础。换言之，保证关系中，债权人的保证权系属债权，其不及于保证人的特定财产，债权人对保证人的特定财产价值不享有优先受偿权。

一针见血 保证允诺的目的：

保证允诺的目的，不在于使债权人对保证人的特定财产享有支配权，而在于使债权人对保证人享有请求权。

迷你案例

案情：丙对甲书面表示，若乙到期不履行其对甲的债务，则丙将自己的房 A 变价，让甲优先受偿。

问题：丙是否为保证人？

答案：否。丙的表示并非是以自己的一般责任财产作为担保的基础，故不是保证允诺，丙不是保证人。

2. 表明保证人身份的，也视为作出了保证允诺。

迷你案例

案情：甲、乙订立书面合同，丙在该合同上签字，并注明"保证人丙"。

问题：丙是否为保证人？

答案：是。丙表明了保证人身份，构成保证允诺。

总结梳理

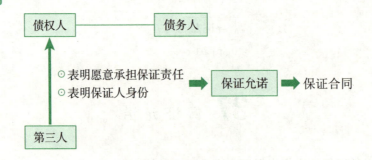

🅧考点 38　连带责任保证与一般保证

一、概念

1. 连带责任保证，是指当事人在保证合同中约定，债务人到期不履行债务时，由保证人与债务人承担连带责任的保证。在连带责任保证中，债务的履行与保证责任的承担，不存在顺序性。

2. 一般保证，是指当事人在保证合同中约定，债务人到期不履行债务时，在债务人最终无力履行的情况下，保证人对债务人不能履行的部分，承担保证责任的保证。

（1）债务人"不能履行债务"的判断标准，是债权人已对债务人"穷尽一切法律手段"；

（2）在债权人对债务人"穷尽一切法律手段"之前，一般保证人享有先诉抗辩权。

一针见血 "穷尽一切法律手段"与"先诉抗辩权"的关系：

在一般保证中，债权人对债务人"穷尽一切法律手段"后，保证人的"先诉抗辩权"消除。

二、连带责任保证与一般保证的区分

1. 保证合同中约定，保证人在债务人"不能履行债务"时，才承担保证责任，即"具有债务人应当先承担责任"的意思表示的，为一般保证。

2. 保证合同中约定，保证人在债务人"不履行债务"时，承担保证责任，即"不具有债务人应当先承担责任"的意思表示的，为连带责任保证。

3. 保证合同中未约定保证责任承担方式或约定不明确的，为一般保证。

三、先诉抗辩权

1. 含义

在一般保证中，基于债务履行与保证责任承担的顺序性，债权人未对债务人"穷尽一切法律手段"之前，请求一般保证人承担保证责任的，保证人有权予以拒绝。此即先诉抗辩权。

保证人抗辩权示意

	债务人抗辩权	先诉抗辩权
连带责任保证人	●	○
一般保证人	●	●

2. 例外

出现以下情况，一般保证人不得主张其享有先诉抗辩权：

（1）债务人住所变更、下落不明、移居境外，且无财产可供执行，致使债权人要求其履行债务发生重大困难的；

（2）法院受理债务人破产案件，中止执行程序的；

（3）债权人有证据证明债务人的财产不足以清偿全部债务或者丧失履行债务能力的；

（4）保证人向债权人或其代理人以书面形式放弃先诉抗辩权的。

3. 债权人怠于执行一般保证人提供的财产线索

基于一般保证人的"后顺位"特征，一般保证人在主债务履行期限届满后，向债权人提供债务人可供执行财产的真实情况，债权人放弃或者怠于行使权利致使该财产不能被执行的，保证人在其提供的可供执行财产的价值范围内，不再承担保证责任。

法条链接《民法典》第686、687条；《担保制度解释》第25条。

总结梳理

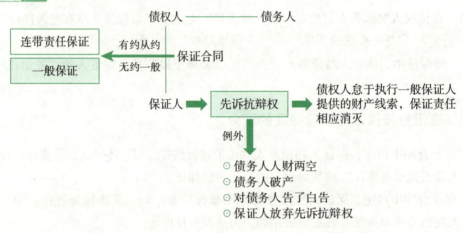

🔖考点 39 保证期间与保证诉讼时效

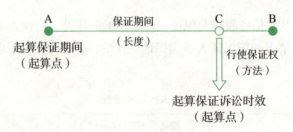

一、保证期间的计算

1. 起算点

（1）原则上，保证期间的起算点为主债务履行期届满之日。

（2）最高额保证的保证期间的起算

最高额保证担保的为2个或2个以上债权。最高额保证人承担保证责任的保证期间的起算，当事人有约定的，从其约定；当事人没有约定或约定不明的，以"债权确定之日"与"最后到期的债权履行期限届满之日"两个时间点中的后者为保证期间的起算点。

 保证期间的法律意义：

债权人未在保证期间内行使保证权的，保证人的保证责任消灭。

迷你案例

案情：甲银行欲向乙公司发放贷款，丙公司与甲银行签订保证合同，约定为甲银行自2018年1月1日至2020年12月31日向乙公司发放的所有贷款提供连带责任保证，最高金额不超过100万元。及至2020年12月31日，乙公司共向甲银行贷款两笔，金额共计80万元，到期日分别是2020年6月15日、2020年8月15日。

问1：债权确定期间为何时？

答案：2020年12月31日。

问2：最后到期的债权履行期限届满之日为何时？

答案：2020年8月15日。

问3：保证期间自何时起算？

答案：2021年1月1日。

2. 保证期间的长度

（1）当事人有约定的，从其约定；

（2）当事人没有约定的，保证期间的长度为6个月；

（3）当事人约定的保证期间早于主债务履行期限届满之日，或者与主债务履行期限同时届满的，以及保证合同约定保证人承担保证责任直至主债务本息还清时为止等类似内容的，视为没有约定。

法条链接 《民法典》第692条；《担保制度解释》第30、32条。

总结梳理

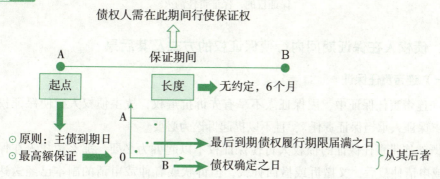

3. 主债期变动对保证责任的影响

主债权人、债务人约定延长或者缩短主债务的到期日，未经保证人书面同意的，保证期间按照原债期起算。

一针见血 主债期变动对保证期间影响之规则的法律意义：

在主债期变动，未经保证人同意的情况下，保证人是否承担保证责任，由债权人是否在按照原债期起算的保证期间之内行使保证权决定。

法条链接《民法典》第695条。

迷你案例

案情：甲、乙订立买卖合同，约定甲将一台电脑以5000元的价格出卖给乙，乙应于2月1日支付价金。丙向甲提供保证，担保乙价金债务的履行，但双方没有约定保证期间。

问1：丙的保证期间如何计算？

答案：自2月1日起6个月，即2月2日至8月2日。

问2：4月10日，甲、乙协商，将乙的价金支付日推迟至5月1日。5月1日后，因乙不支付价金，甲行使保证权。

（1）如果甲行使保证权的时间为7月1日，丙是否应承担保证责任？

答案：是。按原债期计算的保证期间并未届满。

（2）如果甲行使保证权的时间为9月1日，丙是否应承担保证责任？

答案：否。按原债期计算的保证期间已经届满。

总结梳理

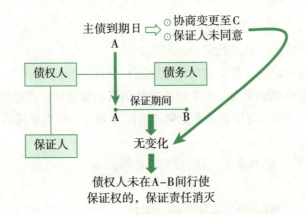

二、债权人在保证期间内行使保证权的方式及其后果

（一）连带责任保证

1. 在连带责任保证中，因保证人不享有先诉抗辩权，故主债权人行使保证权的方式为"请求保证人承担保证责任"，且不以提起诉讼为必要。

2. 既然连带责任保证的债权人行使保证权不以起诉为必要，那么债权人在保证期间内起诉或申请仲裁后，又撤诉或撤回仲裁，但诉状或者仲裁申请的副本已经送达保证人的，应当认定债权人已经行使了保证权。

3. 连带责任保证的债权人在保证期间内行使保证权的，起算连带责任保证诉讼时效。

💡**总结梳理**

连带责任保证中保证权行使方式	后　　果
保证期间内，请求保证人承担保证责任	通知到达之日，起算保证诉讼时效
对保证人起诉、申请仲裁后又撤诉或撤回仲裁，但副本已送达的	诉状副本送达之日，起算保证诉讼时效

4. 在共同保证中，即 2 个或 2 个以上保证人为债权人的债权提供连带责任保证的，债权人应当在保证期间内，请求各个保证人承担保证责任。这意味着：

（1）债权人未在保证期间内请求部分保证人承担保证责任的，后者不再承担保证责任；

（2）保证人之间相互有分担请求权，因债权人未在保证期间内请求部分保证人承担保证责任，导致其他保证人在承担保证责任后丧失分担请求权的，后者有权在不能追偿的范围内免除保证责任。

🔖**一针见血** 部分共同保证人的相应免责条件：

只有在各共同保证人之间存在"分担关系"的前提下，债权人未在保证期间内对部分共同保证人行使保证权，才会导致其他共同保证人相应免责。

法条链接《民法典》第 694 条；《担保制度解释》第 29、31 条。

💡**总结梳理**

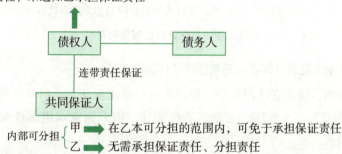

（二）一般保证

1. 保证人享有先诉抗辩权，故债权人行使保证权的方式只能是"对主债务人提起诉讼或者申请仲裁"。

2. 在一般保证中，债权人在保证期间内起诉或申请仲裁后，又撤诉或撤回仲裁的，应当认定为债权人未行使保证权。

3. 一般保证的债权人在保证期间内行使保证权的，自其"穷尽一切法律手段"之日，起算一般保证诉讼时效。"穷尽一切法律手段"之日是指：

（1）对债务人执行完毕之日。

（2）法院作出终结对债务人执行程序裁定的，为裁定送达债权人之日。

（3）法院自收到债权人对债务人的申请执行书之日起 1 年内，未作出终结执行程序裁定的，为法院收到申请执行书满 1 年之日。但是债务人仍有财产可供执行的除外。

（4）存在先诉抗辩权例外事由的，一般保证诉讼时效自债权人知道或者应当知道该情形之日起算。

[法条链接]《民法典》第 694 条；《担保制度解释》第 28、31 条。

[总结梳理]

一般保证中保证权行使方式	后　果
保证期间内，对债务人起诉或申请仲裁的	自"穷尽一切法律手段"之日，起算保证诉讼时效
对债务人起诉、申请仲裁后又撤诉或撤回仲裁，但副本已送达的	未行使保证权

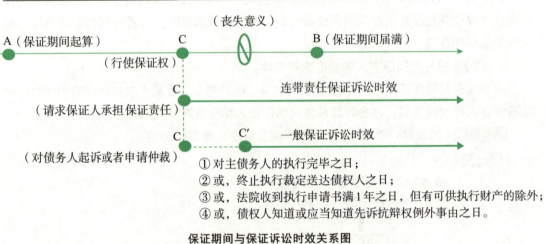

保证期间与保证诉讼时效关系图

（三）保证期间届满后保证人同意继续承担担保责任

保证期间届满，保证责任消灭后，债权人书面请求保证人承担保证责任：

1. 保证人在通知书上签字、盖章或者按指印，但未同意承担保证责任的，仍应认定保证责任已经消灭。

2. 保证人在通知书上签字、盖章或者按指印，并同意承担保证责任的，则应认定债权人与保证人达成了新的保证合同，保证人应当承担保证责任。

[法条链接]《担保制度解释》第 34 条。

[总结梳理]

保证人行为	后　果
纯签字、盖章或按指印	保证人不承担保证责任
签字、盖章或按指印+表示同意	保证人需承担保证责任

三、保证合同无效情况下保证期间的适用

保证合同无效时，债权人依法对保证人享有的赔偿损失请求权仍需受保证期间的约

束：债权人在保证期间内请求保证人赔偿损失的，自请求之日起计算赔偿损失之债诉讼时效；反之，债权人未在保证期间内依法请求保证人承担赔偿责任的，保证人的赔偿责任消灭。

一针见血 保证期间与保证合同效力：

⊙ 连带责任保证合同有效的，债权人需在保证期间内请求保证人承担保证责任。

⊙ 保证合同无效的，债权人需在保证期间内请求有过错的保证人承担过错赔偿责任。

法条链接《民法典》第 694 条；《担保制度解释》第 33 条。

总结梳理

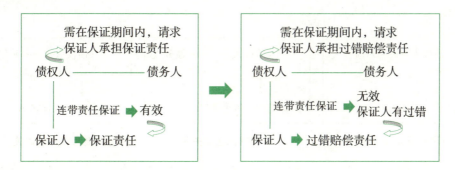

迷你案例

案情：甲公司借给乙公司 100 万元，丙与甲公司订立保证合同，为甲公司的债权提供一般保证，保证合同未约定保证期间。现乙公司到期未向甲公司偿还借款。

问 1：甲公司欲行使保证权，其应在多长时间内、以何种方式行使？

答案：甲公司应在借款到期日起 6 个月内，对乙公司提起诉讼或申请仲裁。

问 2：甲公司行使保证权的后果如何？

答案：自执行完毕之日、执行终结裁定送达之日、法院收到执行申请之日起满 1 年时（债务人仍有可供执行的财产的除外）或者甲公司知道或应当知道存在先诉抗辩权例外事由之日起，计算一般保证诉讼时效。

问 3：如果丙是国家机关，那么：

(1) 甲公司与丙之间的保证合同效力如何？

答案：无效。

(2) 甲公司能否请求丙承担赔偿责任？

答案：甲公司、丙均有过错的，甲公司可请求丙赔偿其不能受偿部分的 1/2。

(3) 甲公司欲对丙行使赔偿责任请求权，其应在多长时间内、以何种方式行使？

答案：甲公司应在借款到期日起 6 个月内，请求丙承担赔偿责任。

(4) 甲公司行使赔偿损失请求权的后果如何？

答案：自甲公司对丙提出请求之日起，计算赔偿损失之债的诉讼时效。

<h1>考点 40 共同担保</h1>

一、共同担保的含义和分类

共同担保，是指 2 个或者 2 个以上的担保人为一项债权提供的担保。在共同担保中，主债权人一方面享有主债权，另一方面享有 2 项或 2 项以上的担保权。

共同担保有三种形态：①共同人保，即共同保证；②共同物保；③共同人保物保，即混合担保。

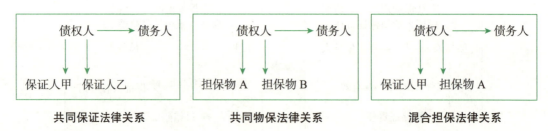

共同保证法律关系　　　　　共同物保法律关系　　　　　混合担保法律关系

二、共同担保人的外部责任

（一）概念

共同担保人的外部责任，是指在债务到期未履行的情况下，各共同担保人向债权人所应承担的担保责任。

（二）界定方法

1. 各担保人与主债权人约定各自承担担保责任的顺序、份额的，从其约定。

2. 各担保人与主债权人没有约定各自承担担保责任的顺序、份额的：

（1）在共同保证、共同物保中，各保证人承担连带担保责任；

（2）在混合担保中，存在债务人提供的物保的，主债权人应当先对债务人提供的担保物行使担保物权。

一针见血 先执行债务人物保规则的适用前提：

只有在混合担保中，各担保人与债权人没有外部约定的情况下，才会出现先执行债务人物保的情形。

迷你案例

案情：甲、乙订立买卖合同，乙以房 A 向甲设立抵押，丙为乙提供保证，丁以房 B 向甲设立抵押。当事人没有约定担保的份额、顺序。现乙到期未支付价金。

问题：甲应如何实现担保权？

答案：甲应先就房 A 实现抵押权。不能受偿部分，再请求丙承担保证责任，或就房 B 实现抵押权。

法条链接《民法典》第 392 条。

总结梳理

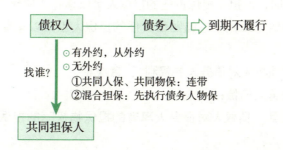

三、弃权与免责

在既有主债务人提供担保，又有第三人提供担保的情况下，主债权人放弃债务人提供的担保物上的担保物权或者担保利益时，第三人在主债权人丧失优先受偿权益的范围内免除担保责任。

法条链接《民法典》第 409、435 条。

迷你案例

案情：甲、乙订立买卖合同。为担保乙价金债务的履行，乙以房 A、房 B 向甲设立抵押，丙以房 C 向甲设立抵押，丁提供保证。

问 1：如果甲放弃房 A 上的抵押权，则该行为会对甲的其他担保权产生何种影响？

答案：房 B 上的抵押担保责任不受影响，但房 C 上的抵押担保责任、丁的保证责任，在甲弃权范围内免责。

问 2：如果甲放弃房 C 上的抵押权，则该行为会对甲的其他担保权产生何种影响？

答案：没有影响。

总结梳理

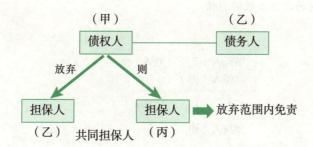

四、第三共同担保人的追偿权与分担请求权

（一）共同担保人的追偿权

担保责任或者赔偿责任的第三共同担保人可以享有"债权人对债务人的权利"。这意味着：

1. 担保人有权向债务人追偿。

2. 担保人的追偿权可受到"债权人对债务人享有的担保物权"的担保。

一针见血 担保人享有"债权人对债务人权利"的前提：

⊙ 担保合同有效时，承担了担保责任的担保人可以享有"债权人对债务人的权利"。

⊙ 担保合同无效时，承担了过错赔偿责任的担保人也可以享有"债权人对债务人的权利"。

⊙ 担保人享有"债权人对债务人的权利"，意味着：

(1) 可以向债务人追偿；

(2) 追偿权受到"债权人对债务人享有的担保物权"的担保，但不得损害债权人的利益。

法条链接 《民法典》第 700 条；《担保制度解释》第 18 条。

迷你案例

案情：甲、乙订立买卖合同。为担保乙价金债务的履行，乙以房 A 向甲设立抵押，丙以房 B 向甲设立抵押，丁提供连带责任保证。

问 1：丁向甲承担了全部保证责任后，能否向乙追偿？

答案：能。承担了担保责任的担保人，有权向债务人追偿。

问 2：如果甲、丁之间的保证合同无效，且丁有过错，则丁向甲承担了过错赔偿责任后，能否向乙追偿？

答案：能。承担了担保合同无效的过错赔偿责任的担保人，也有权向债务人追偿。

问 3：丁对乙的追偿权可否受到乙向甲提供的房 A 上的抵押权的担保？

答案：可以。承担了担保责任或过错赔偿责任的担保人，对债务人的追偿权，可受到债务人向债权人提供的担保物权的担保。

问 4：丁对乙的追偿权可否受到丙向甲提供的房 B 上的抵押权的担保？

答案：不可以。承担了担保责任或过错赔偿责任的担保人，对债务人的追偿权，不可受到第三人向债权人提供的担保物权的担保。

总结梳理

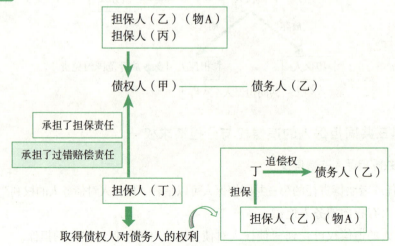

（二）共同担保人之间的分担请求权的条件

1. 直接分担请求权

各共同担保人之间约定可以相互分担担保责任或承担连带共同担保责任，且约定分担份额的，从其约定。

2. 间接分担请求权

（1）各共同担保人之间约定可以相互分担担保责任或承担连带共同担保责任，但未约定分担份额的；

（2）各共同担保人之间未约定可以相互分担担保责任，且未约定承担连带共同担保责任，但是各担保人在同一份合同书上签字、盖章或者按指印的。

除上述情形外，共同担保人之间不享有分担请求权。

法条链接《担保制度解释》第 13 条。

总结梳理

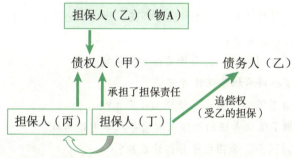

分担规则：
⊙ 约定可分担或连带+分担比例：直接分担（无需追偿，直接分担）
⊙ 约定可分担或连带，或同一合同签字：间接分担（先追偿，再分担）

五、担保人受让债权

同一债务有 2 个以上第三人提供担保，担保人受让债权的，该行为系承担担保责任。这意味着：

1. 受让债权的担保人有权向债务人追偿。

2. 受让债权的担保人不得作为债权人请求其他担保人承担担保责任，但可依法对其他担保人主张分担请求权。

总结梳理

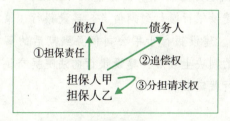

担保人承担担保责任

担保人受让债权

一针见血 担保人受让债权与担保人承担担保责任：

担保人受让债权，适用担保人承担担保责任的后果，而不应适用受让债权的后果。

法条链接 《担保制度解释》第14条。

迷你案例

案情：甲公司借给乙公司100万元。张三、李四分别以房屋A、B向甲公司设立抵押，并办理了抵押登记手续；王五为乙公司提供连带责任保证。

问1：如果乙公司到期未向甲公司偿还债务，王五向甲公司偿还了100万元，那么：

（1）王五能否请求乙公司向自己偿还100万元？

答案：能。承担了保证责任的担保人对债务人享有追偿权。

（2）王五能否对张三、李四主张分担请求权？

答案：在三名担保人约定可以相互追偿、连带共同担保或在同一合同书上签字的情况下，王五可对张三、李四主张分担请求权。

问2：如果甲公司与王五订立债权让与合同，约定甲公司将其对乙公司的借款债权转让给王五，并通知了乙公司，那么：

（1）王五受让甲公司债权的行为性质应如何认定？

答案：王五向甲公司承担了保证责任。

（2）王五能否请求乙公司向自己偿还100万元？

答案：能。承担了保证责任的担保人对债务人享有追偿权。

（3）王五能否对张三、李四主张分担请求权？

答案：在3名担保人约定可以相互追偿、连带共同担保或在同一合同书上签字的情况下，王五可对张三、李四主张分担请求权。

小综案例

案情：建设银行借给甲公司100万元。建设银行与甲公司、秦光明、宋大江订立书面的四方协议，约定甲公司以房屋A向建设银行设立抵押，秦光明以房屋B向建设银行设立抵押，宋大江向建设银行提供保证，但未约定保证责任的承担方式及保证期间。四方协议未约定甲公司、秦光明、宋大江各自担保责任的顺序与份额。四方协议订立后，甲公司、秦光明均办理了抵押登记手续。后甲公司未向建设银行履行到期债务，建设银行遂请求秦光明、宋大江承担担保责任，但遭到二人拒绝。建设银行于甲公司债务到期后的第3个月，将甲公司告上法庭。法院作出的对甲公司的判决生效后，建设银行向法院提交执行申请已逾1年，法院既未执行，也未出具终结执行裁定书。

问题：

1. 秦光明是否有权拒绝承担抵押担保责任？为什么？

2. 宋大江是否有权拒绝承担保证责任？为什么？

3. 如果建设银行将对甲公司的债权转让给宋大江，宋大江可对甲公司行使什么权利？为什么？

4. 如果建设银行将对甲公司的债权转让给宋大江，宋大江可对秦光明行使什么权利？为什么？

5. 建设银行在债务到期后的第 3 个月，对甲公司提起诉讼，这对于宋大江的保证责任有何影响？为什么？

6. 如果建设银行在债务到期后的第 3 个月，对甲公司提起诉讼后又撤回起诉，这对于宋大江的保证责任有何影响？为什么？

7. 建设银行与宋大江的保证诉讼时效何时起算？为什么？

答案：

1. 有权。混合担保中存在债务人物保，且各担保人未与债权人约定承担担保责任的份额、顺序时，债权人应当先就债务人所提供的物保受偿。故秦光明有权要求建设银行先执行甲公司提供的房屋 A 上的抵押权。

2. 有权。首先，与秦光明相同，宋大江有权要求建设银行先执行甲公司提供的房屋 A 上的抵押权。其次，因宋大江与建设银行订立的保证合同中并未约定保证责任的承担方式，故为一般保证。基于此，宋大江还可以对建设银行主张先诉抗辩权，即要求建设银行对甲公司穷尽一切法律手段后，再要求自己承担保证责任。

3. 债权人向第三担保人转让债权，其性质为第三担保人承担了担保责任。承担了担保责任的第三担保人，可以享有"债权人对债务人的权利"。这意味着，首先，宋大江可对甲公司行使追偿权；其次，宋大江对甲公司的追偿权，可以受到甲公司向建设银行提供的房屋 A 上抵押权的担保。

4. 宋大江可请求秦光明分担。债权人向第三担保人转让债权，其性质为第三担保人承担了担保责任。在不能向债务人追偿的情况下，承担了担保责任的第三担保人可请求在同一合同上签字的其他第三担保人分担其所承担的债务。

5. 建设银行在保证期间内行使了保证权。首先，因宋大江与建设银行的保证合同未约定保证期间，故保证期间为主债务到期之日起 6 个月；其次，一般保证的债权人应当在保证期间内，以"对债务人提起诉讼或申请仲裁"的方式行使保证权。因此，建设银行在债务到期后的第 3 个月对甲公司提起诉讼，意味着建设银行在保证期间内行使了保证权。

6. 建设银行没有行使保证权。一般保证的债权人在保证期间内，对债务人提起诉讼后又撤回起诉的，视为其未曾行使保证权。

7. 自宋大江向法院提交执行申请之日起 1 年期满时计算。一般保证的债权人在保证期间内对债务人提起诉讼或申请仲裁，并在胜诉后提交执行申请，但法院既未执行，也未出具终结执行裁定的，自提交执行申请之日起 1 年期满时计算一般保证的诉讼时效。

第**11**讲

··· 合同的履行 ···

考点 **41** 合同的特殊履行方式

一、提存

提存，是指在债权人受领迟延的情况下，债务人向法定的提存机关履行债务，以消灭自己对债权人所负债务的法律事实。在我国，法定的提存机关是债务履行地的公证机关。

（一）提存的效力

1. 债权人取得提存物所有权。在提存期间，提存物产生孳息，债权人取得孳息的所有权。

2. 债权人承担提存物上的风险。在提存期间，提存物发生风险的，由债权人承担损失。

3. 自提存之日起 5 年内，债权人有权随时领取提存物，但需承担提存费用。债权人向提存部门书面表示放弃领取权的，债务人有权在承担提存费用后取回提存物。

4. 自提存之日起 5 年内，债权人不领取提存物的，领取权消灭。提存物扣除提存费用后，归国家所有。但是，债权人未履行对债务人的到期债务的，债务人有权在承担提存费用后取回提存物。

一针见血 提存物返还债务人的情形：

⊙ 5 年内，债权人书面表示放弃领取权。

⊙ 5 年后，债权人有到期债务未履行。

总结梳理

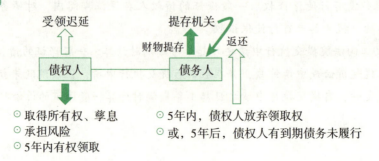

（二）提存中的双务合同抗辩权

提存关系中的双务合同抗辩权，是双务合同抗辩权原理在提存制度中的体现。其基本内容是：

1. 在双务合同中，当事人双方互负债务。一方的债务已经提存，而另一方的债务已经到期，但是尚未履行。

2. 经提存一方当事人要求，提存机关有权在对方当事人未履行债务，且未提供适当担保的情况下，拒绝其领取提存物。

法条链接《民法典》第570~574条。

迷你案例

案情：甲、乙订立电脑买卖合同，约定甲以1万元的价格购买乙的电脑A，乙应于8月10日交货，甲应于9月10日付款。8月10日，因甲受领迟延，乙将电脑A提存。及至9月10日，甲未如约支付价金。

问1：乙有无办法让甲无法领取其提存的电脑A？

答案：有。乙可以要求提存机关在甲未支付价金，且未提供适当担保的情况下，拒绝甲领取电脑A。

问2：如果经乙反复催要，甲仍不交付价金，5年时间已过，那么：

(1) 提存的电脑A应如何处理？

答案：可在乙承担提存费用后向乙返还。

(2) 电脑A向乙返还后，甲、乙间因买卖合同产生的债权、债务的效力如何？

答案：乙有权请求甲支付价金，但乙对甲所负的交付电脑A的债务，在提存时即归于消灭。

问3：如果在提存后的第2年，甲向提存机关书面表示放弃领取权，那么：

(1) 提存的电脑A应如何处理？

答案：可在乙承担提存费用后向乙返还。

(2) 电脑A向乙返还后，甲、乙间因买卖合同产生的债权、债务的效力如何？

答案：乙有权请求甲支付价金，但乙对甲所负的交付电脑A的债务，在提存时即归于消灭。

总结梳理

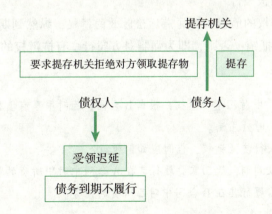

二、抵销

抵销，是指当事人双方基于两个法律关系互负债务时，互负的债务相互充抵而归于消灭的法律事实。

（一）法定抵销的条件

1. 一组当事人在两个法律关系中互享债权、互负债务。

一针见血 民法中，双务合同制度与抵销制度均涉及"互负债务"的问题，但是其各自的含义不同：

⊙ 一组当事人在"一个法律关系"中互负债务，为双务合同。

⊙ 一组当事人在"两个法律关系"中互负债务，为抵销结构。

2. 当事人所互负债务的标的的种类相同。

3. 债权到期。在一组当事人基于两个法律关系互享同种类标的的债权、互负同种类标的的债务的格局之下，"债权"到期的一方享有抵销权，有权主动与对方抵销。

一针见血 由于抵销在事实上具有强制对方履行债务的意义，所以要求有权主动抵销一方享有的债权到期。该要求旨在保护对方的债务履行期限利益，即不得强制对方履行未到期的债务。

迷你案例

案情：根据A合同，甲对乙享有债权；根据B合同，乙对甲享有债权。现甲享有的债权到期，乙享有的债权尚未到期。

问1：如果双方均未行使抵销权，则合同应如何履行？

答案：乙需要履行其在A合同中对甲所负的债务，而甲无需履行其在B合同中对乙所负的债务。

问2：如果此时允许乙抵销，将会导致什么样的后果？

答案：双方互负债务相互冲抵，意味着强制甲履行了B合同中未到期的债务，损害了甲的期限利益。

4. 法定抵销权的消极条件

（1）对方享有抗辩权的债权，如届满诉讼时效的债权，纵然到期，债权人也不享有抵销权，不得主动与对方抵销；否则，即为强制对方履行享有抗辩权的债务。

迷你案例

案情：根据A合同，甲对乙享有债权；根据B合同，乙对甲享有债权。现甲享有的债权到期，乙享有的债权的诉讼时效届满。

问1：如果双方均未行使抵销权，合同应如何履行？

答案：甲享有的债权到期，故乙需要履行其在A合同中对甲所负的债务；乙享有的债权的诉讼时效届满，故甲无需履行其在B合同中对乙所负的债务。

问 2：如果此时允许乙抵销，将会导致什么样的后果？

答案：双方互负债务相互冲抵，意味着强制甲履行了 B 合同中届满诉讼时效的债务，损害了甲的时效利益。

（2）互负之债务，不得为专属于债务人自身之债务。专属性债务的履行，具有不可替代性，其不得与其他债务相互充抵。专属性的债务主要包括：

以"特定人"为基础的债务	基于"人身信任"产生的债务
	不作为的债务
以"特定身份"为基础的债务	基于家庭身份产生的债务
	基于社会身份产生的债务
以"血汗"为基础的债务	基于人身损害产生的债务
	劳动工资债务

（3）当事人约定不得抵销的债务，不得抵销。

（二）抵销权的行使及其后果

1. 抵销权的行使方式，既可以是抵销权人通知对方当事人，也可以是抵销权人进行抗辩或诉讼、仲裁。

2. 抵销权的行使，不得附条件、附期限。

3. 行使抵销权的单方通知，一经到达对方当事人，即发生抵销的法律后果，当事人在两个法律关系中互负的债务，在抵销范围内同时归于消灭。有余额的，一方当事人仅履行此余额即可。

法条链接 《民法典》第 568 条。

💡总结梳理

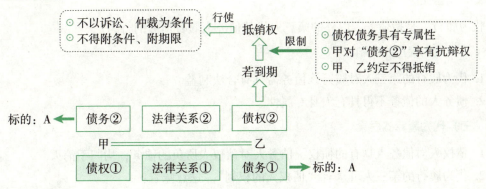

三、以物抵债

以物抵债，是指债务人以他种给付代替其所负担的给付，从而使债归于消灭的情形。以物抵债的本质，是一种债务履行标的的变通，即债务人以 B 给付代替其本来所应履行的 A 给付，而非债之双方废止旧债、缔结新债。

（一）履行期限届满后达成的以物抵债协议

履行期限届满后达成的以物抵债协议为诺成合同。双方当事人在债务履行期限届满后达成以物抵债协议的，债权人有权请求债务人交付抵债物。

（二）履行期限届满前达成的以物抵债协议

履行期限届满前达成的以物抵债协议，是指双方当事人在债务到期前达成的"日后若不履行，某物归债权人"的约定。履行期限届满前达成的以物抵债协议为实践合同，债权人不得请求债务人履行抵债协议。

需要注意的是，以物抵债协议受"流质约款禁止规则"的约束。故抵债协议履行完毕后，当事人一方有权请求对方在评估作价的基础上，多退少补。

法条链接《九民纪要》第44、45条。

总结梳理

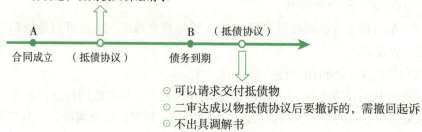

- ⊙ 不得请求交付抵债物
- ⊙ 起诉要求对方交付抵债物的，释明之，否则驳回诉讼请求

A （合同成立） （抵债协议）　　B （抵债协议） 债务到期

- ⊙ 可以请求交付抵债物
- ⊙ 二审达成以物抵债协议后要撤诉的，需撤回起诉
- ⊙ 不出具调解书

四、代为履行

（一）含义

代为履行，是指债务人以外的第三人代替债务人履行债务的行为。

（二）代为履行的限制

1. 代为履行的第三人对履行该债务需具有合法利益。

2. 债务人的债务不得具有人身专属性。

（三）代为履行的后果

1. 债权人对债务人享有的债权、债务人对债权人所负的债务，均归于消灭。

2. 代为履行的第三人可享有"债权人的权利"。这意味着：

（1）第三人对债务人享有追偿权；

（2）第三人的追偿权可受到债权人原本享有的任何担保权的担保。

3. 代为履行的第三人享有"债权人的权利"，不得损害债权人的利益。

一针见血 第三人履行债务后，对债权人权利的享有：

⊙ 代为履行、连带债务人超额履行，可以享有"债权人的权利"。这意味着：

（1）可以向债务人追偿；

（2）追偿权受到债权人享有的任何担保权的担保，但不得损害债权人的利益。

⊙ 担保人承担担保责任或过错赔偿责任，可以享有"债权人对债务人的权利"。这意味着：

（1）可以向债务人追偿；

（2）追偿权受到债权人对债务人提供的担保权的担保，但不得损害债权人的利益。

总结梳理

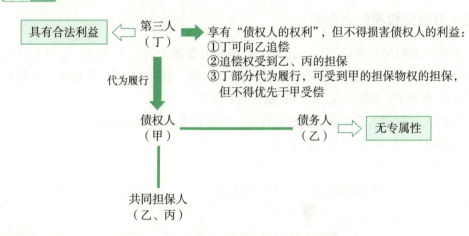

迷你案例

案情：甲借给乙10万元，乙以房屋A向甲设立抵押，丙以房屋B向甲设立抵押，均办理了抵押登记手续。丁替乙向甲偿还了8万元借款。

问1：丁是否对乙享有追偿权？

答案：是。丁可对乙追偿8万元。

问2：丁对乙的追偿权能否受到担保？

答案：能。丁的追偿权可受到原甲在乙、丙的房屋A、B上的抵押权的担保。

问3：在房屋A、B上，各有几个抵押权？

答案：2个。一是甲原本享有的抵押权，担保甲对乙未受偿的债权2万元；二是丁依法享有的抵押权，担保丁对乙的追偿权8万元。

问4：甲、丁在房屋A、B上的抵押权，受偿顺位如何？

答案：甲优先于丁受偿。丁取得乙的担保物权，不得损害甲的利益。

（四）次承租人代为履行

因承租人拖欠租金，出租人欲解除合同的，"合法转租"的次承租人可代承租人支付租金，并承担其他违约责任，以阻止合同的解除。次承租人代为支付的租金和违约金，可以折抵其向承租人支付的租金。超出其应付的租金数额的，可以向承租人追偿。

法条链接 《民法典》第524、719条。

总结梳理

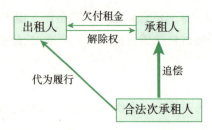

五、有追索权的保理合同

1. 在有追索权的保理合同中，债务人到期未向保理人履行义务的，保理人以应收账款债权人或者应收账款债务人为被告提起诉讼，人民法院应予受理；保理人一并起诉应收账款债权人和应收账款债务人的，人民法院可以受理。

2. 债权人向保理人承担被追索的责任后，有权请求债务人向其履行债务。

法条链接《担保制度解释》第66条。

总结梳理

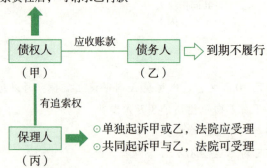

⊗考点42 合同的特殊履行主体：债权人的代位权

债权人的代位权，是指债务人怠于向次债务人主张债权，有损于债权人的债权时，债权人直接对次债务人主张债务人的债权的权利。

债权人——————债务人———怠于———次债务人
　　　　　代位

一针见血 债务人担保权的代位：

债务人对次债务人的债权上存在担保权的，债权人行使代位权时，也可行使该担保权。

一、代位权的成立条件

（一）两个债权均到期

债权人对债务人的债权应当到期，否则，债权人主张代位权没有必要；债务人对次债务人的债权也应当到期，否则，债权人主张代位权没有可能。

需要注意的是，债权人的债权到期前，债务人的权利存在诉讼时效期间即将届满或者未及时申报破产债权等情形，影响债权人的债权实现的，债权人可以代位请求债务人的相对人向债务人履行、向破产管理人申报或者作出其他必要的行为。

总结梳理

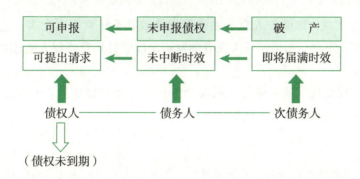

迷你案例

案情：甲对乙的债权还有 1 个月才到期，乙对丙的债权还有 1 周诉讼时效即届满。

问1：此时，甲能否对丙提起代位权之诉？

答案：否。甲对乙的债权尚未到期。

问2：此时，甲怎么办？

答案：甲可直接请求丙向乙偿还债务，以中断乙、丙之债的诉讼时效。

（二）债务人怠于行使自己对次债务人的到期债权

债务人未以"诉讼"或者"仲裁"方式向次债务人主张债权，即构成"怠于"；至于债务人是否以其他方式主张债权，在所不问。

（三）债务人怠于主张的债权，必须是非专属于债务人的债权

1. 如果债务人对次债务人的债权具有专属性，则意味着该债权不得与债务人相分离，因而也就没有债权人代位主张的可能。

一针见血 人身专属性债权不得代位：

债务人对次债务人的债权具有人身专属性的，债权人不得代位。但无论债权人对债务人的债权是否具有人身专属性，均不影响代位权的行使。

2. 代位权的成立，只要求债务人对次债务人的债权不得具有人身专属性，至于债权人对债务人的债权是否具有专属性，在所不问。

3. 合伙人的个人债权人只能代位行使合伙人的自益权，如利润分配请求权，而不得

代位行使其共益权，如表决权、合伙事务执行权。

迷你案例

案情：甲对乙享有债权，乙对丙享有债权。

问1：如果乙对丙享有的债权为人身损害赔偿债权，甲能否对丙行使代位权？

答案：不能。债务人对次债务人的债权不得具有人身专属性，否则债权人不得代位。

问2：如果甲对乙享有的债权为人身损害赔偿债权，甲能否对丙行使代位权？

答案：能。无论债权人对债务人的债权是否具有人身专属性，均不影响债权人的代位。

（四）债务人怠于行使对次债务人的到期债权，有损债权人债权的实现

1. 有损债权实现，即债务人怠于主张债权导致其责任财产不充实，进而导致债权人的债权不能实现。反之，如果债务人现有的财产足以履行其对债权人的债务，那么债权人不得主张代位权。

2. "有损债权实现"这一要件，采取"无反证，即可推定"的认定方式，即由债务人、次债务人对该要件的不成立负举证责任。

迷你案例

案情：甲对乙享有到期债权，乙尚未履行。乙对丙享有到期债权，乙也未催要。

问1：甲能否对丙行使代位权？

答案：能。题目中未明确乙怠于对丙主张债权是否影响甲的到期债权实现的，推定为有损甲的债权，故甲能对丙行使代位权。

问2：如果乙现有财产足以清偿其对甲的债务，则甲能否对丙行使代位权？

答案：不能。题目中明确乙怠于对丙主张债权不影响甲的到期债权实现的，按照无损甲的债权处理，故甲不能对丙行使代位权。

总结梳理

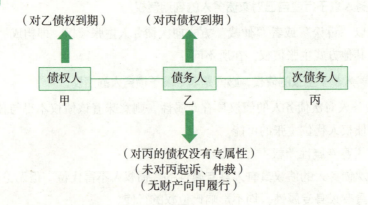

二、代位权的行使规则

1. 代位权的行使，以诉讼方式为之。

（1）代位权之诉的诉讼当事人

❶原告：债权人。债权人应以自己的名义提起代位权之诉。

❷被告：次债务人。

❸无独立请求权第三人：债务人。原告未列出的，法院可依照职权追加。

（2）代位权之诉的管辖法院为次债务人住所地法院。

2. 债权人主张代位的范围

债权人行使代位权应以债权人的债权为限，即在债权人的"债权额"与债务人的"债权额"之间确定行使代位权的数额，"就低不就高"。

总结梳理

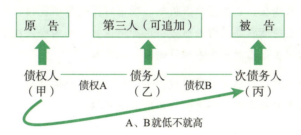

迷你案例

案情：甲对乙享有债权，乙对丙享有有债权。现甲欲对丙提起代位权之诉。

问1：如果甲对乙有到期债权10万元，乙对丙享有到期债权8万元，则甲可以诉请法院代位请求的范围是多少？

答案：8万元。

问2：如果甲对乙有到期债权8万元，乙对丙享有到期债权10万元，则甲可以诉请法院代位请求的范围是多少？

答案：8万元。

三、行使代位权的法律后果

1. 对次债务人履行的受领

（1）代位权之诉中，债权人胜诉的，次债务人直接向债权人履行清偿义务；

（2）在次债务人向债权人清偿的范围内，债权人与债务人、债务人与次债务人之间相应的债权债务关系即予消灭。

2. 行使代位权费用的承担

（1）诉讼费由次债务人承担，并可向债务人追偿；

（2）除此之外的其他必要费用由债务人承担。

3. 代位权之诉中的抗辩权延续

（1）债务人对债权人有抗辩事由的，次债务人可以向债权人主张；

（2）次债务人对债务人有抗辩事由的，次债务人可以向债权人主张。

法条链接《民法典》第535~537条。

总结梳理

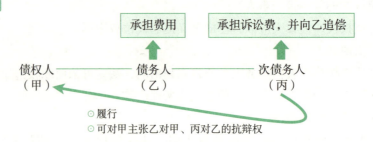

迷你案例

案情：甲对乙享有债权，乙对丙享有债权。现甲对丙提起了代位权之诉。

问1：如果甲对乙的债权届满诉讼时效，丙如何保护自己的合法权益？

答案：丙可以对甲主张乙对甲享有的诉讼时效抗辩权。

问2：如果乙对丙的债权届满诉讼时效，丙如何保护自己的合法权益？

答案：丙可以对甲主张丙对乙享有的诉讼时效抗辩权。

考点 43 合同履行的确定

一、法人分立时的债权、债务承受

1. 分立的法人与外部的债权人、债务人之间，有约定的，从其约定。

2. 没有约定的，对外按照连带关系处理，即对于原法人的债权、债务，分立后的各个法人对外可享有全部债权，均应承担全部债务。

3. 分立的各个法人之间，有约定的，该项内部约定不得对外部的债权人、债务人主张，其仅具有内部效力，可作为对外承担连带责任之后的内部追偿依据。

法条链接《民法典》第67条。

总结梳理

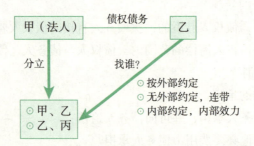

二、债务人负担数笔同种类债务的履行

（一）界定的问题

债务人对债权人负债数笔，且标的相同，债务人履行了一部分，但是履行数额并不能

清偿其全部负债。在此种情况下，需要界定的是，债务人所履行的债务是其所负担的"数笔"债务中的"哪一笔"。

（二）规则

1. 债权人与债务人对清偿的债务或者清偿抵充顺序有约定的，从其约定。
2. 没有约定的，应当优先抵充已到期的债务。
3. 几项债务均已到期的，优先抵充缺乏担保或者担保数额最少的债务。

迷你案例

案情：乙欠甲 A、B、C 三笔债务，分别为 2 万元、4 万元、6 万元。一日，乙向甲还了 5 万元，但未约定还的是哪一笔债务。经查，A、B 两项债务已经到期，且 A 债务有担保。

问题：乙所支付的 5 万元，偿还的是哪一笔债务？

答案：4 万元 B 债务全部受偿，2 万元 A 债务受偿 1 万元。

4. 担保数额相同的，优先抵充负担较重的债务。
5. 负担相同的，按照债务到期的先后顺序抵充。

迷你案例

案情：乙欠甲 A、B、C 三笔债务，分别为 2 万元、4 万元、4 万元。一日，乙向甲还了 5 万元，但未约定还的是哪一笔债务。经查，上述债务按照 A、C 顺序先后均已到期，且均有足额担保。

问题：乙所支付的 5 万元，偿还的是哪一笔债务？

答案：4 万元 B 债务全部受偿，4 万元 C 债务受偿 1 万元。

6. 到期时间相同的，按比例抵充。

迷你案例

案情：乙欠甲 A、B、C 三笔债务，分别为 2 万元、4 万元、4 万元。一日，乙向甲还了 4 万元，但未约定还的是哪一笔债务。经查，上述债务均已同时到期，且均无担保。

问题：乙所支付的 4 万元，偿还的是哪一笔债务？

答案：B、C 两笔债务按照 1：1 的比例各受偿 2 万元。

法条链接 《民法典》第 560 条。

总结梳理

（1）有约定，按约定	
（2）无约定，第一次看时间（到期、未到期）	优先抵充已到期的债务
（3）均到期，看担保	优先抵充缺乏担保或者担保数额最少的债务
（4）担保相同，看主债	优先抵充负担较重的债务
（5）债额相同，第二次看时间（先到期、后到期）	按照债务到期的先后顺序抵充
（6）到期时间相同的，按比例抵充	

三、行纪合同中行纪人的买卖价格

1. 行纪人以低于委托人指定的价格卖出或者以高于委托人指定的价格买入：

（1）经委托人同意的，该买卖对委托人发生效力；

（2）未经委托人同意的，行纪人应补偿其差额。

2. 行纪人以高于委托人指定的价格卖出或者以低于委托人指定的价格买入：

（1）溢价利益，当事人没有约定的，归委托人；

（2）行纪人可以按照约定请求增加报酬。

法条链接《民法典》第 955 条。

总结梳理

情　　形	后　　果
低卖高买（搞砸了）	委托人未追认，行纪人补足差额
低买高卖（搞好了）	溢价归委托人，约定除外；行纪人可请求增加报酬

迷你案例

案情：甲委托乙寄卖行以 2000 元的价格出卖自己的电脑。乙以 2500 元的价格将电脑出卖。

问题：乙多卖出的 500 元归谁所有？

答案：甲。但是乙有权依约请求增加报酬。

四、扩展：交通事故责任

1. 原则：车辆发生交通事故，所有权人与使用人不一致的，由使用人承担侵权责任。机动车所有人有过错时，才承担侵权责任。

2. 例外：职务侵权

在机动车使用人为所有人的雇员、驾驶人为完成职务而驾驶机动车致人损害的情况下，其行为性质为职务侵权，由雇主（机动车所有人）承担赔偿责任，雇员（机动车使用人）不对外承担侵权责任。

法条链接《民法典》第 1191、1209、1210、1212 条。

44 用于履行合同的财产

一、有限责任与无限责任

（一）含义

1. 有限责任与无限责任指的是出资人的责任。出资人，是指实施出资行为设立企业的人，如公司的股东、合伙企业的合伙人、个人独资企业的企业主、设立分支机构的法人等。

2. 当企业名下财产不足以偿还其名下的债务时：

（1）如果出资人依法无需承担继续偿还的责任，该出资人即对企业的债务承担有限责任；

（2）如果出资人依法需要承担继续偿还的责任，该出资人即对企业的债务承担无限责任。

一针见血 有限责任与无限责任的理解：

"有限责任""无限责任"的含义，是"出资人对所出资的企业不能偿还的债务，要不要继续清偿"，而不是"企业对自己的债务，承担有限制或没有限制的责任"。

（二）有限责任与无限责任的判断

1. 原则

（1）法人的出资人承担有限责任。

迷你案例

案情：甲、乙共同出资设立公司A（公司为法人）。现公司A的财产不足以清偿其债务。

问题：甲、乙是否应承担继续清偿的责任？

答案：否。A公司可以申请破产，但甲、乙作为法人的出资人，仅承担有限责任。

（2）非法人的出资人承担无限责任。当非法人的出资人为2人以上时，其无限责任的承担为连带关系，即"无限连带责任"。

迷你案例

案情：甲、乙共同出资设立合伙企业B（合伙企业为非法人）。现合伙企业B的财产不足以清偿其债务。

问题：甲、乙是否应承担继续清偿的责任？

答案：是。甲、乙作为非法人的出资人，承担无限连带责任。

2. 例外

（1）基于法律的特别规定，法人的出资人有可能对法人的债务承担无限责任。法定情形包括：

❶ 在"公司人格否认"的情况下，滥用公司法人独立地位和股东有限责任，逃避债务，严重损害公司债权人利益的公司股东，应当对公司债务承担无限责任。

迷你案例

案情：甲、乙共同出资设立A公司，甲拥有70%的出资份额。甲利用自己的控制权，令A公司与自己达成交易，以A公司的现金购买自己难以变现的劣质资产，导致A公司无力偿还其对银行所负的100万元债务。

问题：银行能否请求甲承担继续清偿的责任？

答案：能。银行可依据"公司人格否认"规则，请求甲承担继续清偿的责任，即无限责任。

❷ 一人公司的股东不能证明公司财产独立于股东自己财产的，应当对公司债务承担连带责任。

（2）基于法律的特别规定，合伙企业的合伙人有可能对合伙企业的债务承担有限责任。法定情形包括：

❶ 在有限合伙企业中，有限合伙人对合伙企业的债务承担有限责任；

❷ 在特殊的普通合伙企业中，对于部分合伙人在执业活动中因故意或者重大过失造成合伙企业债务的，其他合伙人承担有限责任。

法条链接《民法典》第 60、104 条；《公司法》第 20 条第 3 款、第 63 条；《合伙企业法》第 2 条第 3 款、第 57 条。

总结梳理

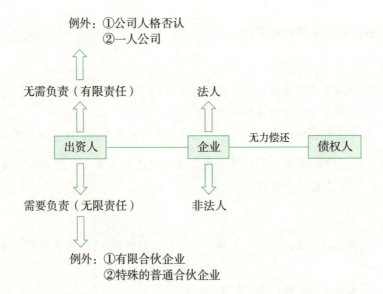

二、婚后负债的归属

1. 夫妻一方或双方与债权人约定为个人债务或共同债务的，从其约定。具体来讲：

（1）夫妻双方共同签名或者夫妻一方事后追认的，为共同债务；

（2）夫妻一方与债权人明确约定为个人债务，或夫妻双方内部约定为个人债务，且"债权人知道或应当知道"的，为个人债务。

2. 没有上述约定的，夫妻一方以个人名义，为"家庭日常生活需要""夫妻共同经营需要"所负的债务，为共同债务。

3. 夫妻共同债务的清偿

（1）在外部关系中，夫妻对其共同债务承担连带清偿责任，且不以婚姻关系的存续为条件。

（2）在内部关系中，夫妻双方各自应承担的份额，由双方协议清偿。协议不成的，由法院判决。一方就共同债务承担连带清偿责任后，有权基于离婚协议或者法院的法律文书向另一方追偿。

法条链接 《民法典》第1060、1064条；《婚姻家庭编解释（一）》第33、35、36条。

总结梳理

外部约定	①外部约定为个人债务；②内部约定为个人债务，债权人知情	个人债务
	②外部约定为共同债务；②一方举债，另一方事后追认	⊙共同债务，连带责任 ⊙内部份额，内部效力
举债用途	为日常生活，或为共同经营	
	非为日常生活，且非为共同经营	个人债务

⊠考点 45 合同履行的后果

一、物权变动

以变动物权为目的的合同，其履行将会引起物权变动。

（一）公示成立与公示对抗

1. 原则上，基于合同引起的物权变动，采取公示成立模式，即动产交付、不动产登记时，物权变动。在此之前，合同仅具有债权效力，债权人有权请求债务人履行合同，即完成动产的交付或不动产的登记。

一针见血 公示成立下交付、登记的法律意义：

⊙ 相对于合同而言，公示的完成意味着合同的履行。
⊙ 相对于物权而言，公示的完成意味着物权的变动。

迷你案例

案情：出卖人甲与买受人乙订立房屋买卖合同。

问1：合同成立后、过户登记前，乙能否取得房屋的所有权？

答案：不能。房屋买卖的物权变动，采取公示成立模式，故需办理过户登记，所有权才能发生转移。

问2：乙是否有权请求甲办理过户登记手续？

答案：有权。甲、乙之间的买卖之债关系在买卖合同生效时已经产生。

问3：如果甲如约向乙过户，将会产生什么样的法律后果？

答案：买卖合同得到履行，乙取得所有权。

问4：如果甲未如约向乙过户，将会产生什么样的法律后果？

答案：乙不能取得所有权，但可追究甲的违约责任。

法条链接 《民法典》第214、215、224条。

总结梳理

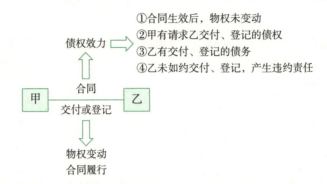

2. 在个别情况下，基于合同引起的物权变动，采取公示对抗模式（公示对抗原则）。

（1）公示对抗的内容是：合同即可引起物权变动，登记行为是基于合同所变动的物权可得对抗第三人的要件。

（2）公示对抗的情形

❶ 动产抵押；

❷ 土地承包经营权的互换、转让，即发生在承包权人之间的承包权的流转；

❸ 流转期限 5 年以上的土地经营权的流转；

❹ 地役权的设立。

法条链接《民法典》第 335、341、374、403 条。

总结梳理

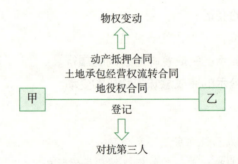

	合同生效	公示（交付、登记）完成
公示成立	债权关系产生	物权变动+合同履行
公示对抗	物权变动	对抗第三人

（二）动产的交付

1. 现实交付

现实交付，是指当事人基于物权变动的意思，完成标的物直接占有的转移。需要注意的是一种特殊的现实交付方式，即拟制交付。拟制交付，是指将动产标的物的象征物的现实交付，视为动产标的物本身的交付的情形。例如，以交付汽车钥匙的方式交付汽车，此即拟制交付。

2. 观念交付

观念交付，是指在动产标的物的占有外观不发生任何改变的情况下，仅凭当事人的意思，引起动产物权变动的交付。观念交付分为三种类型：

（1）简易交付

简易交付，是指在动产标的物已先行转移于对方占有的情况下，通过与对方达成合意，引起物权变动的交付。简易交付引起物权变动的时间点为处分标的物的合意达成之时。

迷你案例

案情：甲将电脑 A 出租给乙。在租赁期间，乙表示愿意购买该电脑，甲表示同意（或乙向甲表示"把电脑 A 出质给我吧"，甲表示同意）。

问题：乙何时取得电脑 A 的所有权（或质权）？

答案：甲、乙的买卖合意（或质押合意）达成之时。

总结梳理

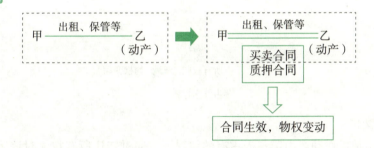

（2）占有改定

占有改定，是指在一方保留动产直接占有的情况下，向对方转移动产所有权的交付。占有改定由当事人的"物权性合意"（"它是你的了"）所引起；反之，"债权性合意"（"我愿意把它卖给你"）不能够引起占有改定的发生。因此，占有改定引起物权变动的时间点为"物权性合意"达成之时。

一针见血 占有改定中"物权性合意"的表达方式：

⊙ ——"它是你的了。" ——"好！"

⊙ ——"借我用几天。" ——"好！"

⊙ ——"替你保管几天。" ——"好！"

⊙ ——"过几天给你。" ——"好！"

迷你案例

案情：10 日，出卖人甲与买受人乙订立买卖合同，约定甲以 5000 元的价格将电脑 A 卖给乙。15 日，甲、乙约定，现在电脑 A 归乙，甲继续使用 10 天后，再将其交给乙。25 日，甲将电脑 A 交到乙手中。

问题：乙何时取得电脑 A 的所有权？

答案：15 日。当事人于 15 日达成了"物权性合意"，完成了占有改定。

需要注意的是，当事人可依占有改定转移动产的所有权，但不得依占有改定设立动产质权；否则，视为质物未交付，物权不变动。

 迷你案例

案情：甲欲将电脑 A 出质给乙。甲、乙约定，乙现在即取得电脑 A 的质权，甲继续使用电脑 A 10 天后，再将其交至乙手。

问 1：乙能否取得质权？

答案：不能。甲、乙系以占有改定的方式设立动产质押，故应界定为质物未交付，乙未取得质权。

问 2：甲、乙之间的质押合同是否有效？

答案：有效。当事人以占有改定设立质权的后果是视为其未曾交付，故质权不设立。但是，质押合同依然有效。

总结梳理

（3）指示交付

指示交付，是指在动产由第三人占有的情况下，通过转让所有权人对该第三人的返还请求权的方式，引起物权变动的交付。指示交付引起物权变动的时间是处分人与受让人之间达成"返还请求权让与合意"之时。

一针见血 观念交付的结构：

⊙ 简易交付：我把你手里的动产交付给你。

⊙ 占有改定：我把我手里的动产交付给你。

⊙ 指示交付：我把他手里的动产交付给你。

法条链接《民法典》第 226~228 条。

 迷你案例

案情：甲将电脑 A 出租给乙，租期 3 年。在租期内，甲与丙订立买卖合同，约定甲将电脑 A 出卖给丙。

问 1：丙此时能否取得电脑 A 的所有权？

答案：不能。此时甲并未向丙交付。

问 2：如果甲与丙订立买卖合同，在约定甲将电脑 A 出卖给丙的同时，还约定待乙租期届满后，由丙请求乙返还电脑 A，则丙此时能否取得电脑 A 的所有权？

答案：能。甲向丙完成了指示交付。

💡**总结**梳理

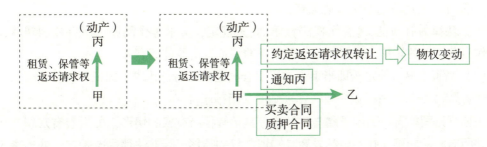

二、买卖标的物孳息收取权转移的时间

1. 原则：买卖标的物所产生的孳息，其收取权随标的物的直接占有的转移而转移，即标的物在直接占有转移之前产生的孳息，归出卖人所有；之后产生的孳息，归买受人所有。

2. 特别注意，在动产买卖中，出卖人将动产向买受人占有改定的，占有改定完成之后，该动产所产生的孳息，归买受人所有。

[一针见血] 占有改定物孳息收取的理解：

基于买卖合同所发生的占有改定一旦完成，双方的法律关系即由买卖关系转化为租赁、借用、保管等关系，因而不再适用买卖标的物的孳息收取规则，转而适用"孳息归原物所有权人取得"的一般规则。

[法条链接]《民法典》第630条。

🧍**迷你**案例

案情：甲将一只宠物狗出卖给乙，并与乙约定，乙现在取得该狗的所有权，甲替乙保管半年后，向乙返还。

问1：甲、乙达成"乙现在取得该狗的所有权"的约定后，甲、乙间是什么关系？

答案：保管关系。

问2：在此期间，该狗在甲处生下3只小狗。小狗归谁？

答案：乙。保管物所产生的孳息归寄存人。

💡**总结**梳理

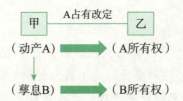

三、标的物所有权转移与知识产权转移的关系

1. 原则。在买卖的标的物上存在出卖人知识产权的情况下，出卖人将标的物的所有

权移转至买受人的，知识产权原则上并不发生转移。

2. 例外。上述原则的例外情况有二：

（1）法律另有规定。《著作权法》第 20 条规定，美术等作品原件所有权的转移，不视为作品著作权的转移，但美术等作品原件的展览权由原件所有人享有。

（2）当事人另有约定，即当事人在买卖合同之外，另行达成了知识产权转让合意。

一针见血 所有权与知识产权转移规则的适用范围：

上述规则同样可以适用于赠与、继承等其他转移所有权的情形，即附着有知识产权的标的物所有权的转移，并不当然导致其知识产权的转移，除非法律另有规定，或当事人有让渡知识产权的意思。

法条链接《民法典》第 600 条；《著作权法》第 20 条。

迷你案例

案情：甲订立遗嘱，指定向好友乙遗赠自己创作的一幅画，没有表明著作权转让问题。甲死亡后遗嘱生效。

问 1：乙取得该画上的什么权利？

答案：所有权和展览权。①乙基于赠与关系，取得所有权；②当事人未约定的情况下，作品的展览权随所有权的转移而转移。

问 2：甲享有该画上的什么权利？

答案：其他可继承的著作权。

总结梳理

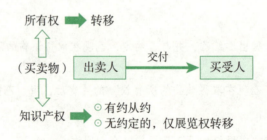

小综案例

案情：甲公司与乙公司订立买卖合同，约定甲公司以 100 万元的价格将机器设备 A、B 出卖给乙公司，乙公司应当在实际交货后的 1 周内付款。宋大江向甲公司提供连带责任保证，担保甲公司的机器设备 A 的价金债权。因机器设备 A 正由丙公司租赁，故甲、乙公司订立《补充协议1》，约定甲公司将其对丙公司租期届满后的返还请求权转让给乙公司。该项约定达成后，甲公司向丙公司通知了此事。又因甲公司仍需继续使用机器设备 B，故甲、乙公司订立《补充协议2》，约定自即日起，甲公司租赁机器设备 B 半年，并于租期届满时向乙公司交付租金10万元。及至租期届满，甲公司欲向乙公司返还机器设备B，乙公司无故不受领，甲公司遂将机器设备B提存。1周后，乙公司未如约支付机器设备B的价款，甲公司遂中止支付机器设备B的租金。半年后，丙公司将机器设备A交付予乙公司，乙公司也未如约向甲公司支付机器设备A的价款。3个月后，马小芸替乙公司向甲公司偿还了80万元，但未与甲公司约定偿还的是哪一台机器设备的价款。1年后，因乙公司已无力履行债务，故甲公司请求乙公司的控股股东沈玉菲偿还乙公司欠付的价金债务。正在甲公司一筹莫展之际，甲公司的法务白律师了解到，1年前，乙公司借给丁公司的100万元现已到期，丁公司至今未还，且该笔借款由郭达提供连带责任保证。

问题：

1. 乙公司自何时起，取得机器设备A的所有权？为什么？

2. 乙公司自何时起，取得机器设备B的所有权？为什么？

3. 乙公司未如约支付机器设备B的价款，甲公司可采取何种方式保护自己机器设备B的价款债权利益？为什么？

4. 如果乙公司一直未支付机器设备B的价款，也未领取提存的机器设备B，将会产生什么样的法律后果？为什么？

5. 马小芸替乙公司偿还的80万元，还的是哪一台机器设备的价款？为什么？

6. 沈玉菲能否拒绝承担乙公司欠付的价金债务？为什么？

7. 如果经查，乙公司无力履行债务的原因，是沈玉菲利用自己控股股东的地位，强迫乙公司向自己低价转让优质资产，沈玉菲能否拒绝承担乙公司欠付的价金债务？为什么？

8. 白律师了解到乙、丁公司之间的借款关系后，可采取何种法律措施保护甲公司的利益？

9. 如果白律师还了解到，乙公司已于2周前向丁公司表示放弃该笔债权，则白律师可采取何种法律措施保护甲公司的利益？

答案：

1.《补充协议1》生效时。甲公司将对丙公司租期届满后的返还请求权转让给乙公司，构成指示交付。自返还请求权转让约定生效时，物权变动。

2.《补充协议2》生效时。甲公司与乙公司约定，承租机器设备B，构成占有改定。自当事人达成物权变动的合意时，物权变动。

3. 首先，甲公司可以主张抵销权，即以自己的租金债务与乙公司的价款债务相冲抵。因为甲、乙公司互负租金债务与价款债务，且甲公司的价款债权已经到期，故可以行使抵销权。其次，甲公司可以通知提存机关拒绝乙公司领取其提存的机器设备B。双务合同中，一方债务已经提存，另一方债务到期未履行的，提存方可通知提存机关在对方履行债务或提供适当担保之前，拒绝其领取提存物。

4. 自提存之日起5年后，提存机关向甲公司返还机器设备B。债权人自提存之日起5年内，未领取提存物的，领取权消灭。此时，若债权人对债务人有到期债务未履行，提存物不再收归国家，而是在债务人承担提存费用后，由债务人取回。

5. 机器设备 B 的价款。债权人对债务人享有数笔同种类债权，且无约定的，首先清偿已经到期的债务；都已到期的，首先清偿无担保的债务。因甲公司的机器设备 A 的价金债权有担保，机器设备 B 的价金债权无担保，故偿还的是机器设备 B 的价金债权。

6. 能。乙公司具有法人资格，其出资人承担有限责任，故沈玉菲对乙公司不能履行的债务不承担责任。

7. 不能。沈玉菲滥用乙公司法人资格与有限责任，损害乙公司及其债权人利益，应适用"公司人格否认"规则，由沈玉菲向甲公司承担还款责任。

8. 向丁公司、郭达提起代位权之诉，请求丁公司偿还借款，同时请求郭达承担保证责任。

9. 先行向乙公司提起撤销权之诉，撤销其放弃债权的不当处分行为；然后再向丁公司及郭达提起代位权之诉。

第**12**讲

··· 履行顺序与优先权 ···

◎考点 **46** 履行顺序

一、普通动产多重买卖的履行顺序

不属于交通运输工具的动产即为普通动产。普通动产多重买卖，每一个买卖合同均有效，且买受人均要求实际履行合同的，出卖人的履行顺序规则是：

1. 占有者优先，即先行受领交付的买受人有权请求确认所有权已经转移。

2. 先支付价款者优先，即各买受人均未受领交付的，先行支付价款的买受人有权请求出卖人履行交付标的物等合同义务。

3. 合同成立在先者优先，即各买受人均未受领交付，也未支付价款的，依法成立在先的合同的买受人有权请求出卖人履行交付标的物等合同义务。

迷你案例

案情：甲先将电脑出卖给乙，乙未支付价金。在向乙交付前，甲又将电脑出卖给丙，丙支付了价金。现乙、丙均诉至法院，请求甲交付电脑。

问题：法院应当判决甲向谁履行？

答案：如果丙支付了价款，法院应判决丙受领电脑；反之，法院应判决乙受领电脑。

二、交通运输工具多重买卖的履行顺序

车辆、船舶、航空器等交通运输工具多重买卖，每一个买卖合同均有效，且买受人均要求实际履行合同的，出卖人的履行顺序规则是：

1. 占有者优先，即先行受领交付的买受人有权请求出卖人履行办理所有权转移登记手续等合同义务。

2. 过户登记者优先，即各买受人均未受领交付的，先行办理所有权转移登记手续的买受人有权请求出卖人履行交付标的物等合同义务。

3. 合同成立在先者优先，即各买受人均未受领交付，也未办理所有权转移登记手续的，依法成立在先的合同的买受人有权请求出卖人履行交付标的物和办理所有权转移登记手续等合同义务。

4. 占有优先于登记，即出卖人将标的物交付给买受人之一，又为其他买受人办理了所有权转移登记的，已受领交付的买受人有权请求出卖人将标的物所有权登记在自己名下。

一针见血 交通运输工具多重买卖的履行顺序：不考虑是否付款、付款先后之问题。

法条链接《买卖合同解释》第6、7条。

迷你案例

案情：甲将车 A 出卖给乙，并向乙交付。随后，甲又将车 A 出卖给丙，并为丙办理了所有权转移登记手续。

问 1：甲向丙出卖车 A 的行为，是有权处分还是无权处分？

答案：无权处分。

问 2：丙能否善意取得车 A？

答案：不能。因交通运输工具的善意取得需要向受让人交付，而甲未向丙交付汽车，故丙不能善意取得。

问 3：乙、丙之间的关系是什么？

答案：物权优先于债权的关系，即车 A 仍归乙所有，乙有权请求丙变更登记。

三、一房数租的履行顺序

一房数租，每个租赁合同均有效，且各承租人均请求出租人向自己履行租赁合同的，应按照下列顺序确定承租人：

1. 已经合法占有租赁房屋的。

2. 已经办理登记备案手续的。

3. 合同成立在先的。

4. 占有优先于登记。

一针见血 一房数租的履行顺序：与交通运输工具多重买卖的履行顺序规则相同。

法条链接《城镇房屋租赁合同解释》第5条。

总结梳理

普通动产多重买卖	交通工具多重买卖	一房数租
（1）占有者优先 （2）先支付价款者优先 （3）合同成立在先者优先	（1）占有者优先 （2）过户登记者优先 （3）合同成立在先者优先 （4）占有优先于登记	（1）占有者优先 （2）办理登记备案者优先 （3）合同成立在先者优先 （4）占有优先于登记

四、同一应收账款债权的多次保理、转让、出质

应收账款债权人就同一应收账款订立多个保理合同，致使多个保理人主张权利的，各保理人的受偿顺位是：

1. 已登记的先于未登记的受偿。

2. 各保理人均已登记的，按照登记的先后顺序受偿。

3. 各保理人均未登记的，由最先到达应收账款债务人的转让通知中载明的保理人受偿。

4. 既未登记也未通知的，按照应收账款比例清偿。

同一应收账款同时存在保理、应收账款质押和债权转让的，受偿顺序的确定，同样适用上述规则。

[法条链接]《民法典》第 768 条；《担保制度解释》第 66 条。

[总结梳理]

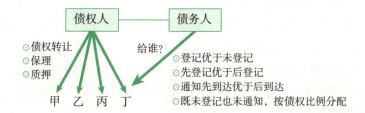

[迷你案例]

案情：甲公司对乙公司享有应收账款债权 100 万元。1 日，甲公司与 A 银行订立保理合同，通知了乙公司。3 日，甲公司与 B 公司订立质押合同，将债权出质给 B 公司，办理了质押登记。5 日，甲公司与 C 银行订立保理合同，办理了保理登记。7 日，甲公司与 D 公司订立债权让与合同，将债权转让给 D 公司，但未通知乙公司。10 日，甲公司与 E 公司订立债权让与合同，将债权转让给 E 公司，通知了乙公司。

问题：现乙公司的债务到期，A 银行、B 公司、C 银行、D 公司、E 公司的受偿顺位如何确定？

答案：B 公司（最先质押登记）——C 银行（其次保理登记）——A 银行（最先保理通知）——E 公司（其次债权让与通知）——D 公司（债权让与未通知）。

◎考点 47　优 先 权

一、按份共有人的优先购买权

由于共有份额系按份共有人自己的财产，故按份共有人转让其共有份额，无需其他共有人同意。但是，按份共有人对外转让共有份额时，其他共有人在同等条件下享有优先购买权。

一针见血 按份共有人优先购买权的对象：

按份共有人的优先购买权是对其他共有人共有份额的优先购买权，而非是对共有物的优先购买权。

（一）条件

1. 对外转让。按份共有人对内转让共有份额，或按份共有人的共有份额因继承、遗赠等原因发生变化的，其他按份共有人不得主张优先购买权。

2. 同等条件。按份共有人对外转让共有份额，其他按份共有人是否行使其享有的优先购买权，需要以知道按份共有人对外转让的条件为前提。

（二）共有人优先购买权的行使期间

1. 转让人通知了其他按份共有人对外转让的事实，且通知中包含了同等条件内容。这意味着，其他按份共有人具备了对是否行使优先购买权进行判断的条件。此时，其优先购买权的行使期间界定方式为：

（1）以转让人通知载明的期间为准，但不得短于通知到达之日起15日；

（2）转让人的通知中未载明期间的，为通知到达之日起15日。

2. 转让人未通知其他按份共有人对外转让的事实，或通知中未包含同等条件内容。这意味着，其他按份共有人不具备对是否行使优先购买权进行判断的条件。此时，其优先购买权的行使期间界定方式为：

（1）自其他按份共有人知道或者应当知道最终确定的同等条件之日起15日；

（2）其他共有人自共有份额权属转移之日起6个月内未行使优先购买权的，该权利消灭。

迷你案例

案情：甲、乙按份共有A物。现甲通知乙，其欲将自己的共有份额转让给丙，但未告知乙其对丙的转让条件，要求乙在收到通知之日起15日内行使优先购买权。

问题：乙可在多长时间内行使优先购买权？

答案：乙可在知道或应当知道甲对丙的转让条件之日起15日内，行使优先购买权。自甲对丙的转让完成之日起6个月内，乙未行使优先购买权的，优先购买权消灭。

总结梳理

知道对外转让条件	原则：通知之日起，15日。
	例外：通知载明时间长于15日的，从通知。
不知道对外转让条件	主观标准：知道或应当知道对外转让条件之日起，15日。
	客观标准：转让完成之日起，6个月。

（三）多个按份共有人的优先购买权

2个以上按份共有人均主张优先购买权且协商不成时，按照转让时各自在共有财产中占有的份额比例行使优先购买权。

（四）侵害优先购买权的后果

按份共有人对外转让共有份额，侵害其他按份共有人优先购买权的，如未通知其他按份共有人，导致其他按份共有人未能行使优先购买权，其他按份共有人有权主张损害赔偿，但不得主张共有份额转让合同无效。

法条链接 《民法典》第 305、306 条；《物权编解释（一）》第 9~13 条。

总结梳理

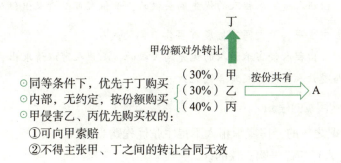

二、承租人优先购买权

（一）优先购买权人

1. 只有房屋承租人才享有优先购买权，动产承租人并不享有此项权利。

2. 房屋承租人享有优先购买权，并不以出租人对外转让租赁物的情形为限。租赁物抵押权人行使抵押权或法院强制执行导致租赁物出卖的，承租人依然有权主张优先购买。

迷你案例

案情：甲将已经抵押给乙银行的房屋出租给丙。现乙银行要行使抵押权，变卖房屋。

问题：丙可否主张同等条件下的优先购买权？

答案：可以。租赁物转让的，房屋承租人享有优先购买权。

（二）出租人的事先通知义务

房屋租赁中，出租人欲向第三人出卖租赁物的，应当在出卖之前的"合理期间"通知承租人，即告知出租人房屋即将出卖的事实。出租人事先通知的意义，在于为承租人主张优先购买权提供条件。

1. "合理期间"的界定

（1）原则上，出租人应当在出卖前 15 日通知承租人；

（2）出租人委托拍卖人拍卖租赁房屋，应当在拍卖 5 日前通知承租人。

2. 出租人侵害承租人优先购买权的法律后果

（1）承租人有权请求出租人承担赔偿责任；

（2）承租人无权请求确认出租人与第三人签订的房屋买卖合同无效。

一针见血 侵害优先购买权的后果：

出租人侵害承租人优先购买权的后果，与按份共有人侵害其他按份共有人优先购买权的后果相同。

 迷你案例

案情：甲将房屋 A 出租给乙。租期内，甲在未通知乙的情况下，与不知情的丙订立了房屋 A 买卖合同，并为丙办理了过户登记手续。

问 1：乙可否请求甲承担赔偿责任？

答案：可以。出租人侵害承租人的优先购买权的，承租人可以请求出租人赔偿损失。

问 2：乙可否主张甲、丙之间的房屋 A 买卖合同无效？

答案：不可以。出租人侵害承租人的优先购买权的，承租人可以请求出租人赔偿损失，但不得主张出租人与受让人之间的买卖合同无效。

（三）优先购买权的限制

具备如下情况之一的，房屋承租人不得主张优先购买权：

1. 房屋共有人行使优先购买权的。

2. 出租人将房屋出卖给近亲属的，包括配偶、父母、子女、兄弟姐妹、祖父母、外祖父母、孙子女、外孙子女。

3. 出租人履行通知义务后，承租人在 15 日内未明确表示购买的。

4. 出租人拍卖租赁房屋，承租人未参加拍卖的。

5. 买受人已经办理登记手续的。

[法条链接]《民法典》第 726~728 条。

[一针见血] 租赁部分不动产承租人的优先购买权：

承租部分不动产的，不动产整体转让，承租人不享有优先购买权。

 迷你案例

案情：甲将 10 层楼中的一层出租给乙。租赁期间，甲欲将该楼整体转让给丙。

问题：乙能否主张优先购买权？

答案：不能。承租部分不动产的租赁人，在不动产整体转让的情况下，不享有优先购买权。

总结梳理

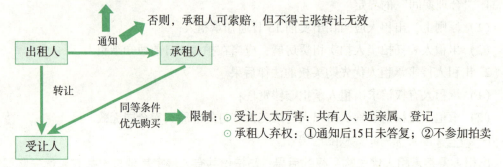

	适用范围	限 制	其 他
优先购买权	房屋租赁	（1）房屋共有人行使优先购买权 （2）出租人将房屋出卖给近亲属 （3）承租人 15 日内未明确表示购买 （4）承租人未参加拍卖 （5）第三人购买并登记	（1）提前通知时间：一般提前 15日，拍卖提前 5 日 （2）未通知的后果：可以索赔，但不得主张买卖无效
买卖不破租赁	所有租赁	（1）登记的抵押权在先，或未登记的抵押权成立在先且承租人恶意 （2）查封扣押在先	（无）

三、承租人的优先承租权

租赁期限届满，房屋承租人享有以同等条件优先承租的权利。

[法条链接]《民法典》第 734 条第 2 款。

💡[总结]梳理

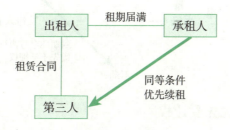

四、建设工程优先权

建设工程优先权，是指发包人迟延支付工程款，承包人可对所建工程变价优先受偿的权利。

1. 主体

（1）承包人。

（2）装饰装修工程的承包人，有权请求装饰装修工程价款就该装饰装修工程折价或者拍卖的价款优先受偿。但装饰装修工程的发包人不是该建筑物的所有权人的除外。

需要注意的是，建设工程合同无效，但工程验收合格的，承包人"参照合同支付工程款"的债权，依然可受到建设工程优先权的担保。

2. 成立条件

发包人未按照约定支付工程款的，经承包人催告后，发包人在合理期限内仍不履行债务。

3. 权利行使期限

建设工程优先权的行使期限为 18 个月，自发包人应当给付建设工程价款之日起计算。

4. 权利行使方式

承包人可以与发包人协议将该工程折价，也可以申请法院将该工程依法拍卖。

5. 权利的效力

（1）优先受偿的范围

❶ 承包人基于建设工程优先权，可以优先受偿的工程款债权包括承包人为建设工程所支付的工作人员报酬、材料款等费用；

❷ 承包人不得基于建设工程优先权，优先受偿因发包人违约所造成的损失。

一针见血 建设工程优先权的优先受偿范围：

承包人工程款债权的全部，均可从建设工程变价中受偿。但承包人基于建设工程优先权可从建设工程变价中优先受偿的，仅为工程款债权的一部分。

（2）建筑工程优先权优先于该工程上已经设立的抵押权。

法条链接 《民法典》第 807 条；《建设工程施工合同解释（一）》第 35~38、40~42 条。

总结梳理

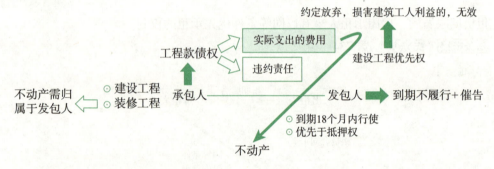

五、技术合同中的优先受让权

1. 单位转让职务技术成果的，职务技术成果的完成人在同等条件下享有优先受让权。

2. 技术开发合同当事人对于专利申请权的优先受让权

（1）委托开发合同

申请专利的权利属于研究开发人（受托人）。研究开发人转让专利申请权的，委托人享有同等条件下的优先受让权。

（2）合作开发合同

申请专利的权利属于合作各方。合作开发的当事人一方转让其共有的专利申请权的，他方享有同等条件下的优先受让权。

法条链接 《民法典》第 847、859、860 条。

总结梳理

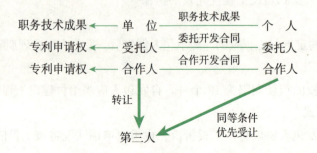

 小综案例

案情：科达公司与南湖公司订立买卖合同，约定科达公司以 100 万元的价格购买南湖公司的机器设备 A。合同订立后，科达公司得知，南湖公司又将该机器设备 A 出卖给大路公司，但尚未向大路公司交付，大路公司也未支付价款。南湖公司向科达公司交付机器设备 A 后，将对科达公司的应收账款债权保理给建设银行，并通知了科达公司。1 周后，南湖公司又将该应收账款债权出质给工商银行，并办理了质押登记。科达公司机器设备 A 的价款债务到期后，建设银行、工商银行均请求科达公司付款。科达公司与天成建筑公司（以下简称"天成公司"）订立建设工程合同，约定天成公司为科达公司承建"东方星座"写字楼。工程竣工并验收合格后，科达公司未如约支付工程款，天成公司反复催告未果。经查，科达公司此前已经将"东方星座"写字楼抵押给民生银行，用以担保其从民生银行的贷款，并办理了抵押登记。后来，科达公司在向天成公司支付了工程款，但未向民生银行偿还贷款本息的情况下，将"东方星座"写字楼出卖给熊大、李四，并办理了过户登记，登记记载熊大、李四按照 6∶4 的比例按份共有"东方星座"写字楼。1 周后，熊大、李四将"东方星座"写字楼出租给红光公司。在租赁期间，熊大欲将其共有份额转让给其弟熊二。熊大将转让条件告知李四后，因李四未行使优先购买权，熊大为熊二办理了过户登记手续。半年后，因科达公司对民生银行的贷款到期未付，民生银行遂行使抵押权，欲拍卖"东方星座"写字楼，并提前 10 天通知了红光公司，但红光公司并未参加拍卖。最终，"东方星座"写字楼被蓝色空间公司拍得。蓝色空间公司办理过户登记后，要求红光公司腾房。

问题：

1. 南湖公司应向谁交付机器设备 A？为什么？

2. 科达公司应当向哪家银行付款？为什么？

3. 如果天成公司行使建设工程优先权，其对科达公司的违约金债权，可否从"东方星座"写字楼的变价中，优先于民生银行受偿？为什么？

4. 熊大、李四取得"东方星座"写字楼的按份共有权，对民生银行的抵押权有何影响？为什么？

5. 熊大欲将其共有份额转让给熊二，李四能否享有同等条件下的优先购买权？为什么？

6. 熊大欲将其共有份额转让给熊二，且李四放弃优先购买权，红光公司能否享有同等条件下的优先购买权？为什么？

7. 如果红光公司参加拍卖，其能否主张同等条件下的优先购买权？为什么？

8. 现红光公司未参加拍卖，其能否对蓝色空间公司主张买卖不破租赁之保护？为什么？

答案：

1. **科达公司。**普通动产多重买卖，均未交付、也均未支付价款的，买卖合同成立在先的买受人优先受偿。

2. 工商银行。债权人将同一应收账款向不同人保理、质押的，登记的权利人优先于未登记的权利人。

3. 不可以。建设工程优先权可以优先于抵押权受偿，但建设工程优先权的担保范围不包括承包人因发包人违约而产生的违约责任请求权。

4. 没有影响。民生银行的不动产抵押权已经登记，且抵押物受让人不存在善意取得的问题，故可以对抗熊大、李四的按份共有权。

5. 能。按份共有人对外转让共有份额，其他按份共有人可在同等条件下优先购买，且无需考虑受让人是否为近亲属的问题。

6. 不能。受让人为出租人的近亲属的，承租人不得主张优先购买权。

7. 能。在红光公司参加拍卖的情况下，本案不存在其行使优先购买权的任何限制。

8. 不能。民生银行的抵押权成立在先，且已登记，故红光公司不得对抵押权行使的受让人（蓝色空间公司）主张买卖不破租赁之保护。

第13讲

···抗　辩　权···

⊛考点 **48** 诉讼时效抗辩权

一、不适用诉讼时效的请求权

1. 不适用诉讼时效的物权请求权

（1）不动产物权人的返还原物请求权。例如，房屋所有权人请求侵占人返还房屋的请求权，不适用诉讼时效。

（2）登记的动产物权人的返还原物请求权。例如，已办理所有权登记的车辆所有权人请求盗窃人返还汽车的请求权，不适用诉讼时效。

（3）停止侵害、排除妨碍、消除危险请求权。

[一针见血] 适用诉讼时效的物权请求权：

适用诉讼时效的物权请求权，仅限于"未经登记的动产物权人的返还原物请求权"。

2. 不适用诉讼时效的债权请求权：①抚养费、赡养费或者扶养费请求权；②支付存款本金及利息请求权；③兑付国债、金融债券以及向不特定对象发行的企业债券本息请求权；④基于投资关系产生的缴付出资请求权。

需要说明的是，"基于投资关系产生的缴付出资请求权"应作广义解释。具体来讲，在由成员所组成的团体中，个别成员未履行向团体缴纳金钱的义务，团体请求其履行债务的请求权，不受诉讼时效的限制。例如，业主大会请求业主交付物业维修资金的请求权，不适用诉讼时效。

[总结梳理]

不适用诉讼时效的物权请求权	不适用诉讼时效的债权请求权
（1）返还原物请求权 　①基于不动产物权的返还原物请求权 　②基于登记的动产物权的返还原物请求权 （2）停止侵害、排除妨害、消除危险请求权	（1）抚养费、赡养费、扶养费请求权 （2）存款本息请求权 （3）国债、金融债券、向不特定对象发行的企业债券本息请求权 （4）缴付出资请求权（团体对成员的请求权）

3. 人格权请求权不适用诉讼时效

人格权受到侵害的，受害人的停止侵害、排除妨碍、消除危险、消除影响、恢复名誉、赔礼道歉请求权，不适用诉讼时效的规定。

[法条链接]《民法典》第 196、995 条；《诉讼时效规定》第 1 条。

二、诉讼时效的中断

1. 连带债权债务

对于连带债权人、债务人中的一人发生诉讼时效中断效力的事由，应当认定对其他连带债权人、债务人也发生诉讼时效中断的效力。

[总结梳理]

2. 债权人行使代位权

债权人提起代位权诉讼的，应当认定对债权人的债权和债务人的债权均发生诉讼时效中断的效力。

[总结梳理]

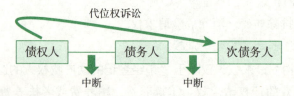

[法条链接]《诉讼时效规定》第 15、16 条。

三、诉讼时效期间届满的法律后果

1. 权利人有权起诉

（1）法院不得以届满诉讼时效为由，不予受理；

（2）法院不得以届满诉讼时效为由，裁定驳回起诉。

2. 法院需被动适用诉讼时效

法院适用诉讼时效制度，判决驳回原告的诉讼请求，必须以被告（义务人）提起时效抗辩为条件。这意味着：

（1）义务人未提出诉讼时效抗辩的，法院不应对诉讼时效问题进行释明及主动适用诉讼时效的规定进行裁判。

[一针见血] 法院对诉讼时效的被动适用：

义务人未主动提出诉讼时效抗辩权的，法院不得①主动适用；②主动释明。

（2）义务人在一审期间未提出诉讼时效抗辩，在二审期间提出的，法院不予支持。但是，基于"新的证据"能够证明权利人的请求权已过诉讼时效期间的情形除外。

（3）义务人在原审中未提出诉讼时效抗辩，以诉讼时效期间届满为由申请再审的，法院不予支持。

3. 义务人放弃诉讼时效抗辩权，或自愿履行债务的，不得反悔。

[法条链接]《民法典》第 192、193 条；《诉讼时效规定》第 2、3 条。

总结梳理

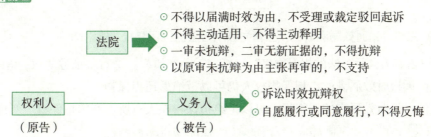

- 法院 →
  - ⊙ 不得以届满时效为由，不受理或裁定驳回起诉
  - ⊙ 不得主动适用、不得主动释明
  - ⊙ 一审未抗辩，二审无新证据的，不得抗辩
  - ⊙ 以原审未抗辩为由主张再审的，不支持

- 权利人（原告）—— 义务人（被告）→
  - ⊙ 诉讼时效抗辩权
  - ⊙ 自愿履行或同意履行，不得反悔

四、主债诉讼时效届满对担保责任的影响

（一）主债诉讼时效届满对"以登记为公示方法的担保物权"的影响

1. "以登记为公示方法的担保物权"包括：

（1）抵押权；

（2）股权质权；

（3）知识产权质权；

（4）应收账款质权。

2. 债权人在主债诉讼时效内未行使抵押权的，抵押权消灭。

3. 债权人在主债诉讼时效内仅起诉债权人，但胜诉后却未在执行期间内对债权人申请强制执行的，抵押权消灭。

[法条链接]《担保制度解释》第 44 条。

迷你案例

案情：甲从乙银行借款，丙以房屋 A 向乙银行抵押，并办理了抵押登记。

问 1：如果甲到期未向乙银行偿还借款，乙银行始终未对甲主张债权，也未对丙主张抵押权，现借款合同诉讼时效已经届满，则乙银行请求丙承担抵押担保责任，丙能否拒绝？

答案：能。乙银行未在主债诉讼时效期间内行使抵押权，抵押权消灭。

问 2：如果甲到期未向乙银行偿还借款，乙银行在主债诉讼时效期间内对甲提起诉讼，胜诉后却未在执行期间内申请法院对甲强制执行，则乙银行请求丙承担抵押担保责任，丙能否拒绝？

答案：能。乙银行未在主债执行期间内申请法院对债务人强制执行，抵押权消灭。

总结梳理

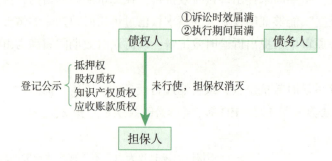

（二）主债诉讼时效届满对"以占有为公示方法的担保物权"的影响

1. "以占有为公示方法的担保物权"包括：①动产质权；②有价证券质权；③留置权。

2. 主债诉讼时效届满的，担保物权人仍可以拒绝返还担保物。

3. 主债诉讼时效届满的，担保人可以拒绝担保物权人对所占有的担保财产变价受偿。

一针见血 诉讼时效期间届满对占有公示的担保物权的影响：

⊙ 因诉讼时效届满，占有公示的担保物权不消灭，故担保物权人对担保物的占有仍为有权占有，其无需返还担保物。

⊙ 因诉讼时效届满，担保人享有债务人的诉讼时效抗辩权，故其可拒绝担保物权人就担保物变价受偿。

4. 担保物权人同意返还担保物，或担保人同意对担保财产变价受偿的，予以支持。

法条链接 《民法典》第419条；《担保制度解释》第44条。

迷你案例

案情：甲从乙银行借款，丙以机器设备 A 向乙银行出质，并且交付。甲到期未向乙银行偿还借款，乙银行始终未对甲主张债权，也未对丙主张质权。现借款合同诉讼时效已经届满。

问1：丙请求乙银行返还机器设备 A，乙银行能否拒绝？

答案：能。主债诉讼时效届满，质权并不消灭，故乙银行有权占有机器设备 A。

问2：乙银行主张对机器设备 A 变价受偿，丙能否拒绝？

答案：能。主债诉讼时效届满，丙可以对乙银行主张甲的诉讼时效抗辩权。

总结梳理

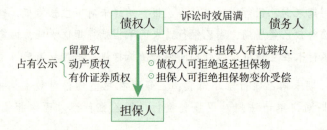

（三）主债诉讼时效届满对保证的影响

1. 保证人提供保证后，主债诉讼时效届满的，保证人可以对债权人主张债务人的诉讼时效抗辩权。

2. 保证人明知主债诉讼时效届满，仍然提供保证的：

（1）保证人不得再主张债务人的诉讼时效抗辩权；

（2）保证人承担保证责任后，不得向债务人追偿，但债务人放弃其诉讼时效抗辩权的除外。

法条链接《民法典》第 701 条；《担保制度解释》第 35 条。

总结梳理

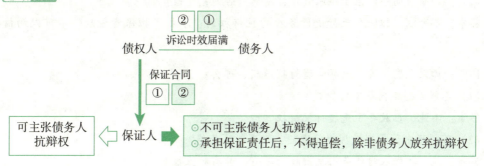

49 担保人的债务人抗辩权

一、一般原理

担保人的债务人抗辩权，是指在债务人对债权人享有抗辩权的情况下，担保人有权以之抗辩债权人，拒绝承担担保责任。担保人的债务人抗辩权具有独立性，纵然债务人放弃自己对债权人的抗辩权，担保人的债务人抗辩权也不受影响。

二、担保人追偿权与抗辩权的关系

1. 在债务人对债权人享有抗辩权的情况下，若担保人未以之抗辩债权人，则其承担担保责任之后，不得对债务人追偿。

2. 在债务人放弃其对主债权人的抗辩权的情况下，若担保人未以之抗辩主债权人，则其承担担保责任之后追偿权并不消灭。

一针见血 担保人的债务人抗辩权与追偿权：

⊙ 债务人有抗辩权的，担保人必能主张。

⊙ 担保人未主张债务人抗辩权，承担担保责任的，原则上不得追偿，但债务人放弃其抗辩权的除外。

法条链接《民法典》第 701 条；《诉讼时效规定》第 18 条；《担保制度解释》第 20 条。

迷你案例

案情：甲与乙订立买卖合同，约定甲将一批货物以 10 万元的价格出卖给乙，甲交货后 1 个月，乙付款。丙与甲订立抵押合同，以机器设备为甲的价金债权设立抵押，并办理了抵押登记手续。现甲向乙交付的货物质量不符合约定，无法使用。

问1：乙能否拒绝向甲支付价款？

答案：能。乙享有先履行抗辩权。

问2：如果甲请求丙承担抵押担保责任，则丙能否拒绝？

答案：能。担保人可以享有债务人的抗辩权。

问3：如果丙向甲承担了担保责任，则其可否向乙追偿？

答案：不可以。担保人未行使债务人的抗辩权的，承担了担保责任后，不可以向债务人追偿。

问4：如果乙向甲表示放弃先履行抗辩权，那么：

(1) 乙能否拒绝向甲支付价款？

答案：不能。乙放弃了先履行抗辩权。

(2) 若甲请求丙承担抵押担保责任，则丙能否拒绝？

答案：能。担保人对债务人抗辩权的享有，具有独立性。

(3) 若丙向甲承担了担保责任，则其可否向乙追偿？

答案：可以。债务人放弃抗辩权后，担保人未行使债务人的抗辩权的，其在承担了担保责任后，可以向债务人追偿。

总结梳理

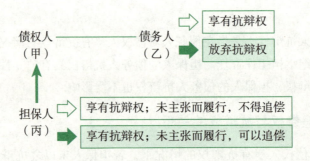

🔲考点 50 双务合同抗辩权

一、双务合同的认定

双务合同是"一个"合同。当事人双方在一个合同法律关系中互负的债务，才是双务合同中的"双务"，才具有互为对待性的关系，才有履行抗辩权。

迷你案例

案情：根据甲、乙间的借贷合同，乙欠甲借款未偿还。又根据甲、乙间的买卖合同，甲欠乙货物未交付。

问题：如果乙的还款债务到期不履行，则甲能否拒绝履行交货的债务？

答案：不能。乙的还款债务与甲的交货债务不是一组"双务"，不存在抗辩关系。

一针见血 "互负债务"的两种情形：

⊙ 当事人双方在一个法律关系中互负债务，为双务合同关系。

⊙ 当事人双方在两个法律关系中互负债务，为抵销关系。

二、双务合同的三种履行抗辩权

（一）同时履行抗辩权

同时履行抗辩权，是指在双务合同中，当事人双方互负的债务应同时履行的情况下，一方在对方履行之前，或对方履行债务不符合约定时，有权拒绝对方履行请求的权利。

1. 同时履行抗辩权为当事人双方所享有。双务合同中任何一方当事人，在对方未履行或履行不合格的情况下，均有权拒绝对方的履行请求，即均享有同时履行抗辩权。

2. 在当事人双方均主张同时履行抗辩权的情况下，任何一方当事人均没有违约责任可言。

（二）先履行抗辩权

先履行抗辩权，又称顺序履行抗辩权，是指在双务合同的当事人双方债务的履行存在先后顺序的情况下，在先履行一方未履行债务，或履行债务不符合约定时，后履行一方有权拒绝对方履行请求的权利。

1. 先履行抗辩权为后履行义务的当事人一方所享有。

2. 先履行抗辩权场合，因先履行一方已经构成现实违约，故后履行一方在享有先履行抗辩权的同时，还有权请求先履行一方承担现实违约责任。

迷你案例

案情：甲与乙订立买卖合同，约定甲先交货，乙后付款。现甲逾期未交货。

问 1：乙的债务到期后，其能否拒绝付款？凭什么？

答案：能。凭先履行抗辩权。

问 2：乙能否追究甲的违约责任？

答案：能。乙可追究甲的现实违约责任。

需要注意的是，后履行一方的债务需已届满清偿期。反之，如果后履行一方的债务尚未到期，则先到期一方不得请求履行，此时就没有抗辩权的问题。

（三）不安抗辩权

不安抗辩权，是指在双务合同的当事人双方债务履行存在先后顺序，后履行一方有不履行债务之可能的情况下，先履行一方所享有的拒绝对方履行请求的权利。

1. 不安抗辩权，为先履行一方当事人所享有。

2. 不安抗辩权的行使条件是：先履行一方债务到期，且能够证明后履行一方未来债务到期时，有可能不履行债务，即存在不安事由。不安事由包括：

（1）经营状况严重恶化；

（2）转移财产、抽逃资金，以逃避债务；

（3）丧失商业信誉；

（4）有丧失或者可能丧失履行债务能力的其他情形。

需要注意两个问题：

❶ 先履行一方没有确切的不安证据而中止履行债务的，应当承担违约责任。

❷ 先履行一方的债务需已届满清偿期。反之，如果先履行一方的债务尚未到期，后到期一方不得请求履行，此时也就没有抗辩权的问题。

3. 不安抗辩权的行使

（1）先履行一方根据不安事由，中止履行已到期债务，并及时通知对方；

（2）后履行一方恢复履行能力，或者提供适当担保的，先履行一方应恢复履行；

（3）后履行一方在合理期间内，未恢复履行能力，且未提供适当担保的，先履行一方有权解除合同，并追究对方的预期违约责任。

迷你案例

案情：甲与乙订立买卖合同，约定甲先交货，乙后付款。现甲债务到期时，得知乙经营状况恶化。

问1：甲如何化解风险？

答案：甲有权中止交货，并有权请求乙提供适当担保。

问2：如果乙未在合理期间内恢复履行能力，或提供适当担保，则甲怎么办？

答案：甲有权解除合同，并追究乙的预期违约责任。

一针见血 双务合同抗辩权的一个前提：

主张同时履行抗辩权、先履行抗辩权、不安抗辩权的一方，其债务必须到期。

法条链接《民法典》第525～528条。

总结梳理

	抗辩权人	主张抗辩权的条件	对方的违约责任
同时履行抗辩权	双　　方	双方债务到期，且对方未履行或履行不合格	无违约责任
先履行抗辩权	后履行方	对方债务到期，且未履行或履行不合格	现实违约责任
不安抗辩权	先履行方	自己债务到期，且能证明不安事由	预期违约责任

三、等价抗辩原则

1. 含义。双务合同抗辩权的主张，抗辩权人拒绝履行的范围，应当与对方不履行的范围相适应。

2. 前提。抗辩权人的债务为可分债务。

四、多段履行

多段履行，是指在双务合同中，存在履行先后顺序的当事人一方或者双方，其债务履行方式为 2 次或者 2 次以上，并与对方债务的履行顺序交叉的情形。对于这种多段履行的情形，按照履行的先后顺序，以"分组把握"的方式来分析，确定当事人债务的履行顺序，并确定双务合同抗辩权的行使。

总结梳理

迷你案例

案情：甲、乙订立买卖合同，约定甲先交预付款，乙后交货，甲最后付余款。

问 1：如果甲未交预付款，乙能否拒绝交货？

答案：能。凭先履行抗辩权。

问 2：如果乙有可能无法交货，甲能否中止支付预付款？

答案：能。凭不安抗辩权。

问 3：如果乙未交货，甲能否拒付余款？

答案：能。凭先履行抗辩权。

问 4：如果甲有可能不付余款，乙能否中止交货？

答案：能。凭不安抗辩权。

需要注意的是，对于分段履行的分组把握，依然需坚持"等价抗辩"原则。

考点51　赠与人的撤销权

一、赠与人的任意撤销权

1. 赠与人的任意撤销权没有积极条件，即无需法定事由，具有"任意性"。

2. 赠与财产权利转移之后，不得主张任意撤销权。

一针见血 任意撤销权的功能：

任意撤销权是"不给了"的权利。如果已经"给了"（财产权利已经转移），则该权利失效。

3. 已经公证的赠与合同，以及具有救灾、扶贫等社会公益、道德义务性质的赠与合同，不得任意撤销。

二、赠与人的赠与拒绝权

1. 赠与人的赠与拒绝权，需以赠与人的经济状况显著恶化，严重影响其生产经营或者家庭生活为前提。

2. 赠与财产权利转移之后，不得主张赠与拒绝权。

一针见血 赠与拒绝权的功能：

赠与拒绝权也是"不给了"的权利。如果已经"给了"（财产权利已经转移），则该权利失效。

迷你案例

案情：甲公司与乙希望小学约定，甲公司以100万元相赠。现款项尚未交付，甲反悔。

问1：甲能否行使任意撤销权？

答案：否。事关公益的赠与，不得任意撤销。

问2：甲能否行使赠与拒绝权？

答案：甲能够证明自己经济状况恶化，影响生产、生活的，可以；反之，则不能。

3. 赠与人的法定撤销权

（1）法定撤销权的条件

❶ 受赠人严重侵害赠与人或者赠与人的近亲属的合法权益；

❷ 受赠人对赠与人有法定扶养义务而不履行；

❸ 在附义务的赠与合同中，受赠人不履行赠与合同约定的义务。

（2）赠与人行使法定撤销权的法律后果

❶ 赠与财产权利已经转移的，赠与人一经行使法定撤销权，即有权请求受赠人返还赠与财产；

❷ 赠与财产权利尚未转移的，赠与人一经行使法定撤销权，即有权不再实施财产的赠与。

一针见血 法定撤销权的功能：

法定撤销权既是"不给了"的权利，也是"要回来"的权利。

法条链接《民法典》第658、663、666条。

总结梳理

	权利目的	法定事由
任意撤销权	⊙不给了	①权利未转移；②公证、公益赠与不得撤销。
赠与拒绝权		①权利未转移；②赠与人的经济状况显著恶化。
法定撤销权	⊙要回来 ⊙不给了	①受赠人严重侵害赠与人及其近亲属的合法权益； ②受赠人不履行法定扶养义务； ③受赠人不履行赠与合同约定的义务。

 小综案例

案情：甲银行借给乙公司 100 万元。为担保甲银行的借款债权，张三以房屋 A 设立抵押，并办理登记；李四以汽车 B 出质，并且交付；王五提供连带责任保证。借款到期后，乙公司未如约还款，甲银行也未催要并行使担保权。3 年后，甲银行向乙公司提起诉讼，请求其偿还借款本息，乙公司仅以公司经营困难为由提出抗辩，一审法院遂判决乙公司履行还款债务。乙公司提起上诉，以诉讼时效届满为由，再次抗辩。经审理，二审法院改判乙公司无需履行债务。二审判决生效后，甲银行经与乙公司沟通，在获得了乙公司放弃诉讼时效抗辩权的书面声明后，通知各担保人承担担保责任，各担保人均表示拒绝。1 年后，乙公司与田七订立买卖合同，约定乙公司以 100 万元的价格，向田七出卖 100 件 A 型设备，田七需支付预付款 20 万元，待乙公司交付货物，田七再支付余款 80 万元。合同订立后，田七支付了预付款。及至交货日，乙公司发现田七的主要财产已被法院因另案查封、扣押，遂通知田七中止履行交货义务。马小芸与田七约定，赠送给田七 100 万元，但田七需与马小芸订立长期供货合同。该赠与合同已经公证。

问题：

1. 一审法院的判决是否正确？为什么？

2. 如果一审审理中查明，2 年前，甲银行得知乙公司对西山公司的 30 万元货款已经到期后，曾向西山公司提起过代位权之诉，但因西山公司无力履行债务，甲银行的债权未获受偿，那么乙公司在一审中能否提出诉讼时效抗辩？为什么？

3. 乙公司在二审中能否提出诉讼时效抗辩？为什么？

4. 张三能否拒绝承担抵押担保责任？为什么？

5. 李四能否拒绝承担质押担保责任，并请求甲银行返还出质的汽车 B？为什么？

6. 王五能否拒绝承担连带责任保证？为什么？

7. 如果王五承担了保证责任，则其可否向乙公司追偿？为什么？

8. 乙公司能否中止履行交货义务？为什么？

9. 马小芸与田七订立赠与合同后，能否拒绝赠与？为什么？

10. 如果马小芸将 100 万元交付给田七后，田七拒绝与马小芸订立长期供货合同，则马小芸怎么办？为什么？

答案：

1. 正确。债务人未提出诉讼时效抗辩权的，法院不得主动适用诉讼时效制度或者向债务人释明，故乙公司未提出诉讼时效抗辩权，法院只能判决乙公司履行债务。

2. 不能。债权人提起代位权之诉的，债权人对债务人的债权、债务人对次债务人的债权，均发生中断。故此时诉讼时效尚未届满，乙公司不能提出诉讼时效抗辩。

3. 原则上不能，除非有新的证据。债务人在一审中未提出诉讼时效抗辩权，在二审中提出的，除非有新的证据，否则二审法院不予支持。

4. 能。债权人未在主债诉讼时效内行使抵押权的，抵押权消灭。乙公司放弃诉讼时效抗辩权的书面声明，对上述判断没有影响。

5. 首先，李四可拒绝承担质押担保责任。主债诉讼时效届满后，债权人不得对其所占有的担保物变价受偿；其次，李四不得请求返还出质的汽车 B。主债诉讼时效届满后，质权并不消灭，故质权人对质物的占有仍为有权占有。乙公司放弃诉讼时效抗辩权的书面声明，对上述判断没有影响。

6. 能。主债诉讼时效届满后，保证人可以对债权人主张债务人的诉讼时效抗辩权。乙公司放弃诉讼时效抗辩权的书面声明，对上述判断没有影响。

7. 可以。原则上，债务人享有抗辩权，而担保人承担担保责任的，不得向债务人追偿，但债务人放弃其抗辩权的除外。

8. 乙公司能中止履行 80 件 A 型设备的交货义务。首先，乙公司可基于不安抗辩权，中止履行；其次，因乙公司的债务为可分债务，故根据等价抗辩原则，乙公司只能中止履行 80 件 A 型设备的交付。

9. 不能。因赠与合同已经公证，故马小芸不能根据任意撤销权拒绝赠与。

10. 马小芸可在 1 年内撤销赠与合同，并请求田七返还赠与的 100 万元。赠与财产权利转移后，受赠人不履行附义务赠与中约定义务的，赠与人在知道或应当知道此事之日起1 年内，可基于法定撤销权撤销赠与，并请求受赠人返还占有物。赠与人的法定撤销权，不受公证、公益赠与的限制。

第 **14** 讲

···违 约 责 任···

52 违约责任的构成：是否承担违约责任？

一、违约责任的归责原则

违约责任的归责原则，是指债务人违约责任的承担，是否应当以"过错"作为条件。

1. 原则上，违约责任的承担，采取严格责任原则。其表现是：

（1）债务人是否承担违约责任，只看违约的事实，不问债务人的过错。

（2）因第三人原因导致债务人违约，债务人依然要向债权人承担违约责任。至于债务人与第三人之间的纠纷，按照相关法律规定或者约定来解决。

法条链接《民法典》第 577、593 条。

迷你案例

案情：甲、乙订立买卖合同，约定甲将货物交予承运人丙，由丙运至乙处。丙在运输途中，与他人发生交通事故，致货物毁损。

问 1：甲是否应向乙承担违约责任？

答案：是。因第三人导致债务人违约的，债务人依然应向债权人承担违约责任。

问 2：甲向乙承担违约责任后，可否向丙追偿？

答案：可以。甲可依与丙的运输合同，追究丙的违约责任。

2. 严格责任原则的例外

（1）在无偿合同中，由于债务人债务的负担没有回报，因此，债务人只有在其具有"故意"或"重大过失"的情况下，才承担违约责任；

（2）在有偿的保管合同、委托合同、客运合同旅客随身物品损害、不动产抵押合同的情况下，保管人、受托人、承运人、抵押人违约责任的承担，应当以"过错"为条件。

法条链接《民法典》第 660、824、897、929 条；《担保制度解释》第 46 条。

总结梳理

严格责任	例　　外
◦债务人违约，即承担违约责任 ◦因第三人原因致债务人违约，一样	◦无偿合同：债务人基于故意或重大过失违约 ◦有偿合同：过错 　➢保管合同 　➢委托合同 　➢客运承运人对旅客随身财产损害的违约责任 　➢不动产抵押合同

二、运输合同中承运人的违约责任

（一）客运合同中承运人的违约赔偿责任

1. 旅客的界定

旅客，是指与承运人存在客运合同关系的人。旅客身份是追究承运人违约责任的逻辑前提。其范围包括：

（1）持票旅客；

（2）免票旅客；

（3）持优待票旅客；

（4）经承运人许可搭乘的无票旅客。

2. 客运合同中承运人对旅客人身损害的违约赔偿责任

客运合同中，承运人对旅客人身损害的违约赔偿责任的承担，采取无过错责任原则。其免责事由有二：

（1）旅客人身损害是旅客自身健康原因造成；

（2）旅客人身损害是旅客故意、重大过失造成。

一针见血 客运合同中承运人对旅客人身损害的违约赔偿责任的思考方法：

先看车上受伤人员是不是旅客；如果是，再看有没有免责事由。

迷你案例

案情：旅客甲在火车行驶中遭受人身损害。

问1：如果甲被乙不慎烫伤，则承运人是否承担违约赔偿责任？

答案：是。甲是旅客，且不存在承运人的免责事由。

问2：如果甲在火车行驶中，将头伸出车窗外受伤，则承运人是否承担违约赔偿责任？

答案：否。尽管甲是旅客，但因甲故意或重大过失导致损害，构成免责事由，承运人可以免责。

3. 客运合同中承运人对旅客财产损害的违约赔偿责任

（1）在运输过程中旅客自带物品毁损、灭失，承运人有过错的，应当承担损害赔偿责任。

迷你案例

案情：旅客甲在火车上，随身携带电脑遭受损害。

问1：如果电脑损害是因其他旅客饮料瓶倾倒致损，则承运人是否承担违约赔偿责任？

答案：否。承运人对甲的自带财产的损害并无过错，故无需承担违约赔偿责任。

问2：如果电脑损害是因列车管道漏水而毁损，则承运人是否承担违约赔偿责任？

答案：是。承运人对甲的自带财产损害具有过错，故需承担违约赔偿责任。

（2）在运输过程中旅客托运的行李毁损、灭失的，适用货物运输中承运人对货物毁损、灭失的违约赔偿责任规则。

法条链接《民法典》第823、824条。

总结梳理

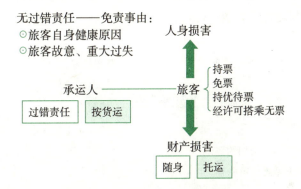

（二）货运合同中承运人对货物毁损、灭失的违约赔偿责任

与客运合同相同，货运合同中，承运人对货物毁损、灭失的违约赔偿责任的承担，也采取无过错责任原则。其免责事由有三：

1. 货物毁损、灭失，是因不可抗力造成的。
2. 货物毁损、灭失，是因货物本身的自然性质或者合理损耗造成的。
3. 货物毁损、灭失，是因托运人、收货人的过错造成的。

法条链接《民法典》第832条。

总结梳理

情　　形	责　　任	免责事由
客运合同旅客人身损害	无过错责任	①旅客自身健康原因；②旅客故意、重大过失
货运合同货物损害		①不可抗力；②自然合理；③托运人、收货人过错

迷你案例

案情：甲将货物交乙运输，现货物受损。

问1：如果损害是因暴雨所致，乙是否应承担违约责任？

答案：是。暴雨并非货运合同中承运人违约赔偿责任的免责事由。

问2：如果损害是因甲包装不善所致，乙是否承担违约赔偿责任？

答案：否。包装不善为托运人的过错，构成货运合同中承运人违约赔偿责任的免责事由。

三、不动产抵押合同的违约责任

基于不动产抵押合同的债权效力，抵押人未如约向债权人办理抵押登记的，则抵押人未履行自己在抵押合同中所负的债务。在此基础上：

1. 因"可归责于"抵押人自身的原因，导致不能办理抵押登记的，债权人有权请求抵押人承担违约责任，但不应超过抵押物价值及主债额。

2. 因"不可归责于"抵押人自身的原因，导致不能办理抵押登记的，债权人不得请求抵押人承担违约责任。但是，抵押人已经获得保险金、赔偿金或者补偿金等，债权人有权请求抵押人在其所获金额范围内承担赔偿责任，但不具有优先效力。

[法条链接]《担保制度解释》第46条。

[总结梳理]

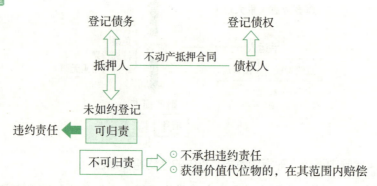

[一针见血] 就担保物的价值代位物受偿的情形：

⊙ 担保物权已经成立，担保物毁损灭失，担保物权人凭担保物权，可就担保物的价值代位物优先受偿。

⊙ 担保合同因不可归责于担保人的事由履行不能，债权人凭债权，可就担保物的价值代位物主张赔偿。

[例]考点 53 违约责任的主体：谁承担违约责任？

一、融资租赁物品质瑕疵担保责任

（一）承租人追究出卖人的品质瑕疵违约责任

1. 前提：在出租人、承租人、出卖人三方约定的情况下，由承租人追究出卖人的违约责任。

2. 出租人导致承租人索赔失败的赔偿责任

（1）出租人未履行协助义务，导致索赔失败的，出租人向承租人承担赔偿责任；

（2）出租人明知租赁物有质量瑕疵而不告知承租人，导致索赔失败的，出租人向承租人承担赔偿责任。

[一针见血] 出租人未协助、明知缺陷未告知的赔偿责任性质：

出租人因此承担的赔偿责任，是因其过错导致承租人向出卖人索赔失败而承担的赔偿责任，而非因租赁物瑕疵而承担的品质瑕疵违约责任。

（二）承租人追究出租人的品质瑕疵违约责任

1. 前提：承租人干预出租人的选择。

2. 后果：承租人不仅有权请求出租人承担违约责任，而且有权请求减免租金。

[法条链接]《民法典》第 741~743 条；《融资租赁合同解释》第 8 条。

[总结梳理]

$$
承租人\begin{cases} 找出卖人\begin{cases} 条件：三方协议 \\ 出租人承担赔偿责任的两种情况：①出租人未协助；②出租人 \\ \quad 明知有瑕疵而未告知 \end{cases} \\ 找出租人\begin{cases} 条件：出租人未干预 \\ 与能否主张减免租金同步 \end{cases} \end{cases}
$$

[迷你案例]

案情：甲融资租赁公司与乙厂订立融资租赁合同后，从丙公司购买机器设备，交付予乙厂。乙厂发现该机器设备存在瑕疵，无法正常使用。

问 1：如果乙厂欲追究丙公司的违约责任，那么：

(1) 乙厂能否追究丙公司的违约责任？

答案：甲融资租赁公司、乙厂、丙公司三方约定的，能。

(2) 若乙厂基于三方约定，追究丙公司的违约责任，因甲融资租赁公司不予协助，导致索赔失败，则乙厂能否请求甲融资租赁公司承担赔偿责任？

答案：能。因出租人不履行协助义务，导致承租人对出卖人索赔失败的，出租人应向承租人承担赔偿责任。

(3) 若乙厂基于三方约定，追究丙公司的违约责任，因甲融资租赁公司明知机器设备存在瑕疵而未告知乙厂，导致索赔失败，则乙厂能否请求甲融资租赁公司承担赔偿责任？

答案：能。因出租人明知标的物有瑕疵而未告知承租人，导致承租人对出卖人索赔失败的，出租人应向承租人承担赔偿责任。

问 2：如果乙厂欲追究甲融资租赁公司的违约责任，那么：

(1) 乙厂能否追究丙公司的违约责任？

答案：甲融资租赁公司干预乙厂选择的，能。

(2) 若甲融资租赁公司干预乙厂的选择，则乙厂在追究甲融资租赁公司违约责任的同时，能否主张减免租金？

答案：能。因甲融资租赁公司干预乙厂的选择，乙厂有权以标的物品质瑕疵为由，主张减免租金。

二、建设工程合同的诉讼

（一）工程质量诉讼

因建设工程质量发生争议的诉讼，不考虑建设工程合同的相对性限制。具体而言：

1. 因承包人的原因导致建筑质量瑕疵的，发包人可以承包人为被告提起诉讼。

2. 因实际施工人的原因导致建筑质量瑕疵的：

（1）发包人可以承包人、实际施工人为共同被告提起诉讼，承包人、实际施工人应对发包人承担连带责任；

（2）承包人承担责任的，有权向实际施工人追偿。

3. 缺乏资质的单位或者个人，借用有资质的建筑施工企业名义签订建设工程施工合同，发包人请求双方对建设工程质量不合格等因出借资质造成的损失承担连带赔偿责任的，法院应予支持。

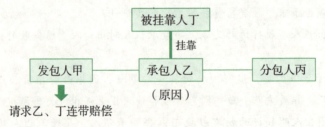

（二）工程款诉讼

因工程款引发的诉讼，适用债权人的代位权规则。如前所述，债权人的代位权涉及三方当事人，即债权人、债务人、次债务人，其与建设工程合同的当事人对应如下：

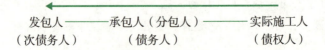

1. 实际施工人可以分包人为被告提起诉讼，即债权人有权对债务人提起原债之诉。

2. 分包人可以发包人为被告提起诉讼，即债务人也有权对次债务人提起原债之诉。

3. 实际施工人可以发包人为被告提起诉讼，即债权人还有权对次债务人提起代位权之诉。在这种情况下，根据债权人代位权规则，法院应当将分包人（债务人）列为第三人，且发包人（次债务人）只在欠付工程款的范围内对实际施工人（债权人）承担责任。

一针见血 对发包人在"欠付工程款的范围内承担责任"的理解：

发包人对承包人欠付的工程款，与承包人对分包人欠付的工程款，就低不就高。

迷你案例

案情：甲将工程发包给乙，乙将部分工程分包给丙。现工程竣工验收合格，甲未向乙支付工程款，乙也未向丙支付工程款。

问1：丙能否对乙诉请工程款？

答案：能。乙、丙之间存在建设工程合同。

问2：乙能否对甲诉请工程款？

答案：能。甲、乙之间存在建设工程合同。

问3：丙能否对甲诉请工程款？

答案：能。丙可以在甲欠付工程款的范围内，直接向甲诉请工程款。法院可以将乙列为无独立请求权第三人。

总结梳理

◎甲在乙欠付范围内负责
◎乙应列为第三人

（三）建设工程诉讼与工程款诉讼的合并审理

发包人在承包人提起的工程款诉讼中，以建设工程质量不合格为由，就承包人提出反诉的，法院可以合并审理。

法条链接《建设工程施工合同解释（一）》第7、15、16、43、44条。

考点54 买卖合同中出卖人的品质瑕疵异议期间

出卖人将标的物交付给买受人之后，标的物的质量、数量不符合约定，买受人应当在异议期间内提出异议，方能够追究出卖人的品质瑕疵担保责任。

一、品质瑕疵异议期间的计算

1. 当事人有约定的，从其约定。但是，当事人对于异议期间的约定，在如下两个方面受到法律的干预：

（1）当事人约定的检验期间过短，买受人在检验期间内难以完成全面检验的，当事人约定的期间依然有效，但视为买受人对"外观瑕疵"提出异议的期间。至于买受人对隐蔽瑕疵提出异议的期间，为根据合同的具体情形所确定的"合理期间"。

一针见血 约定异议期过短的后果理解：

买卖双方约定异议期过短的，不可理解为过短的异议期约定无效，外观瑕疵异议期间依然从其约定。

迷你案例

案情：甲、乙订立买卖合同，约定乙应当在收货后一周内完成检验。乙收到货物后才发现，一周时间根本不够。

问题："收货后一周内完成检验"的约定是否有效？

答案：有效。视为外观瑕疵异议期间。隐蔽瑕疵异议期间按照"合理期间"界定。

（2）存在法定检验期间或者质量保证期间的，约定期间与法定期间就长不就短。

2. 当事人没有约定的：

（1）主观标准：合理期间。即买受人应当在发现或者应当发现标的物的数量或者质量不符合约定的"合理期间"内提出异议。需要注意的是，此处的"合理期间"不得长于2年。

（2）客观标准：2年。即买受人自标的物收到之日起2年内未提出异议的，不得再提出异议。

迷你案例

案情：甲、乙订立买卖合同，没有对品质瑕疵异议期间进行约定。2013年3月15日，甲向乙交付货物。2014年7月15日，乙发现货物质量不符合约定。

问题：乙可以在多久提出异议？

答案：乙可在"合理期间"内向甲提出异议，但是不应晚于2015年3月15日。

（3）买受人签收的送货单、确认单等载明标的物数量、型号、规格的，除有相反证据外，推定买受人已经对数量和外观瑕疵进行了检验，并予以认可。

总结梳理

有约定	（1）原则：从约定。
	（2）例外 ①约定过短的，约定期间为"外观瑕疵"异议的期间。"隐蔽瑕疵"异议期间为"合理期间"。 ②当事人约定的检验期间短于法定期间的，以法定期间为准。

续表

无约定	（1）知道或应当知道货物瑕疵之日起"合理期间"——不得长于 2 年。 （2）收货之日起 2 年。 （3）买受人在记载数量、种类、规格的送货单、确认单上签字的，推定已经确认。但有相反证据的除外。

二、品质瑕疵异议期间的效力

1. 买受人在异议期间内提出异议，且异议成立的：

（1）出卖人履行不合格，应当承担品质瑕疵担保责任；

（2）除当事人另有约定外，买受人支付价款、确认欠款数额、使用标的物等事实，不构成买受人放弃异议权。

迷你案例

案情：甲、乙订立买卖合同，甲向乙交付货物。后乙发现货物质量不符合约定，遂一方面付款，一方面提出异议。

问题：乙付款的事实，是否影响异议的提出？

答案：在当事人没有另行约定的情况下，不影响。

2. 买受人未在异议期间提出异议的：

（1）买受人不得再提出异议，出卖人的履行视为合格；

（2）出卖人自愿承担违约责任后，不得以异议期间经过为由反悔。

法条链接《民法典》第 621～623 条。

考点 55 违约责任的形态之一：继续履行

继续履行，是指在债务人构成违约的情况下，根据债权人的请求，债务人应当按照合同约定的内容，继续履行合同债务的违约责任形态。

一、金钱之债

由于金钱为特殊的种类物，其不发生履行不能的情形，因此，以金钱为给付标的的债务，只要债权人请求，债务人必须继续履行。

二、非金钱之债

在以下情况下，非金钱之债的债务人有权拒绝债权人继续履行的请求：

一针见血 金钱之债、非金钱之债与继续履行：

⊙ 金钱之债，必须继续履行。

⊙ 非金钱之债，是否必须继续履行，看情况。

1. **法律不能。**即基于法律上的原因，债务已经不可能继续履行。

迷你案例

案情：甲将房屋 A 出卖给乙。办理过户登记之前，甲又将房屋 A 出卖给丙，并办理了过户登记手续。

问题：乙能否请求甲继续履行？

答案：不能。甲对乙构成法律不能，故乙不得请求甲继续履行过户义务，而只能请求甲承担其他的违约责任。

2. **事实不能。**即基于事实上的原因，债务已经不可能继续履行。

迷你案例

案情：甲有车 A，与乙订立该车 A 的买卖合同。甲向乙交车的前夕，车 A 自燃。

问题：乙能否请求甲继续履行？

答案：不能。甲对乙构成事实不能，故乙不得请求甲继续履行交车义务，而只能请求甲承担其他的违约责任。

3. **债务的标的不适于强制履行。**即根据债务标的的属性，纵然债权人起诉于法院并获得胜诉，法院也难以强制债务人继续履行债务。但是，债权人可以请求债务人负担由第三人替代履行的费用。

迷你案例

案情：甲、乙订立委托合同，约定由甲为乙办理 A 事务。现甲不愿意履行自己的债务。

问题：乙能否请求甲继续履行？

答案：不能。劳务之债不可强制，故乙不得请求甲继续履行。但是，乙可重新委托他人办理此项事务，并请求甲承担替代履行的费用。

4. **债务履行费用过高。**即较之于债务人承担赔偿损失、违约金责任而言，其承担继续履行责任的成本巨大、费用过高。

5. **债权人在合理期限内未要求履行。**即表明债权人并不需要债务人继续履行背后的特定利益。

在上述无需继续履行的非金钱之债中，当事人有权以诉讼或仲裁方式，主张终止合同的权利义务关系。

法条链接《民法典》第 580 条。

总结梳理

金钱之债	必须继续履行。
非金钱之债	无需继续履行的情况：①履行不能；②不可强制；③费用过高；④合理期间未请求。
	其他情况：必须继续履行。

56 违约责任的形态之二：赔偿损失

违约责任中的赔偿损失，是指债务人应当赔偿因其违约给债权人所造成的损失。

一、直接利益损失

直接利益损失，是指因债务人违约给债权人已经造成的实际损失。直接利益损失的赔偿，旨在恢复原状，即把债权人的财产利益，恢复到合同履行之前的状态。

一针见血 直接利益损失的赔偿：

债务人对因违约造成债权人直接利益损失的赔偿责任，不问债务人可否预见。

迷你案例

案情：甲购买了乙航空公司的机票。因乙航空公司违约，导致甲在机场滞留 1 天。

问题：甲对其滞留机场期间支付的食宿费用，是否有权请求乙航空公司赔偿？

答案：有权。甲滞留机场所花的食宿费用为乙航空公司违约给甲造成的直接利益损失。

二、可得利益损失

可得利益损失，是指如果债务人正确履行债务，债权人由此本可得到、却未得到的利益损失。可得利益损失赔偿，作为一种展望未来的赔偿，其范围的确定，必然以"预见"作为中心。具体来讲：

1. 预见的主体为债务人。即"债务人"所预见的债权人可得利益的损失，才属于赔偿范围。

2. 预见的时间为合同成立时。即债务人与债权人"订立合同时"，所能预见的债权人可得利益的损失，才属于赔偿范围。

3. 预见的范围应具有合理性。即可得利益必须是若债务人履行合同，债权人"必然"能够得到的利益，而不是"可能"得到的利益。

迷你案例

案情：乙与甲订立买卖合同，低价购进货物 A。随后，乙又与丙订立买卖合同，高价出卖货物 A。乙估算自己可获利 50 万元。现因甲未及时交货，导致丙解除了与乙的合同。

问题：乙能否请求甲对 50 万元的可得利益进行赔偿？

答案：如果甲与乙订立合同时，甲不能预见乙的 50 万元可得利益，对此笔损失，乙不能请求甲负赔偿责任；反之，则能请求甲进行赔偿。

需要说明的是，因债务人迟延付款，给债权人造成的利息损失，符合可得利益的构成要件，因而也可纳入违约责任的赔偿范围。

法条链接《民法典》第 584 条；《买卖合同解释》第 18 条。

三、债权人迟延受领

债务人按照约定履行债务，债权人无正当理由拒绝受领的：

1. 债务人可以请求债权人赔偿增加的费用。

2. 在债权人受领迟延期间，债务人无须支付利息。

[法条链接]《民法典》第 589、591、592 条；《买卖合同解释》第 22 条。

总结梳理

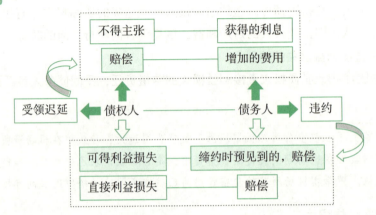

考点57 违约责任的形态之三：违约金

违约金，是指合同当事人所约定的，一方违约时应当向对方支付的一定数额的金钱。

一、违约金与赔偿损失之间的关系

在当事人在合同中约定了违约金，且债务人违约造成债权人损失的情况下，债权人既享有违约金请求权，又享有赔偿损失请求权。此时：

1. 违约金吸收赔偿损失。债权人仅享有违约金请求权，不再享有赔偿损失请求权。

2. 当事人可以请求调整违约金数额，使之与应赔偿的损失相适应。

（1）债权人提出增加违约金的申请

❶前提：违约金"低于"应赔偿的损失。此时，适用违约金对债权人不利。

❷后果：法院或者仲裁机构予以"增加"，即弥补违约金与损失之间的差额，使违约金与损失持平。

（2）债务人提出减少违约金的申请

❶前提：违约金"过分高于"应赔偿的损失。此时，适用违约金对债权人不利。在这里，"过分高于"的认定标准为当事人约定的违约金超过造成损失的30%。

❷后果：法院或者仲裁机构予以"适当减少"，即将违约金的数额减少到不超过损失的30%，也就是减少到"不过分高于"损失。

迷你案例

案情：甲、乙订立合同，约定了违约金。现因甲违约，给乙造成损失10万元。

问1：乙如何向甲主张违约责任？

答案：乙应当向甲主张违约金责任。

问2：如果合同约定的违约金为8万元，乙向甲主张违约金，不能弥补损失，则应如何？

答案：乙可以请求增加违约金。法院或仲裁机关根据乙的请求，应当将违约金数额增加至10万元。

问3：如果合同约定的违约金为12万元，乙向甲主张违约金，超过了甲应当赔偿的损失数额，则应如何？

答案：此时，纵然违约金高于应赔偿的损失，甲也不得申请减少违约金。

问4：如果合同约定的违约金为15万元，乙向甲主张违约金，远远超过了甲应当赔偿的损失数额，则应如何？

答案：甲可以请求减少违约金。法院或仲裁机关根据甲的申请，可以将违约金数额减少到13万元以下。

一针见血 债务人申请调整违约金：

与债权人申请增加违约金相比较，债务人申请减少违约金，法律存在限制：

⊙ 申请条件：必须是违约金"过分高于"损失。

⊙ 申请后果：只能是"适当"减少违约金数额。

3. "不告不理"

（1）法院或仲裁机关增加或适当减少违约金，必须以债权人或债务人提出请求为条件。

（2）法院对债务人的释明义务

合同当事人一方以对方违约为由主张支付违约金，对方以合同不成立、合同未生效、合同无效或者不构成违约等为由进行免责抗辩而未主张调整过高的违约金的，法院应当就"法院若不支持免责抗辩，当事人是否需要主张调整违约金"进行释明。一审法院认为免责抗辩成立且未予释明，二审法院认为应当判决支付违约金的，可以直接释明并改判。

迷你案例

案情：甲、乙订立合同，约定违约金15万元。现因甲未如期履行合同，给乙造成损失10万元。诉讼中，乙请求甲支付违约金15万元，甲未向法院申请减少违约金。现法院欲判令甲承担违约金责任。

问1：法院是否应主动减少违约金数额？

答案：否。法院适当调整过高违约金，应当以债务人提出申请为条件。

问2：法院是否应主动对甲进行释明？

答案：是。债务人未主动提出调整过高违约金之申请，而法院欲判债务人承担违约金责任的，应当向债务人主动释明。

法条链接 《民法典》第 585 条；《买卖合同解释》第 21 条。

总结梳理

	是否"不告不理"	请求条件	请求效力	法院释明义务
债权人请求	不告不理	违约金"低于"损失	"增加"违约金	无需释明
债务人请求	不告不理	违约金"过高于"损失	"适当减少"违约金	需要释明

二、违约金与定金的关系

在当事人在主合同中约定了违约金，又订立定金合同且交付定金的情况下，债务人违约时，债权人既享有违约金请求权，又享有定金罚则请求权。此时，债权人可以选择适用违约金或者定金条款。

一针见血 违约金适用与定金返还：

违约金与定金并存，择一主张时，债权人选择违约金的，定金关系应予恢复原状，即交付定金一方（不管是守约方还是违约方）有权请求接收定金一方（不管是守约方还是违约方）返还其所交付的数额。

法条链接 《民法典》第 588 条。

迷你案例

案情：甲、乙订立买卖合同，约定违约金 1500 元。此外，乙向甲支付定金 2000 元。现乙违约。

问 1：如果甲选择定金，如何处理？

答案：首先，甲不得请求乙支付违约金 1500 元；其次，乙丧失向甲支付的 2000 元定金。

问 2：如果甲选择违约金，如何处理？

答案：首先，甲有权请求乙支付违约金 1500 元；其次，甲应向乙返还定金 2000 元。

三、扩展：定金与赔偿损失的关系

主合同当事人双方在主合同之外，又订立定金合同，且交付了定金时，债务人违约主合同债务造成债权人损失的，债权人既享有定金罚则请求权，又享有赔偿损失请求权。此时，债权人主张定金罚则，其损害未能获得弥补的，债权人有权就未弥补的损害部分，请求债务人赔偿损失。

法条链接 《民法典》第 588 条。

迷你案例

案情：甲、乙订立买卖合同后，甲向乙交付定金 1000 元。现甲违约，给乙造成损失 3000 元。

问题：甲如何保护自己的合法权益？

答案：甲可以拒不返还定金，以之充抵赔偿金后，还可请求乙再赔偿 2000 元。

总结梳理

违约金+赔偿损失	适用违约金+违约金调整（低了申请增加，过高了申请适当减少）
违约金+定金	择一主张（选择违约金，接受定金返还）
赔偿损失+定金	定金不足以赔偿的，余额部分继续赔偿

一针见血 金钱性违约责任与继续履行：

继续履行责任，不因违约金、赔偿损失、定金责任的承担而免除。

小综案例

案情：天成建筑公司（以下简称"天成公司"）、南山融资租赁公司（以下简称"南山公司"）、黄河机械制造公司（以下简称"黄河公司"）、马小芸订立四方合同，约定：①南山公司为天成公司购买黄河公司生产的建筑设备，租赁给天成公司使用，天成公司应支付租金500万元；②若该设备存在质量问题，则天成公司直接向黄河公司追究违约责任；③天成公司收到货物后，应当于1周内完成检验；④马小芸以其别墅向南山公司抵押，以担保南山公司的租金债权。四方合同订立后，南山公司按照天成公司指示，购买了黄河公司生产的A型建筑设备，并向天成公司交付，天成公司在记载有货物数量、规格、型号的收货单上签字。天成公司发现该设备结构复杂，1周检验期过短，全面完成检验需要1个月的时间。3周后，天成公司发现该设备存在隐蔽瑕疵，无法使用，遂向南山公司、黄河公司提出品质瑕疵异议。经查，四方合同订立后，马小芸用以抵押的别墅因火灾意外焚毁，无法办理抵押登记，但马小芸获得保险金300万元。

1年后，天成公司与科达地产公司（以下简称"科达公司"）订立建设工程合同，约定天成公司为科达公司建设"流星花园"住宅小区，工程款7000万元。建设过程中，天成公司将水电工程分包给西山公司，工程款300万元。"流星花园"住宅小区竣工验收合格后，因科达公司未向天成公司支付工程款，天成公司也未向西山公司支付工程款。西山公司遂以科达公司为被告，向法院提起诉讼，索要工程款。

"流星花园"住宅小区竣工后，科达公司与宋大江订立"商品房买卖合同"，约定科达公司将"流星花园"住宅小区的房屋A出卖给宋大江，宋大江支付全款，2023年8月1日交房，并约定了迟延交房违约金5000元/月。

宋大江付款后，即与秦光明订立房屋租赁合同，约定宋大江将房屋A出租给秦光明，2023年8月2日交房，并约定了迟延交房违约金1000元/月。科达公司于2023年9月1日方才向宋大江交付房屋A，导致宋大江向秦光明支付逾期交房违约金1000元，并损失8月份的租金。

问题：

1. 天成公司能否在3周后提出品质瑕疵异议？为什么？

2. 如果四方合同未约定检验期，则天成公司在收货单上签字后，还能否提出品质瑕疵异议？为什么？

3. 天成公司能否因该建筑设备存在质量瑕疵，追究黄河公司的违约责任？为什么？

4. 如果因南山公司不予协助，导致天成公司追究南山公司违约责任失败，则天成公司能否以此为由，请求南山公司承担赔偿责任？为什么？

5. 天成公司能否因该建筑设备存在质量瑕疵，追究南山公司的违约责任？为什么？

6. 南山公司能否基于四方协议的约定，追究马小芸的违约责任？为什么？

7. 西山公司能否诉请科达公司支付工程款？为什么？

8. 科达公司是否应当赔偿宋大江 1000 元违约金损失及 8 月份的租金损失？为什么？

9. 宋大江请求科达公司依约支付 5000 元迟延交房违约金，科达公司可采取何种方式保护自己的合法权益？为什么？

答案：

1. 能。当事人约定的检验期过短的，约定的检验期为货物外观瑕疵异议期间，其隐蔽瑕疵异议期间，按照通常标准。本题中，通常标准为 1 个月，故天成公司在 3 周后可提出隐蔽瑕疵品质异议。

2. 能。当事人未约定检验期，买受人在记载有货物数量、规格、型号的收货单上签字的，推定其已经确认所收货物不存在外观瑕疵。但本题中，天成公司所提出的是隐蔽瑕疵异议，故不受签字之影响。

3. 能。融资租赁的出租人、承租人、出卖人三方约定，可由承租人追究出卖人品质瑕疵违约责任的，从其约定。

4. 能。根据出租人、承租人、出卖人的三方约定，承租人追究出卖人违约责任时，出租人应予协助，否则导致承租人追究出卖人违约责任失败的，出租人要承担损害赔偿责任。

5. 不能。融资租赁的承租人追究出租人品质瑕疵违约责任，应当以出租人干预承租人选择为条件。

6. 能。不动产抵押合同订立后，因不可归责于抵押人的事由，无法办理抵押登记的，原则上债权人不得追究抵押人的违约责任。但是，抵押人获得保险金、赔偿金、补偿金的，债权人可在此范围内，请求抵押人承担赔偿责任。

7. 能。实际施工人可以发包人为被告，诉请工程款。发包人应当在其对承包人欠付工程款的范围内，对实际施工人承担付款责任。

8. 视情况而定。首先，宋大江向秦光明支付的 1000 元违约金属于科达公司迟延履行给宋大江造成的直接利益损失，科达公司应予赔偿。其次，宋大江的租金损失属于科达公司迟延履行给宋大江造成的可得利益损失，而科达公司的赔偿责任需以订立合同时，科达公司可得预见为条件。本题中，租赁合同订立于商品房买卖合同之后，科达公司不可能预见，故无需负赔偿责任。

9. 申请法院适当减少。违约金过分高于应赔偿损失的，债务人可申请法院适当减少。本题中，商品房买卖合同中的违约金为 5000 元，而宋大江的损失为 1000 元，违约金超过应赔偿损失的 30%，构成违约金过高。

第 15 讲

... 侵 权 责 任 ...

58 侵权责任的归责原则

一、过错认定责任

原则上,侵权责任的承担,以过错认定为原则,即受让人需对致害人具有过错负举证责任。具体表现:

(一)定作人责任

承揽人完成工作过程中致人损害或遭受损害,定作人对定作、选任、指示具有过错的,需承担侵权责任。

(二)安全保障责任

安保义务人未尽安保义务的,对受害人承担侵权责任。

(三)医疗机构责任

患者能够证明医疗机构具有如下行为的,可认定医疗机构具有过错:

1. 违法诊疗,包括医疗机构未尽"说明、征得同意"义务。但是,因抢救生命垂危的患者等紧急情况,不能取得患者或者其近亲属意见的,经医疗机构负责人或者授权的负责人批准,可以立即实施相应的医疗措施。

2. 违法保管病历。

一针见血 医疗侵权责任是过错认定责任:

患者及近亲属请求医院承担医疗侵权责任,需要对医院的过错负举证责任。医院诊疗违法、病历保管违法,可"折射"出医院具有过错。

(四)限制行为能力人在学校、精神病院遭受损害

监护人能够证明学校、精神病院有过错的,学校、精神病院承担侵权责任。

法条链接《民法典》第 1165、1193、1198、1222 条。

📍总结梳理

情　　形	受害人证明
承揽人遭受损害或致人损害	定作人有定作、选任、指示过错
安保义务范围内有人遭受损害	安保义务人未尽安保义务
患者在医院遭受损害	医院诊疗违法、病历违法、未尽注意义务
限制行为能力人在学校、精神病院遭受损害	学校、精神病院有过错

二、过错推定责任

法律规定，侵权责任适用过错推定原则的，即由致害人举证证明自己没有过错，否则即应承担侵权责任的，从其规定。具体表现：

1. 建筑物上的搁置、悬挂物脱落、坠落致人损害，建筑物的所有人、使用人、管理人不能证明自己没有过错的，承担侵权责任。

2. 堆放物倒塌、林木折断、公共场所施工、地下设施致人损害，所有人、管理人、施工人不能证明自己没有过错的，承担侵权责任。

3. 无行为能力人在学校、精神病院遭受损害，学校、精神病院不能证明自己没有过错的，承担侵权责任。

法条链接《民法典》第 1165、1199、1253、1255、1257、1258 条。

📍总结梳理

情　　形	致害人证明
脱落、坠落致人损害	自己无过错
堆放物倒塌、林木折断、公共场所施工、地下设施致人损害	
无行为能力人在学校、精神病院遭受损害	

🩸一针见血 过错认定责任与过错推定责任：

⊙ 过错的界定标准在于行为人"可否预见自己的行为会导致损害发生"。

⊙ 在过错认定责任、过错推定责任中，受害人也有过错的，与致害人过错相抵。

三、无过错责任

法律规定，侵权责任适用无过错责任原则的，即由致害人举证证明存在免责事由，否则即应承担侵权责任的，从其规定。具体表现：

（一）环境污染致人损害

1. 污染者承担无过错责任。2 个或 2 个以上污染者污染环境，导致同一人身或财产损害的，各污染者根据污染物的种类、排放量等因素，承担按份赔偿责任。

2. 免责事由：自己的污染行为与受害人的损害之间，不存在因果关系。

（二）饲养动物致人损害

1. 饲养人、管理人承担无过错责任。

2. 免责、减责事由

（1）一般免责、减责事由

❶受害人故意的，饲养人、管理人可以免于承担责任；

❷受害人故意，且饲养人、管理人未对动物采取安全措施的，饲养人、管理人可以减轻责任；

❸受害人具有重大过失的，饲养人、管理人可以减轻责任；

❹禁止饲养的烈性犬等危险动物造成他人损害的，饲养人、管理人承担没有免责事由的无过错责任。

（2）动物园的免责、减责事由

动物园的动物造成他人损害，动物园能够证明尽到管理职责的，不承担责任。

迷你案例

案情：甲逛动物园，用竹竿捅铁笼中的狗熊，狗熊瓣开铁笼走出，将甲打伤。

问1：甲捅狗熊的事实，能否作为动物园的免责或减责事由？

答案：不能。受害人的重大过失，并非动物园的减免事由。

问2：责任如何承担？

答案：动物园未尽管理职责，承担全部责任。

[法条链接]《民法典》第 1299、1245~1248 条。

总结梳理

情　形	致害人证明免责事由	
环境污染致人损害	没有因果关系	
饲养动物致人损害	一般免责事由	（1）受害人故意=免责 （2）受害人故意+饲养管理人未采取安全措施=减责 （3）受害人重大过失=减责 （4）饲养危险动物=全责
	动物园免责事由	尽到管理职责

考点59 财产损害赔偿与精神损害赔偿

一、财产损害赔偿

财产损害数额的确定方法：

1. 侵害他人财产的，财产损失按照损失发生时的市场价格或者其他方式计算。由此可见，侵权财产损害赔偿责任的范围，不包括被侵权人的可得利益。

一针见血 受损财产的"市场价格"的理解：

财产受损之时，在市场能"卖出"多少钱，侵权人就赔偿多少钱。

迷你案例

案情：甲将乙的车砸坏。经查，该车是乙花 10 万元所购；甲砸车时，该车市值 20 万元；及至乙请求甲赔偿时，该车价值跌至 15 万元。

问 1：乙可请求甲赔偿多少钱？

答案：20 万元。侵害他人财产的，财产损失按照损失发生时的市场价格计算。

问 2：如果乙因此错失了与丙订立合同的机会，而乙本可通过该合同的履行获利 100 万元，则乙可否请求甲赔偿该 100 万元损失？

答案：不可以。侵权财产损害赔偿的范围不包括可得利益。

2. 侵害他人"人身权益"造成"财产损失"，损失难以确定，侵权人因此获得利益的，按照其获得的利益赔偿。

法条链接《民法典》第 1182、1184 条。

迷你案例

案情：甲假冒名师乙的姓名，出版法考指导用书，获利 100 万元，且导致乙自己的指导用书滞销。

问 1：甲侵害了乙的什么民事权利？

答案：姓名权，甲构成人身侵权。

问 2：甲对乙造成了什么损害？

答案：导致乙图书滞销，财产损害。

问 3：乙能否证明自己损害的数额？

答案：不能。乙无法证明自己的图书"应该"卖出多少。

问 4：乙的财产损害数额如何确定？

答案：甲的获利额 100 万元，即为乙的损失额。

二、精神损害赔偿

（一）精神损害赔偿请求权的主体

精神损害赔偿请求权是专属于自然人的权利，法人或者其他组织不得主张精神损害赔偿。

迷你案例

案情：甲捏造事实，诽谤乙公司法定代表人丙贪污受贿，乙公司包庇纵容。

问 1：甲侵害了谁的名誉权？

答案：甲既侵害了乙公司的名誉权，也侵害了丙的名誉权。

问2：谁有权请求甲承担精神损害赔偿责任？

答案：只有丙才能主张精神损害赔偿。

（二）精神损害赔偿的发生情形

1. 侵害自然人人身权益造成严重精神损害的，被侵权人有权请求精神损害赔偿。

2. 因故意或者重大过失侵害自然人具有人身意义的特定物，如重大纪念意义物品，造成严重精神损害的，被侵权人有权请求精神损害赔偿。

一针见血

⊙ 侵害"人身意义特定物"，产生精神损害赔偿，需以侵害人"故意或重大过失"为条件。

⊙ 侵害人身权益，产生精神损害赔偿，仅以侵害人具有过错即可，无需以"故意或重大过失"为条件。

3. 死者近亲属的精神损害赔偿请求权

（1）自然人因侵权行为致死，或自然人死亡后其人格或者遗体遭受侵害的，死者近亲属有权请求侵害人承担精神损害赔偿责任。

（2）在上述情况下，死者的配偶、父母和子女有权诉请精神损害赔偿；没有配偶、父母和子女的，其他近亲属有权诉请精神损害赔偿。

法条链接《民法典》第1183条；《关于确定民事侵权精神损害赔偿责任若干问题的解释》第3条。

总结梳理

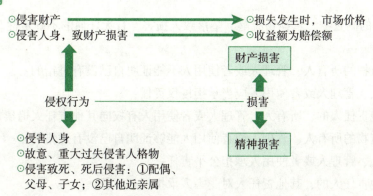

考点 60 侵权性质的辨别

一、物件掉落致人损害：高空坠物，共同危险，脱落、坠落

（一）高空坠物

1. 特征

从建筑物中抛掷物品或者从建筑物上坠落的物品造成他人损害，但难以确定具体侵

权人。

2. 责任

（1）除能够证明自己不是侵权人的外，由可能加害的建筑物使用人承担按份补偿责任。可能加害的建筑物使用人补偿后，有权向侵权人追偿。

（2）物业服务企业等建筑物管理人未采取必要的安全保障措施的，应当依法承担未履行安全保障义务的侵权责任。

[一针见血]"高空坠物"是专用术语：

楼上物品坠落致人损害，有三种可能性。其中，不能"锁定窗口"的，才是"高空坠物"。不能说楼上物品坠落，就是"高空坠物"。

[法条链接]《民法典》第 1254 条。

（二）共同危险

1. 特征

多个危险行为人均实施可能致物品坠落的危险行为，但只有一个行为导致物品坠落，且难以确定谁的行为所导致。

2. 责任

各危险行为人承担连带赔偿责任。

[法条链接]《民法典》第 1170 条。

（三）脱落、坠落

1. 特征

建筑物上的搁置物、悬挂物脱落、坠落致人损害，且无任何的不确定性。

2. 责任

（1）建筑物的所有人、管理人或者使用人不能证明自己没有过错的：

❶ 所有人、管理人或者使用人应当承担侵权责任；

❷ 有其他责任人的，所有人、管理人或者使用人有权向其他责任人追偿。

（2）建筑物的所有人、管理人或者使用人能够证明自己没有过错的：

❶ 所有人、管理人或者使用人承担公平责任；

❷ 有其他责任人的，其他责任人对受害人承担侵权责任。

[法条链接]《民法典》第 1253 条。

[总结梳理]

情　　形	特　　　　征	责　　　　任
高空坠物	不能锁定窗口	①可能加害业主按份补偿后，可向责任人追偿；②物业有过错的，承担责任。
共同危险	锁定窗口后，发现多个危险行为人，且因果关系不明	各危险行为人连带赔偿责任。

续表

情 形	特 征	责 任
脱落、坠落	锁定窗口后，没有任何不确定性	①所有人、管理人、使用人有过错的，承担责任。有其他责任人的，可向其他责任人追偿。 ②所有人、管理人、使用人没有过错的，不承担责任。有其他责任人的，由其他责任人承担责任。

迷你案例

案情：甲经过 A 楼西北角时，有花盆落下，将甲砸伤。

问1：如果不知该花盆是从哪一层楼掉下来的，则：

（1）本案构成何种侵权责任？

答案：高空坠物责任。坠落物品，不能确定楼层、窗口的，构成高空坠物。

（2）谁对甲的损害承担侵权责任？

答案：第一，A 楼西北角所有住户不能证明花盆与自己无关的，应对甲的损害承担按份补偿责任。如果弄清楚是从谁家掉下来的，承担了补偿责任的住户有权向其追偿。第二，小区物业未尽安全保障义务的，也应承担侵权责任。

问2：如果该花盆是10楼住户乙与朋友丙、丁在阳台上追逐打闹碰落的，但不知是谁碰落花盆，则：

（1）本案构成何种侵权责任？

答案：共同危险责任。坠落物品，可以确定楼层、窗口，但存在多个危险行为人，且因果关系不明的，构成共同危险。

（2）谁对甲的损害承担侵权责任？

答案：乙、丙、丁连带赔偿甲的损害。

问3：如果该花盆是从10楼住户乙家的阳台掉下来的，原因是丙到乙家串门，在乙的阳台上跳绳，将阳台上的花盆碰落，则：

（1）本案构成何种侵权责任？

答案：脱落、坠落责任。坠落物品，可以确定楼层、窗口的，且没有不确定性的，构成脱落、坠落。

（2）经查，乙未加阻拦。谁对甲的损害承担侵权责任？

答案：乙承担赔偿责任，并有权向丙追偿。

（3）经查，乙曾告诫丙别在阳台运动，然后出门上班。丙仍到阳台上跳绳，将阳台上的花盆碰落。谁对甲的损害承担侵权责任？

答案：丙对甲的损害承担侵权责任。乙没有过错，不承担侵权责任。

问4：如果该花盆是从10楼住户乙家的阳台掉下来的，原因是一只大鸟飞来将阳台上的花盆碰落，则谁对甲的损害承担侵权责任？

答案：乙承担公平责任，即乙适当分担甲的损害。

二、无意思联络的行为结合：直接结合、间接结合

无意思联络的行为结合，是指 2 个或 2 个以上致害人，在没有意思联络的情况下，各自实施侵害行为，且导致一个损害后果的侵权情形。

【一针见血】"无意思联络"的理解：

各行为人实施侵权行为，是"单干"的意思，而非"配合"的意思。

（一）直接结合

直接结合，是指各个行为人，在没有意思联络的情况下，分别实施侵害行为，导致一个损害后果的发生，且在原因力上，每一个侵害行为都可以单独导致该损害后果发生的情形。

1. 特征：在直接结合的情况下，即使有部分行为未曾实施，该损害后果的发生依然无法避免。

2. 责任：在直接结合的情况下，各行为人对所造成的损害，承担连带赔偿责任。

【法条链接】《民法典》第 1171 条。

【总结梳理】

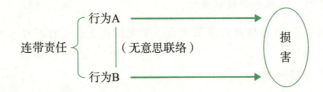

（二）间接结合

间接结合，是指各个行为人，在没有意思联络的情况下，分别实施侵害行为，导致一个损害后果的发生，且在原因力上，每一侵害行为均不可能单独导致该损害后果发生，而必须结合起来才能引起损害的情形。

1. 特征：在间接结合的情况下，假设部分行为未曾实施，损害后果即可避免。

2. 责任：在间接结合的情况下，各行为人对所造成的损害，根据其过错的大小，承担按份赔偿责任。

【法条链接】《民法典》第 1170 条。

【总结梳理】

【迷你案例】

1. 案情：甲、乙在互不知晓对方存在的前提下，先后向丙的水杯中投毒，致丙损害。

问 1：甲、乙构成何种侵权？

答案：甲、乙之间没有意思联络，导致同一损害，构成无意思联络的行为结合。进而，甲、乙各自的行为均可直达损害，故甲、乙构成无意思联络的行为结合之直接结合。

问 2：甲、乙对丙的损害如何承担赔偿责任？

答案：无意思联络的行为结合之直接结合，各行为人承担连带赔偿责任。

2. 案情：甲向丙的水杯投毒，致丙昏迷。乙医院拒绝收治，进而致丙死亡。

问 1：甲、乙医院构成何种侵权？

答案：甲、乙医院之间没有意思联络，导致同一损害，构成无意思联络的行为结合。进而，甲、乙医院的行为对丙死亡的后果，在原因上为递进关系，故甲、乙医院构成无意思联络的行为结合之间接结合。

问 2：甲、乙医院对丙的损害如何承担赔偿责任？

答案：无意思联络的行为结合之间接结合，各行为人承担按份赔偿责任。

⊠考点 61　对第三人侵权行为所承担的侵权责任

一、不真正连带责任

1. 雇员执行职务遭受第三人侵害

（1）雇员有权请求第三人赔偿损失，也有权请求雇主适当补偿；

（2）雇主适当补偿后，有权向第三人追偿。

2. 第三人导致环境污染致人损害

（1）受害人有权请求第三人赔偿损失，也有权请求污染者赔偿损失；

（2）污染者赔偿损失后，有权向第三人追偿。

3. 第三人导致饲养动物致人损害

（1）受害人有权请求第三人赔偿损失，也有权请求饲养人、管理人赔偿损失；

（2）饲养人、管理人赔偿损失后，有权向第三人追偿。

4. 第三人提供的药品、消毒药剂、医疗器械、血液的缺陷导致医疗损害

（1）受害人有权请求第三人赔偿损失，也有权请求医疗机构赔偿损失；

（2）医疗机构赔偿损失后，有权向第三人追偿。

[一针见血] "不真正连带"的结构：

⊙ 在外部关系中，受害人可请求任意一人承担侵权责任。

⊙ 在内部关系中，一方对外承担侵权责任后，可向另一方追偿。但不能反之。

[法条链接]《民法典》第 1192、1223、1233、1250 条。

💡总结梳理

二、补充责任并追偿

1. 第三人致在学校、精神病院监护下的无行为能力、限制行为能力人损害

（1）第三人承担侵权责任；

（2）学校、精神病院有过错的，承担补充责任，并可向第三人追偿。

2. 第三人在安保义务范围内的致人损害

（1）第三人承担侵权责任；

（2）安保义务人有过错的，承担补充责任，并可向第三人追偿。

法条链接《民法典》第 1198、1201 条。

💡总结梳理

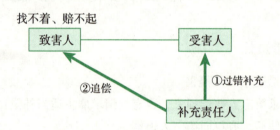

三、替代责任

（一）无行为能力、限制行为能力人致人损害

1. 监护人责任

（1）被监护人没有财产，或财产不足以赔偿损失的，监护人承担赔偿责任；

（2）监护人尽到监护职责的，可以适当减轻其责任。

2. 教育机构责任

教育机构具有过错的，承担与其过错相适应的责任。

💡总结梳理

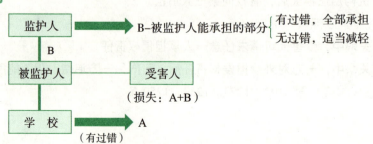

案情：甲小学学生 A、B 二人爬到教学楼顶，发现楼顶放置的两个灭火器并未固定，遂各自将一个灭火器扔下楼去，其中一个灭火器将乙的车砸毁。通过调取监控，无法辨认是谁扔的灭火器将乙的车砸毁的。

问题：谁应对乙的损害承担赔偿责任？

答案：①甲小学具有过错，应承担相应的赔偿责任；②A、B 构成共同危险，且无法证明自己所扔下去的灭火器未导致损害，故承担连带责任；③A、B 没有财产或财产不足以承担责任的，A、B 的监护人承担部分赔偿责任。

（二）雇员执行职务致人损害

1. 雇主对雇员的过错，承担赔偿责任。

2. 雇员具有故意、重大过失的，雇主承担赔偿责任后，有权向雇员追偿。

3. 劳务派遣方具有过错的，承担与其过错相应的责任。

总结梳理

```
                有劳务派遣方，且有过错的，分担
                        ↑
                        │
                     赔偿责任
                        ↑
                        │
    ┌──────┐       ┌──────┐  执行职务  ┌──────┐
    │ 雇主 │───────│ 雇员 │──────────│受害人│
    └──────┘       └──────┘          └──────┘
        ↓              │
        │              ↓
    向雇员追偿 ←── 故意、重大过失
```

法条链接《民法典》第 1188、1189、1191 条。

考点 **62** 加害给付

一、请求权竞合

加害给付构成侵权责任与违约责任的竞合，债权人对因此所遭受的损害，既可依据违约责任寻求救济，也可依据侵权责任寻求救济，即"择一"主张。债权人通过诉讼寻求保护的，应当在起诉时对其诉讼请求的依据作出选择。在一审开庭前，债权人可以变更其请求权依据。

二、常见的加害和给付类型

（一）产品加害给付

产品的销售者出卖存在质量瑕疵的产品给买受人，并导致买受人损害的，构成加害给付。此时：

1. 买受人可追究销售者的违约责任。

2. 买受人也可追究产品的生产者、销售者的侵权责任。

需要注意的是，产品致第三人损害的，第三人只能追究产品的生产者、销售者的侵权责任，但不得主张销售者的违约责任。

迷你案例

案情：甲厂生产的微波炉，由乙商场出卖给丙。该微波炉漏电致丙损害。

问1：丙可否追究违约责任？

答案：可以。丙可以追究乙商场的违约责任。

问2：丙可否追究侵权责任？

答案：可以。丙可以追究甲厂、乙商场的侵权责任。

问3：如果丙将该微波炉借给丁使用，该微波炉漏电致丁损害，那么：

（1）丁可否追究乙商场的违约责任？

答案：不可以。丁与乙商场之间没有合同关系。

（2）丁可否追究甲厂、乙商场的侵权责任？

答案：可以。受害人可基于侵权责任，请求产品的生产者、销售者承担赔偿责任。

总结梳理

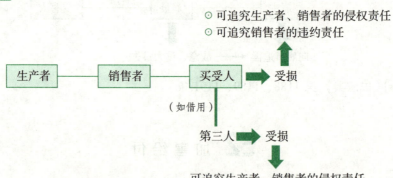

（二）客运加害给付

旅客与承运人存在客运合同关系。旅客在承运人交通工具中发生损害的，构成加害给付。此时：

1. 旅客可追究承运人违反运输合同的违约责任，承运人的免责事由包括：

（1）损害是因旅客故意或重大过失所致；

（2）损害是因旅客自身健康原因所致。

2. 承运人对旅客负安全保障义务，故旅客能够证明承运人未尽此义务的，有权请求承运人承担侵权责任。

需要注意的是，不具有旅客身份的人乘坐交通工具遭受损害的，不能追究承运人的违约责任。但是，能够证明承运人未尽安全保障义务的，依然有权请求承运人承担侵权责任。

法条链接《民法典》第823、1203条。

迷你案例

案情：旅客甲在火车上因制止小偷扒窃而受伤，当时乘警旁观并未制止。

问1：甲能否追究火车的违约责任？

答案：能。火车没有免责事由。

问2：甲能否追究火车的侵权责任？

答案：能。火车未尽安全保障义务。

问3：如果甲是逃票乘车，那么：

（1）甲能否追究火车的违约责任？

答案：不能。甲与火车之间没有合同关系。

（2）甲能否追究火车的侵权责任？

答案：能。火车未尽安全保障义务。

总结梳理

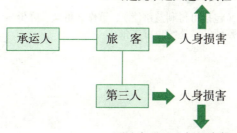

⊙ 可追究承运人侵权责任（条件：未尽安保义务）
⊙ 可追究承运人违约责任（条件：无免责事由）

承运人 —— 旅　客 ➡ 人身损害

第三人 ➡ 人身损害

可追究承运人侵权责任（条件：未尽安保义务）

三、加害给付的后果

1. 债权人主张侵权责任的，可请求债务人赔偿财产损失，但不包括可得利益损失。

2. 债权人主张违约责任的，可请求债务人赔偿财产损失，包括可得利益损失、违约金、重作、更换、降价。

3. 债务人的违约行为损害债权人人格权并造成严重精神损害的，无论债权人主张侵权责任还是违约责任，均可主张精神损害赔偿。

迷你案例

案情：甲父去世。甲委托乙写一篇纪念甲父的传记，乙完成后即予发表。该传记歪曲事实，致甲父名誉受损。

问1：本案是否构成加害给付？

答案：是。①该传记内容不实，乙未履行与甲之间合同的债务，构成违约；②乙侵害了甲父生前的名誉，同时对甲构成侵权。

问2：甲能否基于侵权责任，追究乙的精神损害赔偿？

答案：能。自然人死亡后，其人格或者遗体遭受侵害的，死者子女有权诉请精神损害赔偿。

问3：甲能否基于违约责任，追究乙的精神损害赔偿？

答案：能。加害给付的情况下，当事人基于侵权责任，可以主张精神损害赔偿的，其基于违约责任，也可主张之。

法条链接 《民法典》第577、585、996、1184条。

总结梳理

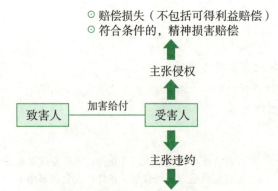

致害人 ──加害给付── 受害人

主张侵权
⊙ 赔偿损失（不包括可得利益赔偿）
⊙ 符合条件的，精神损害赔偿

主张违约
⊙ 违约金、利益损失（包括可得利益赔偿）、重作、更换、降价
⊙ 侵权构成精神损害赔偿的，违约也可主张

小综案例

案情：宋大江购买长湖公司生产的空调。根据空调买卖合同约定，长湖公司派李某到宋大江家中安装。安装室外机的过程中，室外机脱落，将停在楼下的秦光明的汽车砸坏，室外机也被摔坏。经查：①宋大江要求李某安装室外机的位置是当地政府为市容美观之需要，禁止安装空调室外机的建筑立面；②李某是长湖公司的临时工，而非正式员工；③室外机脱落的原因是李某一边安装，一边刷抖音，并微信聊天所致；④室外机脱落的同时，安全绳索将宋大江面部严重划伤，经治疗留有明显疤痕；⑤秦光明已经将车里的一对市价为50万元的玉佩，以60万元的价格出卖给马小芸，买卖合同已经签订，但该玉佩也一同被砸毁。

问题：

1. 宋大江是否应当根据定作人责任，对秦光明汽车的损失承担侵权损害赔偿责任？为什么？

2. 宋大江是否应当根据脱落、坠落责任，对秦光明汽车的损失承担侵权损害赔偿责任？为什么？

3. 李某是否应当对秦光明汽车的损失承担侵权损害赔偿责任？为什么？

4. 如果李某是邦迪劳务派遣公司的派遣人员，且邦迪劳务派遣公司知道李某不能胜任空调安装工作，仍将李某派遣至长湖公司，则邦迪劳务派遣公司是否应当对秦光明汽车的损失承担侵权损害赔偿责任？为什么？

5. 秦光明可否请求长湖公司赔偿自己的可得利益10万元？为什么？

6. 长湖公司向秦光明赔偿汽车损失后，可否向李某追偿？为什么？

7. 宋大江可否请求长湖公司向自己赔偿空调室外机的损失及医疗费？为什么？

8. 宋大江可否请求长湖公司赔偿医疗费，重新交付并安装空调室外机？为什么？

9. 宋大江可否请求长湖公司承担精神损害赔偿责任，重新交付并安装空调室外机？为什么？

答案：

1. 否。宋大江与长湖公司的空调安装约定，其性质为承揽合同。承揽合同中，承揽人致人损害或遭受损害，定作人有定作、选任、指示过错的，承担赔偿责任。本题中，宋大江无法预见到违反当地规定安装空调室外机会导致室外机脱落致损，故宋大江对秦光明的损害并无过错。

2. 否。建筑物上的搁置、悬挂物脱落、坠落的，建筑物的所有人、使用人、管理人承担过错推定责任。本题中，宋大江并无过错，故无需承担脱落、坠落的赔偿责任。

3. 否。尽管李某为长湖公司的临时工，但其具有职务行为的外观，构成职务侵权。因此，长湖公司应当对秦光明的损害承担替代责任。

4. 是。劳务派遣人员执行接受派遣方职务致人损害，派遣方有过错的，承担相应责任。

5. 不可以。侵权损害赔偿责任的范围不包括可得利益损失。

6. 可以。执行职务致人损害，行为人有故意或重大过失的，雇主承担赔偿责任后，可以向行为人追偿。

7. 可以。长湖公司对宋大江构成加害给付，宋大江可以择一选择违约责任或侵权责任，请求长湖公司赔偿损失。

8. 可以。宋大江请求长湖公司承担"重作""赔偿"责任的，需以违约责任为依据。

9. 可以。长湖公司对宋大江构成人身侵权并造成严重精神损害，根据侵权责任，其应承担精神损害赔偿的，宋大江选择违约责任，也可主张精神损害赔偿。

图书在版编目（CIP）数据

2023 年国家法律职业资格考试主观题考点清单.民法/张翔编著.—北京：中国政法大学出版社，2023.4

ISBN 978-7-5764-0861-4

Ⅰ.①2… Ⅱ.①张… Ⅲ.①民法－中国－资格考试－自学参考资料 Ⅳ.①D920.4

中国国家版本馆 CIP 数据核字(2023)第 043201 号

出 版 者	中国政法大学出版社	
地　　址	北京市海淀区西土城路 25 号	
邮寄地址	北京 100088 信箱 8034 分箱　邮编 100088	
网　　址	http://www.cuplpress.com (网络实名：中国政法大学出版社)	
电　　话	010-58908285(总编室) 58908433（编辑部）58908334(邮购部)	
承　　印	北京铭传印刷有限公司	
开　　本	787mm×1092mm　1/16	
印　　张	16.5	
字　　数	395 千字	
版　　次	2023 年 4 月第 1 版	
印　　次	2023 年 4 月第 1 次印刷	
定　　价	75.00 元	

厚大法考(北京)2023年二战主观题教学计划

班次名称	授课时间	标准学费(元)	授课方式	阶段优惠(元)			配套资料
				6.10 前	7.10 前	8.10 前	
主观旗舰 A 班	6.6~10.10	56800	网授+面授	2022 年主观题成绩≥90 分的学员,若 2023 年主观题未通过,全额退费;2022 年主观题成绩≤89 分的学员,若 2023 年主观题未通过,退 46800 元。			本班配套图书及内部讲义
主观旗舰 B 班	6.6~10.10	36800	网授+面授	19800	已开课		
主观集训 A 班	7.15~10.10	46800	面 授	2022 年主观题成绩≥90 分的学员,若 2023 年主观题未通过,全额退费;2022 年主观题成绩≤89 分的学员,若 2023 年主观题未通过,退 36800 元。			
主观集训 B 班	7.15~10.10	26800	面 授	17800	18800	19800	
主观特训 A 班	8.15~10.10	36800	面 授	2022 年主观题成绩≥90 分的学员,若 2023 年主观题未通过,全额退费;2022 年主观题成绩≤89 分的学员,若 2023 年主观题未通过,退 26800 元。			
主观特训 B 班	8.15~10.10	19800	面 授	13800	14800	15800	

其他优惠:

1. 3 人（含）以上团报,每人优惠 300 元;5 人（含）以上团报,每人优惠 500 元。

2. 厚大老学员在阶段优惠基础上再优惠 500 元,不再适用团报政策。

3. 协议班次无优惠,不适用以上政策。

【总部及北京分校】北京市海淀区花园东路 15 号旷怡大厦 10 层　　电话咨询:4009-900-600-转 1-再转 1

二战主观面授咨询

厚大法考（上海）2023年主观题面授教学计划

班次名称		授课时间	标准学费（元）	阶段优惠(元)		
				5.10前	6.10前	7.10前
至尊系列	九五至尊班	5.22~10.12	199000（专属自习室）	①协议班次无优惠,订立合同;②2023年主观题考试若过关,奖励30000元;③2023年主观题考试若未过关,全额退还学费,再返30000元;④资深专业讲师博导式一对一辅导。		
			99000（专属自习室）	①协议班次无优惠,订立合同;②2023年主观题考试若未过关,全额退还学费;③资深专业讲师博导式一对一辅导。		
	主观尊享班		45800（专属自习室）	35000	40000	已开课
	主观至尊班	6.25~10.12	39800（专属自习室）	30000	35000	40000
大成系列	主观长训班	6.25~10.12	32800	22800	25800	28800
	主观集训VIP班	7.20~10.12	25800	①专属辅导,一对一批阅;②赠送专属自习室。		
	主观集训班A模式			17800	19800	21800
	主观集训班B模式			①协议班次无优惠,订立合同;②2023年主观题考试若未过关,退还15800元。		
	主观特训班	8.20~10.12	22800	14800	16800	18800
	主观高效提分VIP班	9.3~10.12	18800	①专属辅导,一对一批阅;②赠送专属自习室。		
	主观高效提分班A模式			12800	14800	16800
	主观高效提分班B模式			①协议班次无优惠,订立合同;②2023年主观题考试若未过关,退还10000元。		
冲刺系列	主观短训班	9.20~10.12	13800	7800	8800	9800
	主观短训VIP班			①专属辅导,一对一批阅;②赠送专属自习室。		
	主观决胜班	9.25~10.12	12800	5800	6800	7800
	主观决胜VIP班			①专属辅导,一对一批阅;②赠送专属自习室。		
	主观点睛冲刺班	10.5~10.12	6800	3580	4080	4580

其他优惠：

1. 多人报名可在优惠价格基础上再享团报优惠：3人（含）以上报名，每人优惠200元；5人（含）以上报名，每人优惠300元；8人（含）以上报名，每人优惠500元。
2. 厚大面授老学员报名再享9折优惠。
3. 课程时间将根据2023年司法部公布的主观题考试时间作相应调整。

【松江教学基地】上海市松江大学城文汇路1128弄双创集聚区3楼301室　　咨询热线：021-67663517

厚大法考APP

厚大法考官博

上海厚大法考官博

上海厚大法考官微

厚大法考（华南）2023 年主观题面授教学计划

班次名称		授课时间	标准学费（元）	阶段优惠（元）			配套资料
				6.10 前	7.10 前	8.10 前	
全日制脱产系列	主观集训班	7.8~10.7	30800	18800	20800	——	主观题资料包（考点清单、沙盘推演、万能金句电子版）+课堂内部讲义
	主观暑期班	7.8~9.3	20800	11800	12800	——	
	主观特训班	8.10~10.7	23800	14800	15800	16800	
周末在职系列	主观周末全程班（视频+面授）	5.13~10.7	20800	14800	——	——	
	主观周末特训班	8.5~10.7	16800	11800	12300	12800	
冲刺系列	主观短训班	9.18~10.7	19800	10300	10800		沙盘推演+万能金句电子版+课堂内部讲义
	主观衔接班	9.25~10.7	14800	8000	9000		课堂内部讲义
	主观密训班	10.1~10.7	11800	5500	6000		随堂密训资料

其他优惠： 详询工作人员

【广州分校】广东省广州市海珠区新港东路 1088 号中洲交易中心六元素体验天地 1207 室　020-87595663　020-85588201
【深圳分校】广东省深圳市罗湖区滨河路 1011 号深城投中心 7 楼　0755-22231961
【成都分校】四川省成都市成华区锦绣大道 5547 号梦魔方广场 1 栋 1318 室　028-83533213

新浪微博@广州厚大法考面授

厚大法考(郑州)2023年二战主观题教学计划

班次名称		授课时间	标准学费（元）	授课方式	阶段优惠(元)			配套资料
					6.10前	7.10前	8.10前	
大成系列	主观旗舰A班	6.18~10.10	39800	网授+面授	2022年主观题成绩≥90分的学员，若2023年主观题未通过，全额退费；2022年主观题成绩≤89分的学员，若2023年主观题未通过，退29800元。（一对一批改服务、班班督学、一对一诊断学情、针对性提升、课程全面升级）			配备本班次配套图书及随堂内部资料
	主观旗舰B班	6.18~10.10	36800	网授+面授	11800	已开课		
	主观集训A班	7.20~10.10	36800	网授+面授	2022年主观题成绩≥90分的学员，若2023年主观题未通过，全额退费；2022年主观题成绩≤89分的学员，若2023年主观题未通过，退26800元。（一对一批改服务、班班督学、一对一诊断学情、针对性提升、课程全面升级）			
	主观集训B班	7.20~10.10	29800	网授+面授	10800	11300	已开课	
	主观特训A班	8.20~10.10	31800	网授+面授	协议保障，若2023年主观题未通过，退21800元。（一对一批改服务、班班督学、一对一诊断学情、针对性提升、课程全面升级）			
	主观特训B班	8.20~10.10	25800	网授+面授	9300	9800	10300	

其他优惠：

1. 3人（含）以上团报，每人优惠300元；5人（含）以上团报，每人优惠500元。

2. 厚大老学员在阶段优惠价格基础上再优惠800元，不再适用团报政策。

3. 协议班次无优惠，不适用以上政策。

【郑州分校地址】 河南省郑州市龙湖镇（南大学城）泰山路与107国道交叉口向东50米路南厚大教学

咨询电话：杨老师 17303862226 李老师 19939507026

厚大法考APP　　厚大法考官微　　厚大法考官博　　QQ群：712764709　　郑州厚大官博　　郑州厚大官微